Die Furien des Nationalismus

Politik und Kult

William Pfaff

Die Furien des Nationalismus

n Ende des 20. Jahrhunderts

Übersetzt von Max Looser

Eichborn.

Die Deutsche Bibliothek – CIP-Einheitsaufnahme

Pfaff, William:
Die Furien des Nationalismus : Politik und Kultur am Ende des 20. Jahrhunderts / William Pfaff. Aus dem Amerikan. von Max Looser. – Frankfurt am Main : Eichborn, 1994
Einheitssacht.: Wrath of the nations <dt.>
ISBN 3-8218-1158-7

Umschlaggestaltung: Rüdiger Morgenweck
Satz: Fuldaer Verlagsanstalt GmbH.
Druck und Bindung: Wiener Verlag, Himberg
ISBN 3-8218-1158-7

Verlagsverzeichnis schickt gern:
Eichborn Verlag, Kaiserstraße 66, 60329 Frankfurt am Main.

Für C., A. und N.

Heimat ist das wovon man ausgeht. Wenn wir älter werden,
Wird die Welt immer fremder, das Muster (...)
Komplizierter. Nicht der gesteigerte Augenblick,
Losgelöst, frei von Gewesnem und Künftigem,
Sondern das ganze Leben, glühend in jedem Augenblick (...)

Inhalt

Wenn ihr aber hören werdet von Kriegen und Empörungen, so entsetzet euch nicht; denn solches muß zuvor geschehen; aber das Ende ist noch nicht so bald da. (...) Ein Volk wird sich erheben wider das andere; und es werden geschehen große Erdbeben hin und wieder, teuere Zeit und Pestilenz; auch werden Schrecknisse und große Zeichen vom Himmel geschehen.

Lukas 21, 9-12.

Les Morts gouvernent les Vivants.

Auguste Comte, *Catéchisme positiviste*

1 Nationalismus

Das vorliegende Buch befaßt sich mit der stärksten politischen Kraft des zwanzigsten Jahrhunderts, die sich wohl auch als die stärkste des einundzwanzigsten erweisen wird: der Nationalismus. Der Nationalismus ist ein tiefgründiger, wenn auch oft bösartiger Ausdruck menschlicher Identitäten; er ist sowohl eine negative Kraft als auch eine positive. Er ist ein Ausdruck der Liebe und auch des Hasses. Er ist ein grundlegendes Element des modernen politischen Lebens und der internationalen Beziehungen. Er verlangt danach, besser verstanden zu werden.

Das Buch beschreibt, woher der Nationalismus kommt, warum und wann, und gibt eine Einschätzung, wo er uns hinführen wird. Es befaßt sich mit den geschichtlichen Ursprüngen des Nationalismus sowie mit seinen Gegenstücken und Nachbildungen in der Entwicklung der modernen Gesellschaft; und zwar nicht nur in Westeuropa, wo der Nationalstaat entstanden ist und heute dominiert, und in Amerika, sondern auch in Asien und Afrika, wo die westlichen Ideen des Nationalismus wie des Internationalismus in den letzten Jahren einen entscheidenden und oft auch zerstörerischen Einfluß ausgeübt haben.

Der Nationalismus war die Ursache eines großen Teils der haßerfüllten Gewalt in der modernen Geschichte, und auf dem Balkan wie auch in den Staaten der früheren Sowjetunion ist er es heute wieder. Die mit ihm verbundenen Phänomene völkischer und rassistischer Gewalt suchen Teile von Asien und Afrika heim. Der Nationalismus ist freilich auch die Kraft, die den Imperialismus der Erben Lenins und die Herrschaft des Nationalsozialismus im Europa der vierziger Jahre erschütterte und zerschlug. Die beiden totalitären internationalistischen Bewegungen dieses Jahrhunderts haben sich Verbrechen zuschulden kommen lassen, die viel schlimmer sind als alle Untaten, die der Nationalismus bisher begangen hat, so schrecklich diese auch sind.

Der Nationalismus wird gewöhnlich für ein vorwiegend historisches Phänomen gehalten, für die emotionale Bindung, die zur Entstehung der ersten politischen Gemeinschaften führte, kraft deren die ethnischen Gemeinschaften ihren historischen Ausdruck und ihre Reife gefunden haben. Ferner hält man ihn gewöhnlich für eine wichtige, im Fortgang der Geschichte jedoch vorübergehende Stufe, die zwar notwendig ist, um die moderne Nation hervorzubringen, dann aber überwunden werden muß, wenn rationalere und progressivere Formen der politischen Gesellschaft den Platz der rückständigeren Formen einnehmen.

Diese Auffassung ist falsch. Der Nationalismus ist ein Phänomen des europäischen 19. Jahrhunderts. Er ist eine politische Konsequenz der als Romantik bezeichneten literarisch-intellektuellen Bewegung, einer mitteleuropäischen Reaktion auf die verallgemeinernden, mithin desorientierenden Ideen der französischen Aufklärung des 18. Jahrhunderts.

Der Nationalismus ist keine Ideologie, weil ihm die Allgemeinheit fehlt. Es ist unmöglich, ein Nationalist an sich zu sein. Man kann nur entweder ein deutscher oder ein kroatischer oder ein amerikanischer Nationalist sein. Allerdings nimmt der Nationalismus jenen moralischen und emotionalen Platz ein, der sonst von der politischen Ideologie besetzt gehalten wird. Als allgemeines Phänomen betrachtet ist er unvernünftig, als ein besonderes ist er natürlich. Als allgemeine Behauptung, die Werte und Interessen des einzelnen Landes seien überlegen, ist er ebenso widersprüchlich wie anmaßend. Dennoch ist es offenkundig, daß alle Nationen als Objekte der Loyalität ihrer Bürger gleich sind. Nur ein Serbe kann würdigen, warum es sich lohnt, für Serbien zu sterben; für den distanzierten Betrachter verkörpert Serbien im übrigen nichts Wertvolleres oder Gewichtigeres als Kroatien, Guatemala oder Tibet.

Der Nationalstaat selbst ist neuzeitlich. Die Zahl der Nationen mit einer mehr oder weniger zusammenhängenden Geschichte einer selbständigen Existenz vor der Neuzeit ist recht klein: England (Britannien), Japan, Frankreich, Dänemark (allerdings nicht in seinen heutigen Grenzen), Schweden, Rußland (Moskowien), Polen , Spanien und Portugal... Doch auch daran gibt es Zweifel. Frankreich zum Beispiel existierte zwar als Königreich, als Imperium – als Revolution, aber es wurde behauptet, vor der Einführung des allgemeinen und kostenlosen Schulunterrichts durch Jules Ferry im 19. Jahrhundert habe es gar keine französische Nation gegeben. Die Entstehung einer russischen Nation, die anschließend zu einem Imperium wurde und die auf der Erhebung Moskowiens über die Tataren der Goldenen Horde beruht, vollzog sich erst im 18. und 19. Jahrhundert. Spanien erlebt noch heute sowohl einen katalanischen als auch einen baskischen Separatismus.

Die deutsche Einigung – unter Preußen – erfolgte erst 1871; Deutschlands Wiedervereinigung – ohne den Großteil Preußens – 1990. Österreich-Ungarn war nie eine Nation, sondern ein Imperium. Österreich selbst wurde zwar 1918 eine Nation, aber die Österreicher gaben ihre Nation bereitwillig auf, als Hitler 1938 den *Anschluß* vollzog. Das römische Imperium war zwar italienisch, aber Italien existierte nicht vor der Mitte des 19. Jahrhunderts. Zuvor existierten nämlich die Lombardei, das Königreich Sizilien, das Königreich

Neapel, das venezianische Imperium, die Papststaaten, Savoyen und Piemont. Griechenland verschwand vor der Geburt Christi im römischen Imperium und tauchte erst im 19. Jahrhundert aus dem osmanischen Reich wieder auf.

Außerhalb Europas gab es neben den als europäische Außenposten gegründeten Nationen, zu denen auch die USA gehören, keine anderen. Die einzige ernsthafte Ausnahme von dieser Verallgemeinerung ist Japan. Siam und Kambodscha waren ebenso wie China Königreiche oder Königtümer und keine Nationen mit dem Bewußtsein von Gesamtheiten. Indien war eine Hindu-Kultur, die – nach Ankunft der Moghuls – von einer islamischen Elite beherrscht wurde und dann von einer englischen.

Frankreich und England waren die ursprünglichen Nationalstaaten. Ihre Nationalgeschichte geht auf den Hundertjährigen Krieg zurück (1337-1453). Die meisten anderen europäischen Nationen entstanden im 18. oder 19. Jahrhundert. Die Vereinigten Staaten sind eine ältere Nation als Deutschland oder Italien. Die ursprüngliche Form der menschlichen politischen Organisation war die landwirtschaftliche Gemeinschaft oder die Jagdgemeinschaft, die zum Stadtstaat, zur religiösen Kultur mit einem Gottkönig und zum dynastischen Königreich oder Imperium mit expandierenden und umschließenden Grenzen führte. Die niederländische Republik (1652-1672) war der erste Staat, der nicht dynastisch und kein Stadtstaat war. Die moderne Nation, ein europäisches Phänomen, kam auf, als die Reiche untergingen, was erst in jüngster Zeit geschah.

Die ethnische Nation ist eine Erfindung und zwar ebenfalls eine moderne. Von den heutigen größeren Nationalstaaten kann keiner ernsthaft behaupten, ethnisch homogen zu sein oder dies jemals gewesen zu sein, ausgenommen Japan (das immer noch seine Urbevölkerung hat), Finnland, vielleicht die skandinavischen Staaten (von denen es allerdings vier gibt, so daß sie also nicht exklusiv sind), Albanien und vielleicht Ungarn (aber was ist das historische Ungarn ohne seine Juden?).

Es gab keine »natürliche« Entwicklung von der ethnischen oder sonstigen Gemeinschaft zur Nation. Es gibt keine klar erkennbare, allgemeine fortschreitende Bewegung zur internationalen Gemeinschaft hin, auch wenn das 20. Jahrhundert fünf größere formelle Versuche erlebt hat, ein neues internationales System zu schaffen (sechs, wenn wir den japanischen Versuch berücksichtigen, einen asiatischen Bereich der gemeinsamen Prosperität zu gründen): Zwei davon waren totalitär, repressiv und völkermörderisch; drei waren liberal und voluntaristisch, und einer von diesen, der Völkerbund, scheiterte schmählich; ein zweiter, die Vereinten Nationen, ist weitaus weniger erfolgreich, als seine Begründer beabsichtigten; und der letzte, die europäische Gemeinschaft, war bis vor kurzem zwar ein großer Erfolg, geriet jedoch 1992 und 1993 in ein ernstes Durcheinander. Die Zeiten der Griechen, der Römer, des feudalistischen Christentums, der Habsburger und Osmanen waren früher alle internationalistischer, kosmopolitischer, polyglotter und umfassender, als es die internationale Gesellschaft seit 1918 ist.

Natürlich ist der Nationalismus seinem inneren Wesen nach absurd. Warum sollte der – glückliche oder unglückliche – Zufall, als Amerikaner, Albaner, Schotte oder Fidschi-Insulaner geboren worden zu sein, Bindungen auferlegen, die das individuelle Leben beherrschen und eine Gesellschaft so strukturieren, daß sie mit anderen in förmliche Konflikte gerät? In der Vergangenheit gab es Bindungen an den Ort, den Clan oder den Stamm, Verpflichtungen gegenüber einem Herrn oder Landesherrn, dynastischen und territorialen Kriegen; aber die primären Bindungen bestanden gegenüber der Religion, dem Gott oder Gott-König, vielleicht dem Kaiser oder einer Kultur als solcher. Eine Nation gab es nicht.

Chinese zu sein hieß, einer Kultur anzugehören, die als universal galt, oder wenn nicht als universal, dann als eine, die außerhalb ihrer Grenzen nur Barbaren kannte. Mesopotamier oder Römer zu sein bedeutete, einem umfassenden Imperium mit unbestimmten Grenzen anzugehören. Der Ausländer, dem das Glück beschieden war, in das römische Imperium eingegliedert zu werden, strebte nach dem Privileg des Bürgerrechts: um sagen zu können, »*Civis Romanus sum*«. Rom war keine Nation, sondern zugleich eine Stadt und ein Imperium.

Europäer zu sein hieß im Mittelalter für die große Mehrheit, Christ zu sein, mit Verpflichtungen und Rechten im Hinblick auf eine landbesitzende Hierarchie, die zumindest theoretisch vom christlichen Kaiser abhängig war, dem Nachfolger des römischen Kaisers, und vom Papst, dem Stellvertreter Gottes auf Erden. Man mochte zwar gegen den Rivalen eines Lehensherrn oder gegen die Feinde des Kaisers kämpfen oder sich auf einen Kreuzzug gegen die Heiden und die Ketzer begeben, aber trotzdem gab es immer noch keine Nation und auch keinen Nationalismus in der neuzeitlichen Bedeutung dieses Ausdrucks. Keine dieser Verpflichtungen zum Krieg hing mit der Mitgliedschaft in einer einzelnen, klar abgegrenzten ethnischen Gruppe oder politischen Entität zusammen, die sich von allen anderen unterschied.

Die Sprachgemeinschaften, die später mit einigen (wenn auch nicht mit allen) Nationen zusammenfielen, waren noch im Entstehen. Das großartige Aufblühen der englischen Literatur im 16. Jahrhundert war eine Verherrlichung der Sprache, die sich gerade erst aus den angelsächsischen Dialekten und dem normannischen

Französisch entwickelt hatte. Letzteres befand sich ähnlich wie die südeuropäischen Sprachen in einer ständigen Weiterentwicklung aus dem Lateinischen. Man hat behauptet, Frankreich habe bis zum 19. Jahrhundert kein Französisch gesprochen.

Auch heute noch gibt es in Europa überall Dialekte, die für die Mehrzahl der Sprecher der Landessprache nahezu unverständlich sind, und in denen Elemente aus anderen Sprachen sowie aus der Vergangenheit der dominierenden Sprache erhalten geblieben sind. Das appalachische Englisch in den USA bewahrte bis in die späten fünfziger Jahre des 20. Jahrhunderts deutliche elisabethanische Elemente. Ich kannte damals im Süden junge Männer und Frauen, die an Samstagabenden »frolicked«, Possen trieben (übrigens ein Wort aus dem Niederländischen und nicht aus dem Altenglischen) und die zu sagen pflegten, ein Ort liege »in 'yon' direction« ['yon': dort drüben, jenseits von]. Das Gullah in den Küstengebieten von Carolina bewahrte westafrikanische Sprachstrukturen, die sich übrigens bis heute erhalten haben.

Sprachen sterben. Ich hörte eine estländische Dichterin die Befürchtung aussprechen, daß nach den seit fünfzig Jahren erfolgenden Übergriffen einer totalitären »roten Sprache« in die bestehende »weiße Sprache« ihres Landes Wörter wie *Freiheit*, *Frieden* und *Demokratie* »geraubt« worden und feinere Ausdrucksweisen verlorengegangen seien, weil man sie verboten hatte. So sei die Sprache selbst stark verkümmert und werde sich vielleicht nicht mehr erholen, obwohl die Einschränkungen inzwischen aufgehoben sind. Nach ihrem Eindruck gibt es zu wenige Menschen, um das Estnische wiederzubeleben. Aber wird Estland sterben, wenn das Estnische sich als nicht wiederherstellbar erweisen sollte? Ein Nationalgefühl bleibt in Schottland, Irland und Wales am Leben, obwohl die keltischen Sprachen schon seit langem aus der Alltagssprache der überwiegenden

Mehrheit verschwunden sind. Nur eine gezielte Bemühung vermag das Bretonische und das Baskische zu bewahren. Das Provenzalische ist verschwunden, doch die Provence überlebt.

Die ursprünglichen Nationen wurden durch dynastische Zufälle geschaffen und hatten keine einheitliche ethnische Grundlage. Die vorgeschichtliche Bevölkerung Englands erduldete vor der Eroberung durch die Römer die Invasion der Kelten und Dänen und später die Invasion mehrerer germanischer Völker, bis sie 1066 der normannisch-französischen (d.h. der skandinavischen) Herrschaft und Kolonisierung anheimfiel. Seit 1945 hat England Minderheiten aus Indien, Pakistan, Bangladesch und Westindien (ursprünglich aus Afrika und Indo-Pakistan) bekommen: eine Rekolonisierung des Kolonisators durch die Kolonisierten – ein Phänomen, das auch einige von den anderen früheren Kolonialmächten Europas erleben. Sogar die englische Monarchie ist deutsch, war früher niederländisch und davor schottisch. Seit dem 11. Jahrhundert hat es keinen »englischen« König mehr gegeben.

Frankreich vereinigt Wikinger, Belgier, Deutsche, die Gallier aus den Kriegen Cäsars, Bretonen (Kelten), Katalanen, Basken und lateinische Provenzalen (Sprecher der *langue d'oc*) sowie Überlebende seiner vorgeschichtlichen Bevölkerung. Die Kriege mit England brachten Schotten und Iren nach Frankreich (die »wild geese«, Wildgänse), die dort blieben und deren Namen in der heutigen französischen Aristokratie unpassend wirken.

In der neueren Zeit kamen Juden (Frankreich war im 19. und frühen 20. Jahrhundert nach den USA das zweitwichtigste Auswanderungsziel von Juden aus Rußland und Polen), Polen, Italiener, Spanier, Portugiesen und Armenier (besonders nach dem Ersten Weltkrieg, als die Einwanderung gefördert wurde, um nach den gewaltigen Verlusten in der männlichen Bevölkerung den gesellschaftlichen Wiederaufbau in Gang zu bringen). In jüngster Zeit sind die Neuankömmlinge Vietnamesen, Libanesen, Algerier (Moslems und Juden sowie die sogenannten *pieds-noirs*, frühere französische Algeriensiedler aus den europäischen Mittelmeergebieten), Marokkaner, Tunesier und Afrikaner aus den einstigen französischen Kolonien südlich der Sahara. Die zuletzt genannten Gruppen bilden den Anlaß von Kontroversen und Diskriminierungen, aber sie haben in großer Zahl die Staatsbürgerschaft erhalten, und ihre Anwesenheit ist deutlich sichtbar.[1] Die einzig möglichen Antworten auf die Frage, was es heißt, heute Franzose zu sein, sind kulturelle und politische. Die französische Nationalität ist wie die englische eine historische und kulturelle und keine ethnische, obwohl es körperliche Erscheinungsbilder gibt, die man gerne für »typisch« französisch oder englisch hält (oder für »typisch« deutsch, holländisch oder spanisch).

Spanien ist iberisch, keltisch, wisigotisch, vandalisch, phönizisch, griechisch – und katalanisch, kastilisch, baskisch und arabisch, Portugal ist sowohl afrikanisch als auch lusitanisch, keltisch und wisigotisch (germanisch). Selbst das isolierte Irland – nach dem Untergang Roms der nordatlantische Zufluchtsort für das Christentum – hatte seine norwegischen Invasoren und hat seine »schwarze« irische, dunkelhaarige und dunkeläugige Nachkommenschaft von Spaniern, die der Fabel zufolge Schiffbrüchige der Armada waren. Die USA sind von allen Nationen die am wenigsten ethnische (wenn auch eine der nationalistischsten), da sie der Assimilator von Einwanderungspopulationen aus der ganzen Welt waren – mittels des amerikanischen Nationalismus als Kraft der Anpassung und Kulturangleichung (Ziele, die heute natürlich von vielen Amerikanern abgelehnt werden). Mit einer gewissen Einschränkung trifft dies auch auf die Einwanderungsnationen des einstigen »weißen Commonwealth« zu – Kanada, Australien, Neuseeland und das weiße Südafrika.

Im Gegensatz dazu wird in Ostmitteleuropa und auf dem europäischen Balkan Nationalität mit ethnischer oder religiöser Identität gleichgesetzt. Nationalität wird nicht durch Einwanderung erworben (und geht durch Auswanderung auch nicht so schnell verloren). Dies ist ein radikaler Unterschied und Ursache für die Krisen des Nationalismus, die seit dem Zusammenbruch des Kommunismus im Jahre 1989 in der Region ausgebrochen sind. Nationalität wird als losgelöst vom Territorium angesehen, auch wenn bestimmte Territorien für die Nation als wesentlich gelten mögen: Die Serben behaupten hinsichtlich der von Kroatien und Bosnien-Herzegowina eroberten Gebiete und der serbischen Provinz Kosovo, deren mittelalterliche Bedeutung für Serbien mache sie für immer serbisch, auch wenn Kosovo in der Zwischenzeit beinahe vollständig von albanischen Moslems bevölkert worden ist. Transsilvanien [Siebenbürgen] betrachten die Rumänen als integrierenden Teil Rumäniens, obwohl die Bevölkerung dort zum größten Teil ungarisch ist. Solche Fälle gibt es viele.

Polen existierte 123 Jahre ohne ein als Polen anerkanntes Territorium. Zwischen 1918, als es nach den Aufteilungen im 18. Jahrhundert wieder eine territoriale Existenz bekam (es war restlos in Preußen, Rußland und Österreich aufgegangen), und heute haben sich die Grenzen Polens um etwa 250 km nach Osten und um etwa 100 km nach Westen verschoben (in einem Land, dessen Breite vor dem Zweiten Weltkrieg nur 800 km betrug). Ein Teil des früheren Polen liegt heute in Litauen und in der Ukraine, einschließlich der großen kulturellen Zentren Wilna (Vilnius) und Lwow (Lemberg), und ein Teil des heutigen Polen war früher preußisch. Adam Zamoyski schreibt, als Ergebnis des Zweiten Weltkriegs wurden »Polens Grenzen gewaltsam auf einen ideellen Originalzustand zurückgeschnitten; noch nicht ausgelöschte Minderheiten wurden beseitigt; man zog die Polen aus ganz Osteuropa hier zusammen. Der Verlust von Wilna und Lwow und das Verschwinden der jüdischen, ruthenischen und deutschen Elemente haben die kulturelle Vielfalt der polnischen Welt verarmen lassen. Die Ausgleichsfaktoren sind politisch und nicht kulturell.« Es wäre vermessen zu meinen, die territoriale Abgrenzung Polens könne sich nicht mehr verändern.

In den Jahren der territorialen Nichtexistenz überlebte die polnische Nation in den Köpfen der Polen, die sowohl auf dem Gebiet des historischen Polen als auch im Exil in Paris und anderswo lebten. Als es im Zweiten Weltkrieg zum zweiten Mal seine unabhängige nationale Existenz verlor, wurden wie in den Jahren der Teilung Schulen im Untergrund eingerichtet, Universitäten (die man »fliegende« Universitäten nannte, weil ihre heimlichen Veranstaltungen an ständig wechselnden Orten stattfanden) und sogar Untergrundinstitutionen der staatlichen Verwaltung und der Justiz gebildet, um die politische Existenz einer polnischen Nation trotz ihrer formellen Nichtexistenz zu sichern. Als Lech Walesa 1990 Präsident der wiederhergestellten, nichtkommunistischen Republik Polen wurde, empfing er die Amtsinsignien nicht von General Jaruzelski, seinem Vorgänger als Präsident der Volksrepublik Polen, sondern von dem alten Staatschef der polnischen Exilregierung, die in Paris eingerichtet worden war und 1941 nach London zog.

In den Exiljahren verhielten sich die Polen, die in London mit den Verbündeten im Krieg zusammenarbeiteten oder auf polnischen Schiffen, in Armeebrigaden und Luftgeschwadern unter der Leitung der britischen Streitkräfte dienten, wie später die Polen, die –

nachdem die Sowjetunion in Polen die kommunistische Partei an die Macht gebracht hatte – in New York, London oder München bei den westlichen Geheimdiensten oder bei den vom Westen finanzierten, für Sendungen nach Polen bestimmten Rundfunksendern arbeiteten, wie die Agenten einer Nation, der man zwar kurzfristig die Freiheit genommen hatte, die aber grundsätzlich der amerikanischen oder englischen Nation gleichkam, mit denen sie kooperierten und von denen sie aufgrund der Ereignisse zeitweilig und widerwillig abhängig wurden. Sie versuchten das Prinzip einer Beziehung auf Gegenseitigkeit zwischen verbündeten Mächten aufrechtzuhalten, da ihnen das Schicksal die eigene Macht kurzfristig entwunden hatte, die am Ende aber doch wieder in der Lage sein sollte, den Verpflichtungen nachzukommen. Für die Amerikaner und Engländer, die mit diesen Polen zusammenarbeiteten, war es eine lehrreiche Erfahrung. In den fünfziger Jahren standen die Polen in einem völligen Gegensatz zu der Haltung vieler anderer, die aus den von der Sowjetunion kontrollierten Nationen im Osten kamen, mit westlichen Regierungen zusammenarbeiteten und ihr eigenes Land gewiß befreit sehen mochten, sich selbst aber als Auswanderer betrachteten und darauf hofften, ihre Familien und Kinder für immer im Westen unterbringen zu können.

Die moderne westliche Nation ist eine praktische Angelegenheit. Sie sichert die militärische Verteidigung, eine staatsbürgerliche Ordnung, ein Justizsystem, eine Grundlage für Industrie und Handel, Transport- und Kommunikationssysteme usw. Von ihren Bürgern fordert sie Solidarität, d.h. die Bereitschaft, die moralischen und rechtlichen Normen der Gesamtheit zu akzeptieren, Steuern zu bezahlen und den Regierungsapparat, von dem alle profitieren, zu unterstützen und sich an der gemeinsamen militärischen Verteidigung zu beteiligen. Die Staatsbürgerschaft ist eine Frage von Verpflichtungen und gegenseitigem Nutzen, auch wenn sie häufig noch eine starke emotionale Färbung enthält – eine Bindung an das Land, *la patrie* oder »Vaterland«, die häufig dazu führt, daß Menschen die Rechtsansprüche oder die Vernunft anderer oder eine gemeinsame Moral mißachten.

Dieses Nationalgefühl, das keine praktische Bindung, sondern eine Sache der Leidenschaft ist, hat sich ständig über die Prinzipien der internationalen Solidarität und des politischen oder religiösen Universalismus hinweggesetzt. Die erste sozialistische Internationale zerbrach 1914, als die Angehörigen der internationalen Arbeiterklasse aus rein nationalistischen Gründen gegeneinander in den Krieg zogen. Christen und Juden haben kaum jemals gezögert, in den Armeen der kriegführenden Nationen zu dienen, welches auch immer der Anlaß sein mochte. Die europäischen Kolonialmächte setzten erfolgreich moslemische Truppen gegen moslemische Glaubensgenossen, Hindus gegen Hindus oder afrikanische Truppen zur Aufrechterhaltung der Ordnung in rebellierenden afrikanischen Kolonien ein.

Allerdings ist diese emotionale Bindung für eine Nation nicht unabdingbar. Es wird behauptet, daß es keine belgische Nation gegeben habe bis zum Ersten Weltkrieg, als der Schock der deutschen Invasion einen starken und unerwarteten Widerstand sowohl bei den französisch als auch bei den holländisch sprechenden Belgiern auslöste. Gleichwohl fordert die belgische Nation von der Mehrheit ihrer Bürger aus zahlreichen historischen Gründen nur eine sehr geringe emotionale Bindung. Zu diesen Gründen gehört die lange anhaltende fremde Besetzung des Landes, wodurch die Regierung zur Vertreterin fremder Interessen wurde, und die erbitterte Koexistenz französischer und holländischer Sprachgemeinschaften innerhalb des Landes. Die Funktion der Zentralregierung wird in neuen Verfassungsbestimmungen, die 1993 in Kraft traten, fast auf ein Minimum reduziert. Viele Funktionen der Zentralregierung wurden bereits auf die wallonische, auf die flämische und auf die (binationale) Verwaltung in Brüssel übertragen. Viele Belgier wären bereit, den Rest wieder an Europa abzutreten und Brüssel zu einer internationalen Stadt werden zu lassen.

Wer behauptet, Belgien sei lediglich ein künstliches politisches Gebilde des 19. Jahrhunderts, das Preußen, England und Frankreich damals gelegen kam, hat freilich zu berücksichtigen, daß Umfragen über die Wertorientierung der Wallonen und Flamen zeigten, daß die beiden miteinander mehr gemeinsam haben als die Wallonen mit den Franzosen oder die Flamen mit den Holländern. Es *gibt* eine belgische Nation; sie ging in diesem flachen und viel umkämpften Land am Meer, wo die französische und die deutsch-holländische Kultur aufeinanderstoßen, aus der gemeinsamen historischen Erfahrung der Katholiken hervor.

Kanada hat mit Belgien eine gewisse Ähnlichkeit. Die Mehrzahl der modernen Kanadier scheint in ihren Köpfen nie richtig ausgemacht zu haben, warum es überhaupt ein Kanada geben sollte. Die Nation besteht als Ergebnis des Siebenjährigen Krieges und der Nachwirkungen dieses Krieges, aufgrund der Rebellion gegen die britische Krone der anderen dreizehn nordamerikanischen Kolonien Englands und der Schlacht von Vimy Ridge im Ersten Weltkrieg, bei der die Kanadier zum ersten Mal als Kanadier kämpften und nicht als Bürger einzelner Provinzen. Zuweilen hat es jedoch den Anschein, als ob die Bürger der USA mehr an die Notwendigkeit Kanadas (als ein Nicht-USA-Amerika: als Nachweis einer Alternative, als Demonstration der Nicht-Unvermeidbarkeit – ja sogar als Zufluchtsort) glaubten als die Kanadier selbst. Quebec ist eine Nation. Unklar ist allerdings, ob das englischsprachige Kanada eine ist – was bedauerlich erscheint.

Das moderne Deutschland präsentiert seit dem Zweiten Weltkrieg das Beispiel eines Volkes (von Deutschen, aber auch Slawen, Balten Holländern, Franzosen), das ein ausgeprägtes Selbstbewußtsein als politische und historische Größe hat, jedoch gerade in jüngster Zeit die Staatsbürgerschaft durch das »Blut« definierte, ganz im Gegensatz zu den westeuropäischen Nachbarn. Dies geschieht, obwohl Deutschland (ebenso wie die Belgier, wenn auch aus anderen Gründen) von den Verantwortungen und dem Apparat der nationalen Existenz so viel wie möglich auf die supranationale Europäische Gemeinschaft abwälzen möchte. Die moderne deutsche Geschichte erscheint vielen Deutschen unerträglich; ein Verzicht auf unabhängige Staatlichkeit zugunsten »Europas« scheint eine endgültige Lösung für das eigene »deutsche Problem« anzubieten. Die Nachfolgeschuld, die seit dem Zweiten Weltkrieg zur Existenz als Deutscher dazugehört, die Schuld der Väter, die die Söhne und Töchter heimsucht, wie ungerecht auch immer, scheint durch Deutschlands Aufgehen in einem neuen Europa ohne Schuld als beendbar.

Allerdings war dies die Reaktion von Menschen, die noch anfang der neunziger Jahre in einer schwierigen Lage waren, und keineswegs der solide Beweis für den Untergang des deutschen Nationalismus (ein Nationalismus verbunden mit einer Nation, die erst seit 79 Jahren eine einheitliche und selbständige Nation gewesen war – und dies 1990 wieder zu sein begann – und deren älteres, prägendes Erbe das eines feudalen Imperiums war). Es wäre unvorsichtig, endgültige Schlüsse über die Zukunft eines Deutschland ziehen zu wollen, in dem die meisten Bürger noch im Jahre 1990 beide damaligen Staaten, die Bundesrepublik Deutschland und die Deutsche Demokratische Republik, als vorläufige und unvollständige Entitäten, als Konstrukte des Krieges ansahen, die darauf warteten, abgelöst zu werden. Das wiedervereinigte Deutschland, das an ihre

Stelle trat, könnte ebenfalls als vorläufig bezeichnet werden, da es einen großen Teil Preußens, des dynamischen Kerns von Bismarcks Deutschland, verloren und abgetreten hat.

Der deutsche Stolz auf die wirtschaftlichen Leistungen Westdeutschlands ist gleichwohl eine Form des Nationalismus, nicht ohne eine gewisse Herablassung gegenüber den wirtschaftlichen Konkurrenten, deren Leistung weniger glanzvoll war. Andererseits sind die Deutschen seit 1945 ablehnend gegenüber jedweder militärischen Rolle Deutschlands außerhalb der Staatsgrenzen. Die pazifistischen Haltungen, die im Golfkrieg von 1991, während des Jugoslawienkriegs und auch bei früheren Krisen im mittleren Osten zum Ausdruck kamen, weisen darauf hin, daß es in der politischen Überzeugung und in den politischen Interessen möglicherweise eine dauerhafte Veränderung zugunsten einer Neutralität oder eines Nichtinterventionismus im nordeuropäischen oder skandinavischen Stil gegeben hat; eine Haltung, die jenen aggressiven Nationalismus ersetzt, der die moderne Geschichte Deutschlands bis 1945 kennzeichnet. Ob dem so ist, bleibt abzuwarten.

Die hervorstechende Eigenschaft der »nationalen« Existenz Deutschlands bleibt seine Unfähigkeit, eine Nation wie die alten Nationen Westeuropas zu sein. Eine solche Nation ist es nie gewesen. Vom Feudalismus ging es 1870 zum dynastischen Absolutismus und zum Kaiserreich über und nach der kurzen republikanischen Unterbrechung durch Weimar von 1932 an zum ideologischen Totalitarismus. Seit der frühesten Feudalzeit hielten sich die Deutschen des Heiligen Römischen Reichs für Beauftragte der Mission, die Völker in Deutschlands Osten zu bekehren und zu kolonisieren. Unter Adolf Hitler wurde dies zur weltlichen und rassistischen Mission, diese Völker als rassisch minderwertig zu versklaven oder auszulöschen. Seit 1945, dem

»Jahr Null«, bis zur Wiedervereinigung 1990 schienen die Deutschen nicht nur auf Kreuzzüge und Reich, sondern auch auf den Status als Nation verzichten zu wollen, um ihre eigene Geschichte hinter sich zu lassen und mit der Vergangenheit abzuschließen. Daher kam auch ihr Unbehagen, sich 1990 über die Wiederherstellung einer vereinten Deutschen Nation – mit einer Mission im Osten – jubilieren zu sehen.

Die Vergangenheit kann man nicht hinter sich lassen. Nationen sind das Ergebnis einer Geschichte, die wir nicht zu ändern und vielleicht auch nicht zu entschuldigen vermögen. Das 20. Jahrhundert begann ja mit dem Ersten Weltkrieg, dem größten aller Kriege des Nationalismus. Die Bedrängnis auf dem Balkan und in Ostmitteleuropa gegen Ende des 20. Jahrhunderts ist ebenso wie die im mittleren Osten ein direktes Ergebnis der Zerstörung des habsburgischen und des osmanischen Reiches 1918 sowie der Eigenart dieser Zerstörung, die ethnisch zusammenhangslose Staaten zurückließ. Der Zweite Weltkrieg begann mit den Aggressionen des (nazistischen, leninistisch-stalinischen) Internationalismus und wurde durch Nationalismus beigelegt.[2] Er war das direkte und wahrscheinlich unvermeidliche Resultat des Ersten Weltkriegs, ebenso wie der (nicht unvermeidliche) Nationalsozialismus selbst, die bolschewistische Revolution und die leninistische Herrschaft in Rußland und der durch die Vermischung von Leninismus und Nationalismus in Asien bewirkte Aufruhr. Der Erste Weltkrieg war auch für den großen Einfluß der Leninismus und später des Maoismus in der Phantasie und in den Köpfen des Westens mitverantwortlich – ein warnendes Beispiel.

Der ehrgeizige nationale Aufstieg der USA und der ebenso schwungvolle Abstieg zwischen 1900 und dem Ende des Jahrhunderts waren das Ergebnis dieser beiden Kriege und des Kalten Krieges; dies brachte die

USA von ihrer reichen eigenen Geschichte und von ihrer Überzeugung, als Liebling der Götter auserwählt zu sein, ab und einem ideologischen Internationalismus und dem Gehabe einer Supermacht nahe, mit denen sie schlecht fertig wurden und bei denen die anderen besser wegkamen als sie selbst. Die USA waren durch ihren ideologischen Unterschied zu den anderen Nationen von der Krise jener nationalen Rivalitäten ausgenommen, die zum Krieg von 1914 führten – da aus der »Fäulnis und Überspanntheit« der damaligen Gesellschaft, wie Henry James voraussah, »die Hunnen und Vandalen hervorgehen müssen, aus den finsteren Tiefen des gewaltigen Elends ausbrechen werden«. Das taten sie auch, und sie hatten eine bittere Freude an der Zerstörung; sie zerschlugen das damalige Europa und brachten ein neues politisches Universum hervor, das 1989 ebenfalls sein Ende fand.

Für Asien hat das 20. Jahrhundert mit dem Russisch-Japanischen Krieg von 1904-1905 begonnen, der ein tödlicher Schlag gegen das zaristische System war und Japan in die Richtung eines Imperialismus drängte, den es militärisch zwar nicht aufrechtzuhalten vermochte, den es aber seit 1945 wirtschaftlich wieder herzustellen vermochte, zum Nachteil der USA und jenem Teil Westeuropas, der 1904 die Welt beherrschte. Der japanische Sieg löste im kolonisierten Asien den Nationalismus aus, der durch Japans eigenen vielseitigen und beharrlichen nationalen Erfolg bestätigte, wozu die übrigen asiatischen Völker in der Lage sein könnten. Das japanische Beispiel war verantwortlich für die Umwandlung von Vietnam, Korea und Thailand in moderne Nationen, und es übte auf die ebenso riesenhafte wie mörderische Anstrengung der Chinesen, China zu einer modernen Nation zu machen – ein Unternehmen, dessen Erfolg noch aussteht –, einen großen Einfluß aus.

Betrachten wir die Zeugnisse noch einmal: Man kann auch der Auffassung sein, das 20. Jahrhundert habe mit dem Spanisch-Amerikanischen Krieg von 1898 begonnen, der mit Spaniens fünfhundertjährigem Reich und seinen Machtansprüchen ein Ende machte und das amerikanische Reich begründete; oder mit dem Burenkrieg von 1899-1902, der den moralischen Zusammenbruch des englischen Reiches, mithin des europäischen Imperialismus selbst einleitete und schließlich die Reiche der Holländer, Franzosen, Belgier und Portugiesen zum Einsturz brachte. Jedes dieser Reiche war sowohl als ein internationales System als auch als Erweiterung der nationalen Macht konzipiert. Mit der Ausnahme Englands und Belgiens verteidigten alle diese imperialen Mächte hartnäckig ihre Reiche, als sie nach dem Zweiten Weltkrieg unter nationalistische und liberale internationalistische Zwänge gerieten. Die Niederlande, Frankreich und Portugal fochten Kriege aus, um ihre Imperien zu retten (die Portugiesen bis 1974), und alle scheiterten. Zweifellos gäbe es heute keine internationalistische europäische Gemeinschaft, wenn sie nicht gescheitert und nicht gezwungen worden wären, ihre Vorstellungen als internationalistische Gesellschaften preiszugeben. Das amerikanische Imperium sollte als letztes fallen, nach der Niederlage in einem eigenen imperialen Krieg in Vietnam, dessen Eigenart es nicht verstand.

Das zwanzigste Jahrhundert gehört dem Nationalismus. Der Nationalismus zerstörte den westlichen Imperialismus und das Kolonialsystem, und er zerstörte die ideologischen Internationalismen, die das kennzeichnende Phänomen des 20. Jahrhunderts sind: Leninismus und Nationalsozialismus. Der Nationalismus hat fast überall Nationen eingerichtet. Von den ungefähr zweihundert Nationen, aus denen inzwischen die UNO besteht, hatten vor 1914 vielleicht zwanzig ein

Nationalbewußtsein, und fast alle waren europäisch oder amerikanisch.

Die technische und wirtschaftliche Integration der modernen internationalen Gesellschaft, die weit über das hinausgeht, was man sich noch in den fünfziger und sechziger Jahren vorstellte, koexistiert mit einem nationalen Kampf primitivster Art zwischen Serben, Kroaten, Bosniern und Kosovern in Südeuropa, die im übrigen zur fortgeschrittenen industriellen Welt gehören; zwischen Armeniern und Aserbaidschanern; zwischen Moldaviern und Russischsprachigen; zwischen Ukrainern, Balten und Russen; zwischen Arabern, Kurden und Juden sowie zwischen Persern und Arabern. Sie koexistiert mit einheimischen Kämpfen zwischen Tamilen und Singalesen in Sri Lanka; zwischen Sikhs und Hindus, Hindus und Moslems in Indien; zwischen Hutu, Tutsi und Twa in Zentralafrika; und über den Bogen Afrikas südlich der Sahara hinweg zwischen Nomaden und Pflanzern, Christen und Moslems, Moslems und Animisten – Weißen und Schwarzen.

Der Nationalismus der Großmächte ist zwar vom Krieg auf den Handel verschoben worden, hat jedoch nichts von seiner Stärke verloren. Japan und die USA sind heute nicht weniger ehrgeizig und rivalisierend als 1941, aber sie verfolgen ihre gegenseitigen und ihre konkurrierenden Interessen friedlich. Die europäischen Mächte ordnen in der Tat ihre einzelnen Nationalismen in einem neuen Selbstbewußtsein als Bestandteil einer wirtschaftlichen und politischen Entität Europa unter. Ein Grundmotiv dafür ist freilich die Überzeugung, daß eine solche Übertragung der »nationalen« Bindung für sie entscheidend wichtig war, um erfolgreich mit den USA (und auch mit der UdSSR, wie man dachte) konkurrieren zu können. Die europäische Einigung ist somit ebenso ein Ausdruck oder ein Mittel wie eine Unterordnung oder eine Sublimierung des

Nationalismus. In jüngster Zeit hat sich über die westeuropäische Einheit ein gewisser Zweifel gelegt.

Lange wurde der Nationalismus für eine fortschrittliche Angelegenheit, für eine moderne Bewegung volksnaher Interessen gegen Imperien und Dynastien und für einen Kampf gegen Privilegien gehalten. »Dies war die jakobinische Ansicht, die auf Rousseau zurückgeht. Es sollte auch die Ansicht von Liberalen wie Giuseppe Mazzini und John Stuart Mill sein«, wie Stanley Hoffmann sagte. Es war die Ansicht, die Woodrow Wilson und jene Gruppe amerikanischer Intellektueller (»the Inquiry«) übernahm, die 1918 Wilsons Friedensvorschläge formulierte und die USA auf den Grundsatz der universalen nationalen Selbstbestimmung und die Schaffung eines Völkerbundes festlegte (die amerikanische Mitgliedschaft wurde später vom Kongreß abgelehnt). Die Aufteilung der Gebiete Österreich-Ungarns und des osmanischen Reiches nach 1918 nach diesem Grundsatz hinterließ zusammenhangslose Nationalstaaten, die in ihre fortdauernden ethnischen und nationalen Kämpfe verstrickt blieben und zu der Unordnung beitrugen, die im Zweiten Weltkrieg gipfelte; eine Unordnung, die nach dem Zusammenbruch des Sowjetsystems 1989-1990 erneut ausgebrochen ist.

Der Streit vor 1918 ging darum, daß die »reaktionären« habsburgischen und osmanischen Systeme »junge« Völker daran hinderten, ein individuelles nationales Leben zu entfalten. Darin kamen die impliziten Voraussetzungen des damaligen Sozialdarwinismus zum Ausdruck: Nationen waren entweder jung, kräftig und expandierend oder reif und statisch oder im Untergang befindlich und bereit, durch andere ersetzt zu werden. Das fortschrittliche Ansehen des europäischen Nationalismus ging in den Zwischenkriegsjahren verloren, als die Parlamente der Balkanländer und in Südosteuropa versagten oder von Monarchen und Generälen abgesetzt wurden und als ethnische und nationale Konflikte das politische Leben von Ländern wie Österreich, Jugoslawien Tschechoslowakei, Ungarn und Rumänien zusehends vergifteten und damit die Interventionen des nationalsozialistischen Deutschlands erleichterten.

Das Verhalten einiger neugegründeter Nationen auf dem Balkan und in Osteuropa brachte die aufgeklärte Meinung ebenfalls gegen den Nationalismus auf. Der schottische Gelehrte und Journalist, der als wichtigster westeuropäischer Befürworter eines neuen südslawischen Staates auftrat, R. W. Seton-Watson, schrieb voller Verzweiflung: »Ich glaube, sie sind beide verrückt geworden«, als er in den dreißiger Jahren in Jugoslawien die zunehmende Intoleranz zwischen Serben und Kroaten miterlebte. Die öffentliche Meinung des Westens setzte ihre Hoffnung nunmehr in den neuen Internationalismus des Völkerbundes und danach in die Organisation der Vereinten Nationen, die ein reformierter Völkerbund sein sollte, dem sich dann aber das Veto des Sicherheitsrates und der Kalte Krieg in den Weg stellten. Fortschrittlich Gesonnene übernahmen nun die internationalistischen Forderungen des »Sozialismus« der Kommunistischen Internationale und der Sowjetunion.

Nach dem Zweiten Weltkrieg richteten sich die fortschrittlichen Hoffnungen wiederum auf den Nationalismus – diesmal hinsichtlich der Befreiung der asiatischen und afrikanischen Bevölkerungen von der europäischen Kolonialherrschaft. Allgemein war man der Ansicht, daß die Gewährung der Unabhängigkeit ein moralisches Gebot an die Kolonialmächte war, auch wenn die neuen Nationen sich selbst schlecht regierten (obwohl man überwiegend annahm, daß sie sich gut regieren würden, sobald sie von äußeren Zwängen befreit wären; der Einfluß des Rousseauschen Glaubens an die natürliche Tugend des Menschen – vor allem des

»nichtzivilisierten«, mithin unverdorbenen Menschen – war immer noch mächtig und ist es auch heute noch). Zwar regieren sie sich zum größten Teil schlecht, aber der afrikanische und asiatische Nationalismus bleibt eine Sache des Fortschritts. Den Tyrannen, die er hervorgebracht hat, wird, bis vor kurzem jedenfalls, unausgesprochen eingeräumt, daß sie von den Urteilen der Tyrannei und der menschlichen Ausbeutung ausgenommen sind, die anderswo rasch gefällt werden.

Im Gefolge der großen europäischen Befreiungen von 1989, zu denen die hartnäckig überlebenden Nationalismen in den Ländern Osteuropas und auf dem Balkan entscheidend beigetragen haben, gelangte der Nationalismus erneut zu Ansehen. Zumindest war dies so, bis der Patriotismus und die nationalistische Überzeugung, die sich früher gegen das kommunistische System richteten, umgelenkt wurden, um die Forderungen und Klagen zu stützen, die die Gesellschaften auf dem Balkan und in Osteuropa seit jeher gegen jene anderen Gesellschaften richten, mit denen zusammenzuleben Geographie und Politik sie bestimmt hatten. Erneut unterhöhlte der Nationalismus »ethnischen«, religiösen und historischen Ursprungs den internationalen Frieden und führte zu einem mörderischen Krieg im einstigen Jugoslawien und in einigen Teilen der früheren Sowjetunion, und er bedroht diesen Frieden auch anderswo.

Der mächtigste moderne Rivale des Nationalismus ist der totalitäre Internationalismus, der einen gemeinsamen Ursprung mit dem Nationalismus in der Französischen Aufklärung und der Reaktion auf diese hat. Die Aufklärung gab vor, wahre und universale Ideen und Grundsätze zu verkünden, von denen man annahm, daß Frankreich sie beispielhaft verwirkliche und die anderen sie bereitwillig übernehmen sollten. Dies geschah zu einer Zeit, als Deutschland immer noch ein Konglomerat feudaler Kleinstaaten war. Als Teil ihres Widerstands gegen die französische Vormachtstellung in Europa wandten sich die deutschen intellektuellen und politischen Schichten gegen den als unfruchtbar und arrogant erscheinenden französischen Universalismus. Isaiah Berlin schreibt:

> »Die deutsche Kritik an der Aufklärung »nahm die Gestalt einer Verherrlichung des Individuellen, des Nationalen, des Geschichtlichen gegenüber dem Universalen und Zeitlosen an; man feierte das Genie, das Unerklärliche, den geistigen Sprung der allen Regeln und Konventionen trotzt; man verehrte den individuellen Heros, den Riesen außerhalb und jenseits des Gesetzes, man attackierte die große, unpersönliche Ordnung mit ihren unumstößlichen Gesetzen, die jeder menschlichen Funktion, jeder Gruppe und jedem Zweck den gebührenden Platz anwies (...); das Unerschöpfliche und Grenzenlose anstelle von Maß, Klarheit und logischer Struktur; die Innerlichkeit und ihr Ausdruck in der Musik; die Verehrung der Nacht und des Irrationalen – darin bestand der Beitrag des wilden deutschen Geistes, der wie ein frischer Wind in das stickige Gefängnis der etablierten Ordnung Frankreichs einbrach. Diese große Revolte der gedemütigten Deutschen gegen die tote, alles nivellierende Pedanterie des französischen Denkens und des französischen Geschmacks im 18. Jahrhundert hatte in ihren Anfängen eine belebende Wirkung auf die Kunst und die Kunsttheorie, auf die Religion, die persönlichen Beziehungen zwischen den Menschen und die individuelle Moralität. Dann freilich trat die Flut über die Ufer und ergoß sich mit buchstäblich katastrophalen Auswirkungen in die benachbarten Gebiete der Politik und des gesell-

> schaftlichen Lebens. Alle Formen von Kompromißlosigkeit bis zum bitteren Ende hielt man plötzlich für wertvoller als friedliche Verhandlung und Innehalten auf halbem Wege; Extremismus und Konflikt wurden nun um ihrer selbst willen gerühmt.«

Diese romantische Reaktion sollte die Individuen von Absolutismen und gesellschaftlichen wie politischen Hierarchien befreien, damit sie ihr eigenes, authentisches Selbst entdecken und diese Authentizität sowohl in der Kunst als auch im Gesellschaftsleben ausdrücken konnten. Diese Haltung der romantischen Rebellion kennzeichnet seither die westliche Kunst, sogar heute noch, da die »Rebellion« in Wirklichkeit von den etablierten Kräften der Regierung, von privaten Gönnern und der Gunst der Museen finanziell unterstützt wird.

Anfänglich attackierte der romantische Individualismus die Hierarchie der Gesellschaft, ihre Strukturen und Voraussetzungen, und versuchte sie umzustürzen. Authentizität fand man im Gefühl, in der Bahn zur ursprünglichen Wirklichkeit des Menschen. Die Befreiung von auferlegten Formen wurde für notwendig gehalten, und zwar nicht nur von den Formen des Klassizismus in der Kunst, sondern auch von den Formen, die die Gesellschaft auferlegte. Die etablierte Ordnung der Politik und der Macht mußte für die Individuen zerschlagen werden, damit sie frei werden, sich selbst zu verwirklichen. Die Herrschaft der Vernunft mußte gebrochen werden; »Vernunft« war unfruchtbar, weil sie keinen Platz offenließ für jene unausdrückbaren Gefühle, denen die Romantiker einen besseren Wahrheitsanspruch zuschrieben als dem reinen Denken. J. L. Almon schrieb:

> »Jede Kunsttheorie seit Platon und Aristoteles, vielleicht mit Ausnahme des vergleichsweise kurzen

> Zeitabschnitts nach der Renaissance, beruhte auf der Idee, daß das Wesen der Kunst in der Nachahmung äußerer Objekte bestand, unter gebührender Beachtung der Anforderungen durch Thema, Medium und Publikumsreaktion (...). Erst in den letzten Jahrzehnten des 18. Jahrhunderts begannen Schriftsteller das Wort 'Ausdruck' [deutsch im Original] auf die Kunst anzuwenden, wobei sie allein an das Bedürfnis des Künstlers nach Selbstausdruck dachten. Zu schöpfen bedeutete nicht darzustellen und zu beschreiben, sondern etwas Innerliches auszudrücken.«

Der romantische Individualismus führte zu dem Glauben, »unverdorbene« und spontane Menschen seien authentischer und somit der Wahrheit näher als Intellektuelle oder Aristokraten. Ihre Sprache hielt man für den reineren Ausdruck der ursprünglichen Gefühle und Erkenntnisse der Menschen. Deshalb wurden alte, mündlich überlieferte Sprachen im 19. Jahrhundert wiederbelebt und mit schriftlichen Formen und Grammatiken ausgestattet, und die Volksdichtung – von der man annahm, daß sie den unschuldigen Ursprüngen der Menschen näher liege – wurde aufgezeichnet. Die politische Schlußfolgerung, die gezogen wurde, besagte, daß untergegangene menschliche Gemeinschaften mit einer gemeinsamen Sprache als politische Nationen anerkannt werden sollten. Intellektuelle entwickelten schriftliche »literarische« Sprachen aus der demotischen oder dialektalen griechischen, mazedonischen, slowakischen, tschechischen, finnischen und norwegischen Sprache, wie sie von den Bauern- und Arbeiterbevölkerungen dieser »untergegangenen« Nationen tatsächlich gesprochen wurde. Daran schloß sich die Organisation politischer Bewegungen an, die sich einer – oft betrügerischen – nationalen »Renaissance« und Anerkennung widmeten.[3] Andererseits führte die Wiederbelebung des Keltischen in Irland zu einer Wiederbelebung der Sprache selbst und zu einer »Explosion« der Lyrik, der Prosa und des Dramas, für die es wohl nirgendwo ein zeitgenössisches Pendant gibt. Ein großer Teil davon war paradoxerweise zwar in Englisch und nicht in Irisch verfaßt, aber das Ganze war von dem neuen Selbstgefühl Irlands inspiriert und führte unmittelbar zur politischen Bewegung in Irland, die 1916 die Osteraufstände und dann den erfolgreichen Krieg gegen die britische Herrschaft auslöste, der sich von 1919-1921 anschloß.

Wie Talmon weiter ausführt, ist die Romantik ein extremer Ausdruck des Glaubens, daß der Mensch seinem inneren Wesen nach gut sei und daß er selbst den besten Weg zur Erfüllung des Allgemeininteresses finde, wenn man ihn nicht behindere. Die praktischen Folgen dieser Ansicht waren oft und folgerichtig unvernünftig, einschließlich des Kultes um das Genie und um den Künstler, der von den moralischen Pflichten der übrigen Sterblichen sowie des Mannes der Tat ausgenommen ist und der ein faustisches Risiko eingeht, um die »bourgeoise« Moral zu stürzen und die Welt zu erneuern. Die Folgen dieser Denkweise prägten die europäische Politik in der Mitte des zwanzigsten Jahrhunderts zu ihrem nachhaltigen Schaden.

Die moderne Idee der politischen Freiheit ist das Ergebnis der Aufklärungsphilosophie, die in einer Revolution eine praktische Form annehmen und eine Ideologie etablieren soll, damit die Menschen frei von willkürlicher Herrschaft ihre Würde als Individuen erlangen. Aufgrund der wissenschaftlichen Entdeckungen des 19. Jahrhunderts schien es ein qualitativ neues Wissen zu geben. Dieses Wissen bot die Möglichkeit zu einer wissenschaftlichen Neuorganisation der Gesellschaft – ein Unternehmen, das die französische Nation in der Revolution begonnen und unter Napoleon fortgesetzt zu haben glaubte. Die Französische Revolution zerstörte das absolutistische monarchistische System, das supranational war, mit der Begründung, es sei unlogisch. Ebenso wie die Habsburger waren auch die Bourbonen keine nationalen Figuren: sie waren dynastische Familien, von Gott oder von der Geschichte dazu ernannt, zu regieren über Herrschaftsbereiche, deren Grenzen unbestimmt waren und jederzeit durch Heirat oder Krieg erweitert, aber ebenso rasch auch verengt werden konnten. Die Revolution setzte individuelle Rechte, den Wert und die Individualität des Menschen und die Gleichheit der Individuen durch. Die Revolution behauptete damit auch die besondere Existenz Frankreichs als der Nation, die sich von allen anderen deshalb unterschied, weil sie im Besitz der Ideen über die Zukunft war. Frankreich war in eine neue Existenzordnung eingetreten, mit der ihr einzig die USA vorhergegangen waren: in den *novus ordus saeculorum*, die neue weltliche Ordnung, die auf dem Großen Siegel der USA noch immer verkündet wird. Das revolutionäre und anschließend das napoleonische Frankreich übermittelten den anderen die Botschaft, daß es für sie möglich – ja dringlich notwendig – sei, sich ebenfalls dieser neue Existenzordnung anzuschließen, und zwar als »Nationen«, die sie vorher nicht gewesen waren oder von denen sie noch nicht einmal wußten, daß es sie geben sollte, weil ihre Angehörigen sich immer noch für den Bestandtteil viel größerer und weniger anspruchsvoller sozialer Entitäten hielten.

Der aufklärerische Glauben an die durch die gesellschaftlichen und politischen Anwendungen des wissenschaftlichen Denkens gebotenen Möglichkeiten prägt seither praktisch jedes politische Programm und jede Doktrin namentlich auf der politischen Linken, aber keineswegs nur dort. Die doktrinäre Politik des freien Marktes der Regierung Thatchers in England und der Regierung Reagans in den USA während der achtziger

Jahre behauptete steif und fest, die Anwendung wissenschaftlicher Prinzipien von universaler Geltung zu verkörpern.

Es war eine Idee der Aufklärung, daß die Natur »Wahrheit, Glück und Tugend durch eine unzerbrechliche Kette miteinander verbunden« habe. Die Herausforderung bestand darin, die Wahrheit davon abzukoppeln. Der Kommunismus in der Sowjetunion ebenso wie in China, Vietnam, Kuba und anderswo ließ sich auf eine titanische Anstrengung ein, als allgemeine Regel für die menschlichen Dinge vermeintliche »unveränderliche Naturgesetze« einzuführen, die aus der wissenschaftlichen Interpretation der Geschichte abgeleitet wurden. Millionen waren ihre Opfer, aber es waren auch Millionen, die daran glaubten – einschließlich Hunderttausender, wenn nicht Millionen von Leuten der professionellen Intelligenz, von Geistesarbeitern, von Intellektuellen, die sich selbst für kühl beobachtende und rationale Personen hielten, über jeden Aberglauben und jede Gefühlsbindung erhaben. Trotzdem war der Kommunismus neben vielen anderen Dingen auch eine weltliche Religion, und sein Versprechen einer apokalyptischen Transformation war ein entscheidender Faktor seines Erfolges. Die Folgen kennen wir.

Die etablierte politische Organisationsform im Europa des 18. Jahrhunderts, die dynastische Monarchie, deren Macht sich vom göttlichen Willen herleitete, war für den Geist der Aufklärung – für den modernen Geist also – vernunftlos und mußte abgeschafft werden. Das moderne politische Denken versucht seitdem ständig eine allgemein überzeugende und universell gültige politische Theorie als Ersatz anzubieten. Die Theorie der Selbstverwaltung oder der repräsentativen Demokratie ist in intellektueller Sicht zwar die bestechendste, aber sicherlich nicht die überzeugendste, wenn man die Zahl derer, die die Demokratie ablehnen, mit der Zahl jener vergleicht, die sie unterstützen. Die totalitären ideologischen Doktrinen des 20. Jahrhunderts, die angeblich auf dem wissenschaftlichen Wissen der Geschichte, der Ökonomie, der Eugenik und der Rassenlehre beruhen, wurden in großen Nationen mit Erfolg durchgesetzt und brachten weit mehr an Grausamkeit und Unmenschlichkeit hervor als alles, was in der Vergangenheit der Monarchie oder dem religiösen Absolutismus zuzuschreiben ist.

Entgegen aller Erfahrung liegt dem Kern des westlichen politischen Denkens heute nach wie vor ein nicht analysierter Glaube an den Fortschritt zugrunde, obwohl es keine allgemein überzeugende »wissenschaftliche« Theorie der gesellschaftlichen Verbesserung oder Umwandlung mehr gibt. Nicht analysiert ist der Glaube deswegen, weil seine Verifikation und seine Ersetzung als gleichermaßen unlösbare Aufgaben erscheinen. Die Implikationen dessen, was in der Zeitgeschichte passiert ist und weiterhin passiert, scheinen eine intellektuelle Position des Geschichtspessimismus nahezulegen, die sich gegen jede Sozialtechnik und jede große programmatische Reform richtet, selbst wenn das Programm so bescheiden und simpel ist wie das, dem Prinzip des *laissez-faire* auf den Thron zu verhelfen – das übrigens auch nicht funktioniert hat. Allerdings widerspricht der Geschichtspessimismus der Grundannahme, die die moderne politische Gesellschaft des Westens motiviert: daß sie sich irgendwohin bewegt und zwar auf eine verstandesgemäße Weise.

Das 19. Jahrhundert gehörte dem Internationalismus: dem Internationalismus des Imperialismus. Das 20. Jahrhundert gehörte dem Nationalismus, der sowohl den Imperialismus als auch die neuen Internationalismen des Kommunismus und Nationalsozialismus besiegte. Zeitgenossen halten den Nationalismus wie den Internationalismus für Instanzen des Fortschritts, die sie auch sind, insofern als sie uns von dort, wo wir waren, nun dahin gebracht haben, wo wir jetzt sind. Beide haben zur Überzeugung beigetragen, daß die Geschichte sich irgendwohin bewegt und dies auch tun sollte. Aber wohin und um welchen Preis? Vernünftig erörtern läßt sich dies nicht mit einem politischen Vokabular, in welchem dem Nationalismus und dem Internationalismus konkurrierende moralische Einstufungen zugeordnet und Nationen für einfache Schritte im evolutionären Aufstieg der Gesellschaft aus dem Urschlamm zu einer strahlenden Zukunft gehalten werden. Ein allzu großer Teil der akademischen und analytischen Diskussion des Nationalismus übersieht die Wichtigkeit der gemeinschaftlichen Bindungen und des Glaubens an Identität (und »Authentizität«), die von der Nationalität bereitgestellt werden, und beklagt den Nationalismus als Behinderung des Fortschritts und des Liberalismus. Das mag er zwar sein, aber er ist die Realität unseres Jahrhunderts und muß in einer komplexeren Weise verstanden werden, als dies normalerweise der Fall ist. Der Nationalismus ist ein zeitgenössischer Ausdruck der gesellschaftlichen und moralischen Realitäten im Mittelpunkt der menschlichen Existenz.

2 Nationen und Nationalismus

Der Nationalismus hängt sowohl mit dem Fehlen als auch mit dem Bestehen von Nationen zusammen. Ein ungestümer »Nationalismus« ist häufig ein erfolgloser oder unerreichter Nationalismus, das Bestreben einer Nation, ihre politische Existenz zu gründen oder sich von der fremden politischen Körperschaft zu lösen, von der sie umfaßt wird. Die Nation, die sich um ihre Entstehung bemüht, ist gemäß der Natur dieser Situation gezwungen, gegen alles zu kämpfen, was ihren Anspruch nicht anerkennen will, was ihr nationales Territorium besetzt und was den Ausdruck ihrer nationalen Kultur oder den Gebrauch ihrer Sprache verhindert. Wie Isaiah Berlin sagt, bringt der Nationalismus »den flammenden Wunsch der Mißachteten zum Ausdruck, unter den Kulturen der Welt als etwas zu gelten«. Das ist allerdings eine schäbige Formulierung, da der Nationalismus der großen und anerkannten Mächte eine ebenso wichtige und schädliche Kraft in der modernen Geschichte war wie der Nationalismus der Schwachen.

Ende des 19. Jahrhunderts war die europäische Geschichte beherrscht von der »Deutschlandfrage«, von der »Balkanfrage« und von der »Frage des Ostens«. In jüngerer Zeit hatten wir »die Frage des Nahen Ostens«, also die »Frage des Ostens« in neuem Gewand. 1991 stellte der Krieg im einstigen Jugoslawien erneut die Balkanfrage. Alle diese Fragen beziehen sich auf die Auflösung von Imperien oder Föderationen und auf den Aufstieg von Nationen, die die alten Strukturen mit der neuen Kraft des Nationalismus beseitigen. Die deutsche Frage bezog sich darauf, wie die deutschen Staaten (über tausend), die aus dem Zusammenbruch des feudalen Heiligen Römischen Reiches hervorgegangen sind, dem europäischen System angepaßt werden sollten. Der deutsche Historiker Michael Stürmer schreibt, Deutschland habe abgesehen vom Süden, wo die Alpen liegen,

> »keine natürlichen Grenzen. Das letztlich unabgrenzbare Erbe des Heiligen Römischen Reiches hinterließ es mit Grenzen der Sprache, der Kultur und des Rechts, die nie mit den Grenzen der [deutschen] Dynastien, des Reichs oder der heutigen Bundesrepublik übereinstimmten. Anders gesagt, Deutschland ist nicht von Gott und von Jahrhunderten der Geschichte gestaltet worden, sondern mußte sich immer selber gestalten. In der Epoche der Nationalstaaten ist das ein Problem, weil Deutschland immer zu klein ist, um seine Hegemonie durchzusetzen, und immer zu groß, um ein Gleichgewicht herzustellen.«

Um die Mitte des 19. Jahrhunderts einte Bismarck die meisten deutschen Staaten unter der Führung Preußens. Dann führte er Krieg, um die Macht des Rivalen Österreich zu brechen und um Frankreich zu besiegen, wobei er das deutschsprachige Elsaß und Lothringen annektierte und schließlich ein zweites *Reich*, ein neues deutsches Imperium verkündete. Das bedeutete eine grundsätzliche Herausforderung Preußens an das damalige europäische System, und das Ergebnis waren schließlich zwei Weltkriege.

Die deutsche Frage fand 1945 wiederum eine vorläufige Antwort. Rußland auf der einen Seite und England, Frankreich und die USA auf der anderen zerschnitten Deutschland in zwei Staaten. Diese neue Teilung endete 1990, und auf die deutsche Frage wurde noch eine weitere Antwort gegeben: die eines vereinten Deutschland ohne (den Großteil von) Preußen. Man möchte gerne glauben, daß dies die dauerhafte Antwort sein wird.

Die Balkanfrage erhielt nie eine befriedigende Antwort. Die Streitpunkte waren zwischen 1945, dem Ende der Kriege Hitlers und Stalins (und Mussolinis) in der Region, und dem Zusammenbruch des Kommunismus 1989 stillgestellt worden. Dann mußte die Frage aber erneut beantwortet werden. Die frühere provisorische Lösung, die durch die Initiative der USA und Frankreichs 1918 angeboten wurde, als das habsburgische und das Osmanische Reich ihr Ende erreichten, war die universale nationale Selbstbestimmung. Die Anwendung dieses Prinzips auf die Balkanländer und Ostmitteleuropa veränderte Grenzen und brachte neue Staaten hervor: Jugoslawien, »das Königreich der Serben, Kroaten und Slowenen«; das vierundsiebzigjährige Bestehen der modernen Tschechoslowakei, einschließlich ungarischer und deutscher Minderheiten; die Wiederherstellung Polens innerhalb umstrittener Grenzen; die Schaffung eines verstümmelten modernen Österreich, wobei ein Teil des deutschsprachigen Tirol gleichwohl unter italienische Herrschaft gestellt wurde; und ein selbständiges Ungarn, bei dem die Mehrheit der ethnischen Ungarn draußen blieben. Nichts davon erwies sich als großer Erfolg. Hitler bereitete dem ein vorläufiges Ende, und anschließend zwang Stalin der gesamten Region die sowjetische Kontrolle auf (nur Österreich und Jugoslawien gelang es, sich ihr zu entziehen). Diese Situation gelangte nun 1989-1990 wiederum an ein Ende, wobei sowohl die Grenzen intakt blieben als auch die Klagen – bis die jugoslawischen Republiken und dann die Slowaken sich entschlossen, mit deren Revision zu beginnen.

Die Entwicklung des Nationalismus im 19. Jahrhundert hing mit den Traumen der Modernisierung zusammen, welche die Gesellschaftsordnung in einigen Teilen der im wesentlichen feudalen und meist vorindustriellen Reiche Österreich-Ungarns und der Osmanen durcheinanderbrachte. Alte Gemeinschaften und politische Bindungen wurden ausgehöhlt durch die Säkularisierung, die Urbanisierung und die Einflüsse des liberalen Denkens sowie durch die Angriffe der Wissenschaftler auf die Religion. Als wichtigster Faktor für das Identitätsgefühl des Individuums blieb dabei die nationale Bindung übrig. Früher war man die eine oder die andere Sorte von Christ oder ein Moslem gewesen, Untertan eines bestimmten Monarchen, eines Kaisers oder eines territorialen Magnaten. Nun wurde von jedem einzelnen erwartet, daß er sich als Angehöriger einer Nation betrachte, selbst wenn diese Nation unbestimmt war und die Ausstaffierung der Nationalität künstlich hergestellt werden mußte.[1] Die modernen Nationen auf dem Balkan und einige auch in Ostmitteleuropa wurden aus den Wirrnissen der Geschichte und zuweilen auch auf Mythen aufgebaut oder wiederaufgebaut. Auf diese Weise kamen zum Beispiel das moderne Griechenland, Rumänien, Albanien, die Tschechoslowakei und das wiederhergestellte Serbien zustande – und schließlich sogar Israel. Der Zionismus ist der letzte der romantischen Nationalismen Ostmitteleuropas (und zudem ein millenarischer: Arthur Hertzberg von der New York University und vom Jüdischen Weltkongreß schreibt über den Zionismus: »Seine tiefste Grundströmung ist die Überzeugung, daß der zionistische Staat *das* verändernde Ereignis der jüdischen Geschichte und mindestens ein Auftakt zum Ende aller Tage auf dieser Welt ist«.

Die neuen Nationen sollten so sein wie die alten Nationen Westeuropas. Allerdings waren die westeuropäischen Nationen keine geplanten Erfindungen, sondern das über lange Zeit hinweg entstandene Zufallsergebnis der geschichtlichen Entwicklung von Völkern, die häufig kaum mehr Gemeinsamkeit hatten als die geographische Nähe. Die Entstehung der französischen Nation, die eine der beiden ursprünglichen westlichen Nationalstaaten ist, lag in der verworrenen Situation im Anschluß an die Schwächung und den Rückzug der römischen Herrschaft in den kontinentaleuropäischen Regionen, die von Franken, Galloromanen, Kelten und germanischen Völkern bewohnt waren, und in dem Versuch, eine Version der »römischen« Amtsgewalt wiederherzustellen, der einzigen bekannten Form einer verfeinerten politischen Organisation. Im Jahre 800 krönte der Bischof von Rom Karl den Großen – den König der Franken – zum »Heiligen« Römischen Kaiser, das heißt zum Kaiser eines wiederhergestellten westlichen und christlichen Imperiums.

Der Nachfolger Karls des Großen, Otto (I. d. Gr., 936-973), war der erste Anwärter auf den neuen Kaisertitel, dem es gelang, eine Nachfolgelinie zu begründen. Das weströmische Reich war von da an eine deutsche Institution; schließlich die der deutschen Habsburgerdynastie, die erst 1806 auf den römischen Titel verzichtete. Die Herkunft des modernen Deutschland von diesem Imperium ist ein wesentlicher Grund dafür, daß Deutschland nie eine Nation von derselben Art wie Frankreich und England geworden ist. Der historische Ursprung Deutschlands ist imperial und nicht national; Deutschland ist zwar der politische Erbe Roms, nicht aber der Erbe der römischen Sprache und Kultur. Im neunten Jahrhundert hat Deutschland nicht das Erbe der griechischen Demokratie und des römischen Republikanismus, des römischen Rechts und der römischen Literatur übernommen. Es war eine von der klassischen Antike weitgehend unberührt gebliebene Grenzlandgesellschaft. In Deutschland hatte dies tiefreichende Folgen.

Die Grenzen des Heiligen Römischen Reiches waren ebensowenig starr festgelegt, wie es die Grenzen Roms oder der Kirche gewesen waren. Es war seine Natur, zu expandieren und zu integrieren, multinational und vielsprachig zu sein. Diese Hingabe an das imperiale Integrieren und an die Proselytenmacherei war verantwortlich für die Kreuzzüge der deutschen Ritter in das baltische und slawische Europa, um die heidnischen Völker zu christianisieren und den Einzugsbereich des Christentums zu erweitern. In der Folge wurde dies zu einem politischen Unternehmen, das weiterhin als Zivilisierungsversuch galt. Man könnte sagen, daß deshalb Deutschland heute noch der hartnäckige Zweifel begegnet, ob es tatsächlich die nationale Existenz ohne missionarische Zielsetzung oder Aufgabe begründet. Die vermeintliche internationale Verantwortlichkeit oder Bestimmung der deutschen Kultur wurde in der Neuzeit nacheinander neu formuliert von Goethe, Beethoven, Friedrich dem Großen, Bismarck, Hegel, Wilhelm II., Heidegger – und Hitler. In der Musik und in der Philosophie waren die Resultate erfolgreich, in der Politik waren sie es nicht.

Als Bismarck sich daran machte, ein mächtiges kaiserliches Deutschland zu schaffen, setzte er an die Stelle der alten Einschließungspolitik des Heiligen Römischen Reiches die Ausschließung und machte von der These Gebrauch, daß es eine deutsche »Rasse« gebe. Die Übernahme dieser romantischen Idee von der rassischen Herkunft der Nationen erwies sich im Bismarckschen Unternehmen als entscheidender Faktor, da sie eine neue Definition und ein seitdem herrschendes neues Bewußtsein deutscher Nationalität bewirkte. Die Krise, die Deutschland 1992-1993 im Zusammenhang mit der Gewalt gegen ausländische Asylbewerber und gegen die vor langer Zeit eingewanderten Arbeiter und deren Familien erlebte, hing unmittelbar mit diesem Glauben an eine deutsche Identität des Blutes zusammen. Den Nachkommen der »sächsischen« Siedler im mittelalterlichen Rumänien und im Rußland Peters des Großen wird die sofortige Staatsbürgerschaft in der Bundesrepublik zugestanden, obwohl sie mit der deutschen Kultur kaum oder gar nicht vertraut sind und nicht einmal Deutsch sprechen. Andererseits konnte man den Kindern von türkischen oder jugoslawischen Arbeitern, die in Deutschland geboren und ausgebildet wurden und in ihrer Kultur durch und durch deutsch sind, die Staatsbürgerschaft verweigern, weil sie nicht deutscher Abstammung sind. Die deutsche Staatsbürgerschaft zu erwerben, bleibt für sie ein mühsamer und ein beinahe prohibitiv langwieriger Prozeß.

Sicherlich gibt es germanische Völker und germanische Sprachen, aber wie Henry A. Turner, der Historiker der Yale University schrieb, ist die Idee einer germanischen [deutschen] »Rasse« eine

> »vergleichsweise junge Erfindung, die erst in der zweiten Hälfte des letzten Jahrhunderts eine weitverbreitete Aufnahme fand. Zuvor war die deutsche nationale Identität hauptsächlich durch eine gemeinsame Kultur definiert worden, wie dies in Frankreich immer noch der Fall ist. Im Gegensatz zur Volkszugehörigkeit [etnicity] läßt Kultur sich erwerben.
>
> Der Glaube an eine ethnische [völkische] nationale Identität Deutschlands setzt die Leugnung der geschichtlichen Realität voraus. Dieses Land ist während seiner ganzen Vergangenheit ein Treffpunkt und ein Schmelztiegel gewesen. Im Lauf der Jahrhunderte hat es eine Vielzahl von Einwanderern aufgenommen: protestantische Hugenotten, die vor der Verfolgung in Frankreich flohen; holländische Siedler, die bereit waren, Sumpfgebiete trockenzulegen; und Polen, die bereit waren, Kohle

zu fördern. Ohne die Millionen von Gastarbeitern, die nach dem Zweiten Weltkrieg aus Griechenland, Italien, Spanien und der Türkei in die Bundesrepublik gelockt wurden, hätte das Wirtschaftswunder, auf das die Deutschen mit Recht stolz sind, nicht stattfinden können.«

Als es dem frühmittelalterlichen Frankreich nicht gelungen war, das neue Rom zu werden, wurde es stattdessen zu einem der beiden ursprünglichen Nationalstaaten. Anstelle der Einschließungs- und Expansionspolitik des Imperiums übernahm es die Ausschließungspolitik und die kulturelle Besonderheit der modernen Nation und fand schließlich auch feste territoriale und sprachliche Grenzen. Gleichzeitig mit dem frühmittelalterlichen Frankreich gab es Landeshoheiten, die keine Proto-Nationen waren: nicht nur Deutschland, sondern auch das konstantinische Reich im Osten sowie »Nationen«, die zwar eine kulturelle Identität besaßen, aber keine nationale politische Abgrenzung bzw. eine, die sie erst später erlangen sollten. Die Feudalgesellschaft war in allen Regionen, die zum römischen Reich gehört hatten oder seinen christlichen Nachfolgern assimiliert wurden, fast dieselbe.

Die Gesellschaftsordnung beruhte auf der Landwirtschaft und auf angenommenen wechselseitigen und rechtmäßig durchgesetzten Verpflichtungen zwischen Bauern oder Leibeigenen, Grundbesitzern oder anderen örtlichen Notabeln sowie dem Klerus innerhalb einer überwiegend religiösen Lebensauffassung. Gesellschaft und Geschichte waren die Bühnen, auf denen das menschliche Erlösungswerk zu vollbringen war. Die Erlösung – die Liebe Gottes, der Einzug in den Himmel – war der Zweck der Existenz. Die Kirche legte die Bedingungen für den Kampf um die Erlösung fest, und die Gesellschaftsordnung war durch den Bezug zur Kirche gerechtfertigt. Politische Autorität oder Souveränität war eine Sache des Kampfes zwischen den zeitweiligen Autoritäten oder Lehnsherren und den Herren der Kirche. In welchem Grad sich eine weltliche politische Sphäre und weltliche Hierarchien herausbilden konnten, hing von den Umständen und von dem Ort ab. Unabhängige oder beinahe unabhängige Städte mit Kaufleuten, Händlern und Handwerkern lebten innerhalb der Feudalordnung; sie entwickelten ihre eigenen Ansprüche und übernahmen Verpflichtungen auf ihre Weise.

Über die wirklichen Kräfte nachzudenken, die die französische und die englische Nation hervorbrachten, heißt zu erkennen, wie zufällig die Eigenschaft des Nationenstatus auf der einen Seite war, und wie natürlich sie wiederum war, selbst wenn im benachbarten Deutschland ein grundlegend anderer Vorgang ablief. Als Nationen definiert wurden Frankreich und England aufgrund des Kampfes ihrer feudalen Fürsten – rivalisierender Landesherren –, um ihre Macht durch Eroberung, Bündnis oder Heirat zu festigen und auszudehnen: ein im gesamten feudalen Europa durchgängiges Verfahren, das durch die Umverteilungen von Macht und Souveränitäten aufgrund immer neuer Kriege und Erbteilungen fast ebenso beharrlich durchkreuzt wurde.

Die Festigung nationaler Macht vollzog sich zuerst auf den beiden Seiten der kontinentalen Kanalküste im kulturellen Kontext einer Sprachgemeinschaft, in der Französisch (nach 1066) unter den Herrschenden dominierte und daneben mehrere französische, keltische und germanische Dialekte gesprochen wurden. Die normannische Eroberung Englands im 11. Jahrhundert brachte einer französischsprachigen englischen Dynastie die Herrschaft sowohl über England als auch über einen Teil Frankreichs (eine Dynastie, die ursprünglich allerdings »wikingisch« war; die »Normannen« waren ja Norweger). Dieser Kampf zwischen englischen und französischen Herrschern, der im Hundertjährigen Krieg gipfelte, legte schließlich zwei politische Nationen fest, die durch den Kanal (bis zum 16. Jahrhundert allerdings nicht vollständig: England hielt Calais bis 1558 besetzt) und schließlich durch die unterschiedlichen Sprachen voneinander getrennt wurden. Erst in der Zeit der Tudors ersetzten Engländer die normannischen Franzosen an den Gerichtshöfen in London. Das Ergebnis des Krieges ließ Frankreich unter französischen Fürsten zurück und erweiterte die zentralisierenden Kräfte des Hofes. England wandte sich nun dem Meer zu und gab seine politischen Ambitionen auf dem Kontinent preis. Zwei Nationen waren geschaffen worden.

Ihre mittelalterlichen (und späteren) Konflikte beeinflussen sogar die heutigen französisch-britischen Beziehungen, die, selbst wenn sie auf Zusammenarbeit zielen, niemals herzlich sind. Mehr als anderthalb Jahrhunderte nach Napoleons Tod ist die Londoner Massenpresse auch heute noch von der Bedrohung durch die Franzosen besessen, die sich jetzt angeblich über die Mechanismen des Gemeinsamen Marktes auswirke, um die Unabhängigkeit Englands zu untergraben. Die andauernde kulturelle Feindseligkeit der Engländer gegenüber den einstmals siegreichen Franzosen kommt in den Überheblichkeiten der zeitgenössischen Oberschichtsprache in England zum Ausdruck, in der Ausdrücke, die als »non-U« (oder »non-upper class«) gelten, wie Alan Ross und Nancy Mitford sie Mitte der fünfziger Jahre kennzeichneten, sich stets als solche erweisen, die französischen Ursprungs sind.[2]

Interessanterweise ist die Abneigung keineswegs gegenseitig. Vielleicht bereiten die Engländer den Franzosen deshalb keine Obsessionen, weil im Jahre 1066 die Franzosen die Eroberer gewesen waren. Die Franzosen neigen heute dazu, die Engländer wegen ihrer Standhaftigkeit zu bewundern, die sie im Zweiten Weltkrieg bewiesen haben, und auch wegen ihres Stils, zumindest dem der Oberschicht, der in Frankreich gerade deswegen als *chic* gilt, weil er sich hartnäckig allem verweigert, was chic ist.

Was in England und Frankreich geschah, lieferte das Modell für die politische Organisation im übrigen Europa. Zentralisierte dynastische Staaten entstanden nach und nach, und aus ihnen entwickelte sich dann der moderne Nationalstaat – der seither das dominierende Modell für die politische, gesellschaftliche und wirtschaftliche Organisation darstellt: dominierend entweder durch die Präsenz der autonomen Nationalstaatlichkeit oder durch deren Abwesenheit, die die Kräfte des unverwirklichten Nationalismus herausfordert. Die heutige Politik ist immer noch nachdrücklich von den Bemühungen geprägt, die Nationalstaatlichkeit entweder zu erreichen oder zu vergrößern. Trotzdem wurde die Geschichte dieses Jahrhunderts nachhaltiger von den Bemühungen gestört, die nationale Gesellschaftsorganisation durch irgendeine neue internationale Ordnung – ob gut oder nicht – zu ersetzen. Es wäre zwar bequem, sagen zu können, der Nationalismus sei ein Phänomen der Vergangenheit und der Internationalismus das Phänomen der Zukunft, aber das ist offensichtlich nicht wahr, und in Wirklichkeit bleiben die beiden Rivalen.

In den deutschen Ländern ging der Titel des Heiligen Römischen Kaisers schließlich auf die habsburgische Monarchie über, die dank dynastischer Eheschließungen zur rechten Zeit da war, um Mitteleuropa mit Spanien, den Niederlanden und zeitweise auch Burgund zu vereinen. Das habsburgische System nahm schließlich auch Böhmen und Polen in sich auf. Beide sind Nationen mit einem ausgeprägten Bewußtsein ihrer früheren unabhängigen Existenz, als sie in der Entwicklung der europäischen Kultur eine bedeutsame Rolle spielten. Polen selbst war vom 15. bis zum 17. Jahrhundert eine bedeutende Macht und zudem einer der frühesten europäischen Nationalstaaten gewesen. Das habsburgische Imperium umfaßte auch Ungarn und wurde schließlich zu einer »Doppelmonarchie«, in der Ungarn nominell denselben Status innehatte. Die ethnisch und sprachlich eigenständige ungarische Nation, asiatischen (finnisch-ugrischen) Ursprungs, hatte sich Ende des 19. Jahrhunderts in Ostmitteleuropa etabliert. Slowenien und Kroatien gehörten ebenfalls zum Imperium: Slowenien war als Kronland bis 1991 keine eigenständige Nation. Kroatien, im Frühmittelalter ein unabhängiger Staat, war vom 11. Jahrhundert an Ungarn untergeordnet und wurde ebenso wie Slowenien nach dem Ersten Weltkrieg zu einem Bestandteil des neuen Königreichs Jugoslawien. 1941 trat es für kurze Zeit unter italienischer und später deutscher faschistischer Förderung wieder als Staat in Erscheinung, wobei es sich durch ungeheuerliche Verbrechen gegen die benachbarten Serben hervortat. Die Serben vergalten diese schrecklichen Dienste, als die Kroaten 1991 ihre Unabhängigkeit von Jugoslawien erklärten, indem sie einmarschierten und Kroatien zu zerstückeln begannen.

Der Begriff *Nation*, dessen Definition trügerische Schwierigkeiten bereitet, läßt sich sowohl auf Völker als auch auf Staaten anwenden. Häufig wird für die Existenz einer Nation die Sprache als das wesentliche Element angesehen. Karl Marx legte vier Bedingungen für die Nation fest: eine gemeinsame Sprache, ein gemeinsames Territorium, ein gemeinsames Wirtschaftsleben und eine gemeinsame geistige Struktur (was das auch immer bedeuten mag: »eine gemeinsame historische Formation« wäre vielleicht ein besserer Ausdruck dafür). Trotzdem ist die viersprachige Schweiz eine Nation; ebenso China mit allen seinen Sprachen, und wahrscheinlich ist auch Indien heute eine Nation; und die USA wären auch dann noch eine Nation, wenn sie zweisprachig und »multikulturell« würden – obwohl sie dann sicherlich nicht mehr dieselbe Nation wären. Andererseits sind Serben und Kroaten zwar dasselbe Volk und sie sprechen dieselbe Sprache, auch wenn die einen in kyrillischer Schrift und die anderen in römischer Schrift schreiben, aber heute sind sie sicherlich nicht eine Nation, sondern zwei. Geteilt hat sie die Religion und die damit verbundenen Phänomene, wodurch die einen in die eroberte byzantinisch/osmanische Welt und die anderen in das kulturelle Universum Westeuropas eingefügt wurden.

Lord Acton, der große Historiker des 19. Jahrhunderts, spricht davon, daß das »National«-Gefühl zum ersten Mal im Widerstand gegen die universalisierenden Ideen der Französischen Revolution und die Versuche der Revolution und der napoleonischen Truppen zum Ausdruck kam, die Französische Herrschaft im Ausland zu errichten. Nach der Niederlage Napoleons empfing die Nationalität, »die vom Ancien régime ignoriert und durch die Revolution und das Imperium geschändet worden war, nach ihrer ersten offenen Bekundung den schwersten Schlag auf dem Wiener Kongreß (...). Die Regierungen der Heiligen Allianz nahmen sich vor, den revolutionären Geist, der sie bedroht hatte, und den nationalen Geist, durch den sie wiederhergestellt wurden, mit gleicher Sorgfalt zu unterdrücken.« Die liberale Bewegung, die sich anschließend im Widerstand gegen die reaktionäre Allianz der wiederhergestellten europäischen Monarchien entwickelte, »begann mit der Verteidigung von Freiheit, Religion und Nationalität. Alle drei Beweggründe kamen im irischen Aufstand und in den Revolutionen in Griechenland, Belgien und Polen zusammen.« Türken, Holländer und Russen wurden »nicht als Usurpatoren angegriffen, sondern als Unterdrücker, weil sie schlecht regierten, nicht weil sie einer anderen Rasse angehörten. Es begann damals eine Zeit, da die Losung einfach lautete, Nationen werden nicht von Ausländern regiert (...). Nationale Rechte hatten ebenso wie die Religion in den früheren Verbindungen zwar eine Rolle gespielt und waren ein Hilfsmittel in den Befreiungskämpfen gewesen, doch nun wurde die Nationalität zu einem alles andere überragenden Anspruch, der auf Kosten aller übrigen Gründe, aus denen die Nationen Opfer erbringen, vorherrschen sollte.« »Es war ein Schritt zurück in der Geschichte«, schließt Acton.

Acton schreibt außerdem: »Die Verbindung verschiedener Nationen in einem einzigen Staat ist eine ebenso notwendige Bedingung für das zivilisierte Leben wie die Verbindung der Menschen in der Gesellschaft (...). Ein Staat, der unfähig ist, unterschiedliche Rassen zufriedenzustellen, verurteilt sich selbst; ein Staat, der sich bemüht, sie zu neutralisieren, zu absorbieren oder zu vertreiben, zerstört seine eigene Lebenskraft; einem Staat, der sie nicht in sich einschließt, fehlt die Hauptgrundlage der Selbstregierung.« Die Idee, daß Nationen einen rassischen Ursprung hätten (oder um den heute geläufigen Ausdruck zu gebrauchen, einen singulären »ethnischen« Ursprung), ist generell unhaltbar. Daniel Bell, der im Zusammenhang einer umfassenderen Konzeption der Ethnizität schreibt, behauptet: »Der Staat ist dort eine wirksame Einheit der Identifizierung [mithin der Konkurrenz], wo zwischen der Nation und einer einzelnen ursprünglichen Gruppe [primordial group] Übereinstimmung besteht.« Doch was ist eine »primordiale Gruppe«? Für die französische oder die englische Nation, also für die ältesten aller modernen Nationen, gab es keine primordiale Gruppe und ebensowenig für irgendeine andere von den wichtigen westeuropäischen Nationen. Das ethnisch homogene Skandinavien, das den Weg für die aufeinanderfolgenden zentralasiatischen Wanderungen absteckte, die über Mitteleuropa hinweggingen und dessen ethnische Mischung bewirkte, besitzt dennoch drei alte Nationen, die einander jahrhundertelang bekämpften.

Nach Carlton J. Hayes, dem hervorragenden amerikanischen Gelehrten, ist die Nationalität das Ergebnis aus erinnerten oder vorgestellten Faktoren aus der Vergangenheit eines Volkes, die zusammengenommen zu der Überzeugung führen, ein selbständiger und deutlich unterscheidbarer Teil der Menschheit zu sein. (Es wurde auch schon der Witz formuliert, eine Nation sei ein Volk, das durch die gemeinsame Abneigung gegenüber seinen Nachbarn und einen gemeinsamen Irrtum bezüglich seiner Vergangenheit zusammengehalten werde.) Der Nationalismus ist die starke Betonung dieser Verschiedenheit zum Nachteil der Ähnlichkeiten der Menschheit als ganzes. Deshalb verwandelt er sich leicht in einen aggressiven Versuch, die Verschiedenheit als Überlegenheit auszugeben. Hayes sorgte sich insbesondere über die Tendenz des Nationalismus, patriotische Rituale zu übernehmen, die denen der Religion gleichen: sie erheben den Staat zum Spender einer sowohl privaten als auch öffentlichen Moral und verwandeln ihn dadurch in ein Abbild der Gottheit. Zu Hayes' Zeiten (er starb 1964 im Alter von 82 Jahren) hatte diese Tendenz in Deutschland zur Anbetung des Staates und in Rußland zur Kanonisierung der Ideologie geführt: beide Ersatzgötter verlangten nach Blutopfern. Doch diese Anbetung des Staates oder der Partei in den beiden großen totalitären Bewegungen dieses Jahrhunderts umfaßt auch Probleme, die noch komplexer sind als der Nationalismus – wie ich im folgenden Kapitel ausführen werde.

Die englischen Hochschullehrer Eric Hobsbawm und Isaiah Berlin, beides Männer einer von der liberalen Tradition geprägten Generation, halten die durch den

Nationalismus vollzogene Erhöhung eines Volkes über ein anderes für so unvernünftig und die Werte des Internationalismus für so zwingend vernünftig, daß es ihnen schwer fällt, zu akzeptieren, daß intelligente Menschen Nationalisten sein können. Die scheinbare Unlogik des Nationalismus bedeutet für sie, daß er als ein völlig regelwidriges Phänomen am Ende verschwinden muß und somit auf ganz natürlich Weise durch den Fortschritt beseitigt wird. Berlin sieht im Nationalismus überdies einen Affront gegen den Utopismus, der auf aufklärerischen Werten beruht, welche die bewundernswertesten Hoffnungen des Menschen zum Ausdruck bringen: einen Utopismus, an den Berlin eigentlich glauben wollte, den er aber als unrealisierbar und philosophisch illusionär ablehnen mußte.

Er spricht vom Glauben Tolstois, wonach »das Wesen der Menschen darin besteht, wählen zu können, wie man leben will: Gesellschaften lassen sich verwandeln im Lichte von wahren Ideen, an die mit genügend Ernst und Hingabe geglaubt wird«. In dieser Hinsicht hält er den Nationalismus für eine ungeheuerliche und primitive Kraft falscher Ideale, auch wenn diese genau so mit »Ernst und Hingabe« hochgehalten werden wie die Ideale der Utopisten. Freud, der kühle Realist, sagte: »Es ist immer möglich, eine größere Menge von Menschen in Liebe aneinander zu binden, wenn nur andere für die Äußerung der Aggression übrigleiben.«

Berlin wäre sicherlich darüber betrübt gewesen, daß beamtete Hochschullehrer, darunter die Dekanin der naturwissenschaftlichen Fakultät der Universität Sarajewo, ein bedeutender Literaturprofessor und ein Psychiater, die Anführer der »autonomen« serbischen Republik waren, die 1992 innerhalb von Bosnien-Herzegowina proklamiert wurde. Sie beaufsichtigten die erbarmungslose Belagerung Sarajewos und die völkermörderischen »ethnischen Säuberungen« in den Teilen Bosniens, die ihre Anhänger eroberten. Man kann es inzwischen wohl für erwiesen halten, daß intelligente oder zumindest gebildete Menschen genau wie alle anderen die Veranlagung zeigen, entgegen aller pragmatischen Urteilsfähigkeit, entgegen praktischen Beweisen und einer gemeinsamen Moral ideologische Programme zu entwickeln und durchzusetzen. Auf der Seite der Utopisten zeigt sich der Beweis dafür in der sieben Jahrzehnte währenden Verblendung eines bedeutenden Teils der westlichen Intelligenz durch den Leninismus.

Heutige akademische Diskussionen über Nationalismus behandeln ihn als eine Kraft in der Entwicklung und Modernisierung einer politischen Gesellschaft oder sie versuchen ihn – meines Erachtens erfolglos – in eine fortschrittliche oder marxistische Konzeption der geschichtlichen Evolution einzupassen, um nachzuweisen, daß er vorübergehend oder unwesentlich sei. Liah Greenfield von der Harvard University behauptet, Nationalität sei im Grunde etwas Begriffliches oder Ideologisches und zudem vom Ethnischen unabhängig, und die USA seien das Modell für die Modernisierung. Damit wird offensichtlich unterschätzt, in welchem Ausmaß die amerikanische nationale Identität heute angezweifelt und die Geltung der USA als Modell der modernen Nationalstaatlichkeit in Frage gestellt wird.

Ernest Gellner, ein Sozialanthropologe aus Cambridge (England) behauptet, der Nationalismus sei aus dem Bedürfnis der modernen Gesellschaft »nach universaler, normierter und allgemeiner Erziehung« entstanden, er sei das Resultat »einer *bestimmten Art* der Arbeitsteilung«, wie sie typisch sei für die moderne Welt, die zwar »komplex ist, sich aber auch ständig und häufig rasch verändert«. Da diese Form von Erziehung nur dann möglich ist, wenn Staat und Kultur miteinander verbunden sind, stellt die Gesellschaft eine solche Verbindung her. »Genau darum geht es beim Nationalismus.« Vormoderne Gesellschaften, die die notwendige Gleichsetzung von Staat und Kultur nicht zu erreichen vermögen, scheitern und werden von erfolgreicheren Gesellschaften übernommen. Da der nationalistische Konflikt das Ergebnis von »sozialen Lücken ist, die durch den frühen Industrialismus und dessen ungleichmäßige Verteilung entstanden sind«, zieht Gellner den Schluß, von der spätindustriellen Gesellschaft könne man erwarten, daß sie eine Gesellschaft sei, »in welcher der Nationalismus zwar weiterbesteht, aber in einer gemilderten, weniger virulenten Form«. Dies wurde vor dem Sturz des Kommunismus und den Ereignissen von 1991 und danach geschrieben.

Benedict Anderson von der Cornell University sagt, die Entwicklung der Druckerpresse, die Normierung der Sprachen und das darauffolgende Entstehen umgangssprachlicher Literaturen habe »imaginäre Gemeinschaften« ermöglicht, die viel größer sind als die realen, die es zuvor gab. Deshalb habe sich die moderne Nation entwickelt und mit ihr zusammen das Nationalbewußtsein und schließlich der Nationalismus. Die bürgerliche Intelligenz, die durch die Revolution des Buchdrucks ins Leben gerufen wurde, »lud die Massen in die Geschichte ein« (eine schöne Wendung, die Anderson von einem anderen Marxisten übernommen hat: Tom Nairn). Er behauptet, der Aufstieg des Nationalismus sei mit dem Niedergang der Religion als einer sozialen Kraft zusammengefallen. Dies erscheint in seinen Implikationen jedoch als irreführend, da der Niedergang des populären religiösen Glaubens in Europa im späten 19. und im 20. Jahrhundert erfolgte, der Nationalismus aber erstmals zu Beginn des 19. Jahrhunderts eine gewisse Kraft erlangte und in den östlichen und südlichen Regionen Europas, die vom Unglauben und von weltlichen Ideen am wenigsten berührt sind, besonders wirkungsmächtig bleibt.

In Asien und Afrika (über die ich in einem späteren

Kapitel diskutieren werde) ist der Nationalismus fast immer – Gandhis Indien ist die mögliche Ausnahme – eine Sache der weltlichen Eliten. Die Sprachen des afrikanischen »Nationalismus« sind Englisch und Französisch. Andererseits läßt sich der islamische religiöse Fundamentalismus von heute am besten verstehen als eine Reaktion auf das Scheitern der weltlichen nationalistischen Bewegungen im mittleren Osten in den fünfziger Jahren und danach. Tom Nairn, ein Schotte, ist vielleicht für alle akademischen Analytiker repräsentativ, weil er die Ansicht vertritt, daß der Nationalismus »eine Pathologie« sei. Trotzdem hält er ihn in der modernen geschichtlichen Entwicklung für unvermeidlich, genau so, wie die Neurose ein Bestandteil der persönlichen Entwicklung sei.

Keine von diesen Behauptungen erscheint mir überzeugend als Erklärung des Nationalismus, der keine komplizierten Erklärungen braucht. Seine Verbindungen mit den allerersten menschlichen Bindungen an Familie, Stamm und Gemeinschaft sind offenkundig. Ein Kanadier russischer Herkunft, der Romancier und Journalist Michael Ignatieff, schrieb im Herbst 1992 über einen Sonntag in der St. Georgs-Kathedrale in Lwow, in der Ukraine:

> »... die Kirche ist brechend voll von barhäuptigen Männern und mit Kopftüchern bekleideten Frauen jeden Alters; und wenn sie im Chor in das Halleluja einstimmen, schwebt der Klang wie ein sanft gewölbter Himmel über siebenhundert Köpfen. Wenn man zwischen diesen Männern und Frauen steht, die ihre starken, lange Zeit unterdrückten Gefühle nicht verbergen, wird klar, was der Nationalismus eigentlich ist: der Traum, daß eine ganze Nation wie eine kirchliche Gemeinde sein könnte – die dieselben Lieder singt, dieselbe Predigt an-

> hört, dieselben Gemütsbewegungen teilt, und die nicht nur untereinander von Mensch zu Mensch verbunden ist, sondern auch mit den Toten, die zu ihren Füßen begraben liegen.«

Ernest Renan, ein Gelehrter des 19. Jahrhunderts, behauptete, es sei der »Wille«, der eine Nation ausmache. Eine Nation sei ein »tägliches Plebiszit«, »ein geistiges Prinzip«, »ein moralisches Bewußtsein«. Sie ist eine Gemeinschaft mit einer gemeinsamen Erinnerung – ein Volk, das zusammen gelitten hat. In einem berühmten Satz seines Vortrags von 1862, »Qu'est-ce qu'une nation?«[3] sagte er: »Das Wesen einer Nation besteht darin, daß die Menschen vieles gemeinsam und daß sie vieles vergessen haben.« Er fuhr fort: »Jeder französische Staatsbürger sollte die Bartholomäusnacht [das Massaker an den Protestanten in der Nacht zum 24. 8. 1572] und die Massaker des 13. Jahrhunderts im Midi [die Ermordung albigensischer Häretiker durch die Inquisition] vergessen haben.« Das heißt, wenn die französische Nation gedeihen soll, müssen ihre Bürger Ereignisse, die zu ihrer Spaltung führten, bewußt hinter sich lassen.

Die praktikabelste Definition der Nation ist wohl die des hervorragendsten Nationalismusforschers der heutigen Zeit, des vor kurzem verstorbenen Hugh Seton-Watson. Sie gleicht überdies jener von Renan. Seton-Watson schrieb, daß er nach einem langen Forscherleben zu dem

> »Schluß gekommen (sei), daß sich keine 'wissenschaftliche Definition' der Nation ausdenken läßt. Trotzdem hat das Phänomen existiert und es existiert weiter. Ich glaube nur sagen zu können, daß eine Nation dann existiert, wenn eine größere Zahl von Menschen in einer Gemeinschaft von sich denkt, daß sie eine Nation bilde, oder wenn sie

sich so verhält, als ob sie eine bildeten. Es ist nicht notwendig, daß die gesamte Bevölkerung so empfinden oder sich so verhalten muß, und es ist unmöglich, dogmatisch festzulegen, welcher Mindestanteil einer Bevölkerung davon betroffen sein muß. Wenn eine größere Gruppe diese Überzeugung vertritt, besitzt sie 'Nationalbewußtsein'.«

3 Internationalismus

Die Vergangenheit war »internationalistischer«, als wir aufgrund irgendwelcher noch so schlüssiger Beweise von der Zukunft voraussagen können. Die Stammesgesellschaft oder das primitive Bauerndorf des vorgeschichtlichen Altertums wurde nicht durch die Nation ersetzt, sondern durch die Stadt oder durch die auf einer Stadt beruhende Zivilisation, die sich vergrößerte, um zu einem Reich mit nicht-ausschließenden Grenzen zu werden. Darauf folgte die Entwicklung von Universalreligionen in der Welt des Mittelmeers – Judentum, Christentum und später der Islam.

Die dynastische Monarchie oder das Imperium – vielsprachig, multikommunal und multinational – war die typische politische Institution Europas vor der Aufklärung und der Französischen Revolution. Ihr Aufbau und ihre territoriale und kommunale Umverteilung erfolgten gemäß der monarchischen Erbfolge, den Eheschließungen und Kriegen. Der österreichische Romancier Joseph Roth schrieb in der Novelle »Die Büste des Kaisers« (1934):

> »(...) der Nachkomme eines alten polnischen Geschlechts, der Graf Franz Xaver Morstin – eines Geschlechtes, das (nebenbei gesagt) aus Italien stammte und im sechzehnten Jahrhundert nach Polen gekommen war (...) betrachtete sich weder als einen Polen noch als einen Italiener, weder als einen polnischen Aristokraten noch als einen Aristo-

kraten italienischer Abkunft. Nein: Wie so viele seiner Standesgenossen in den früheren Kronländern der österreichisch-ungarischen Donaumonarchie war er einer der edelsten und reinsten Typen des Österreichers schlechthin, das heißt also ein übernationaler Mensch und also ein Adliger echter Art. Hätte man ihn zum Beispiel gefragt – aber wem wäre eine so sinnlose Frage eingefallen? –, welcher »Nation« oder welchem Volke er sich zugehörig fühle: der Graf wäre ziemlich verständnislos, ja sogar verblüfft vor dem Frager geblieben und wahrscheinlich auch gelangweilt und etwas indigniert. Nach welchen Anzeichen auch hätte er seine Zugehörigkeit zu dieser oder jener Nation bestimmen sollen? Er sprach fast alle europäischen Sprachen gleich gut, er war in fast allen europäischen Ländern heimisch, seine Freunde und Bekannten lebten verstreut in der weiten und bunten Welt. Ein kleineres Abbild der bunten Welt war eben die kaiser- und königliche Monarchie, und deshalb war sie die einzige Heimat des Grafen. Einer seiner Schwäger war Bezirkshauptmann in Sarajevo, ein anderer Statthaltereirat in Prag, einer seiner Brüder diente als Oberleutnant der Artillerie in Bosnien, einer seiner Vettern war Botschaftsrat in Paris, ein anderer Grundbesitzer im ungarischen Banat, ein dritter stand in diplomatischen Diensten Italiens, ein vierter lebte aus purer Neigung zum Fernen Osten seit Jahren in Peking.«[1]

Die Rede ist natürlich von einem Österreicher-Ungarn, einem Untertan des Nachfolgers des Römischen Reichs, weil Habsburg ja im Besitz des Kaisertitels des Heiligen Römischen Reiches war. Allerdings war die kontinentale Aristokratie ebenso wie die Monarchien auch in ihren Ansichten und Familienverbindungen international. Die heutige britische Monarchie ist ihrer Familienherkunft nach deutsch, und sie wird wegen Prinz Philip halb griechisch sein, wenn Philips Sohn Charles König werden sollte; nur daß das griechische Königshaus heute wiederum dänisch und russisch ist, während das dänische hessisch ist und zuvor englisch sowie deutsch und schwedisch gewesen ist...

Die Habsburger, die ursprünglich elsässisch-schweizerisch waren, regierten vom 12. bis zum 20. Jahrhundert nicht nur das deutschsprachige Österreich und zeitweilig auch Ungarn, Böhmen, Polen, die Lombardei und die Toskana samt einem Teil des Balkans, sondern auch Spanien, Belgien und die Niederlande (deshalb die wunderbaren flämischen und holländischen Gemälde in Wien und Madrid heute). Die Normannen (ursprünglich Wikinger) eroberten England, beherrschten aber auch Sizilien und Sardinien. Die französischen Bourbonen regierten Frankreich von 1589 bis 1792 (oder bis 1830, wenn man die Restaurationszeit dazu nimmt), und Zweige der Familie herrschten über Sizilien, Neapel, Parma und Spanien, wo sie Heiratsverbindungen mit den Habsburgern eingingen. König Juan Carlos von Spanien ist ein Bourbone, wie auch die Gemahlin Michaels, des Anwärters auf den rumänischen Thron.

Der Bauer des vormodernen Europa hielt sich zwar für einen Christen – im Gegensatz zu einem Mauren, Türken oder Juden –, war aber politisch einfach ein Untertan dieses oder jenen Fürsten, eines örtlichen Magnaten oder eines fernen Kaisers. Ganz gewiß fühlte er sich nicht als Angehöriger einer Nation im modernen Sinne. Der Internationalismus des 20. Jahrhunderts mit seiner UNO, dem Völkerbund und selbst der Europäischen Gemeinschaft bietet nur einen dürftigen Vergleich zu dem alles übergreifenden Internationalismus der mittelalterlichen Gesellschaft.

Das ebenso internationale oströmische Reich in Konstantinopel beherrschte die Balkanhalbinsel (das neuzeitliche Griechenland, Serbien, Mazedonien, Bulgarien und Rumänien) sowie die neuzeitliche Türkei, und es regierte im größten Teil der südlichen Mittelmeerküste samt einem Teil Italiens und zeitweise auch Rom selbst. Nach dem Aufstieg des arabischen Reiches und dem Bruch zwischen römischen und orthodoxen Christen (im Jahre 1054) verlor dieses byzantinische Reich zwar seinen Universalitätsanspruch, blieb jedoch eine erheblich feinere und komplexere Kultur als das damalige Westeuropa. Sie brachte auf dem Weg über Bulgarien das Christentum nach Rußland. Der byzantinische Staat brach zusammen, als Konstantinopel 1453 von den osmanischen Türken erobert wurde.

Ihm hatten die politischen Tugenden der römischen Republik und der griechischen Demokratien gefehlt, die seine Vorläufer waren. Das Amt des römischen Kaisers wurzelte darin, daß freie Menschen Macht über die *res publica*, die öffentlichen »Dinge« oder Angelegenheiten, delegierten, doch im dritten und vierten Jahrhundert wurde dieses Amt in Europa zu einer Institution, bei der die Macht als persönlicher Besitz des Kaisers galt. Das Imperium im Osten wurde in das transformiert, was der englische Historiker Ernest Barker als »absolute und quasi-asiatische Monarchie, bei der alle Untertanen auf eine einzige Ebene der gesetzlichen Unterordnung fielen«, beschrieb. Der kaiserliche Hof war »ein prunkvoller Hof, gekennzeichnet durch das ganze Zeremoniell und die Unterwürfigkeit des Ostens«. Als Konstantinopel 1453 an die osmanischen Türken fiel, überlebte die christliche Ostkirche durch Wanderung nach Norden, wobei Moskau schließlich zur neuen Metropole der Orthodoxie und der russische Zar (»Caesar«) zum Nachfolger des östlichen Kaisers wurde. (Daher die Vorstellung von Moskau als dem »dritten Rom«, die später die Annäherung der Russen an die Welt so schwer belasten sollte.)

Die Eigenart der byzantinischen Machtausübung

über die vielen »Nationen« des Imperiums hinweg machte das Schicksal, die Interessen und zuweilen auch das Überleben der kaiserlichen Untertanen abhängig von der Familie, vom Clan und von kommunalen Bindungen und Bündnissen. Verstellung, Betrug und Gefügigkeit, wenn nicht gar Unterwürfigkeit im Umgang mit der Macht waren die Eigenschaften des Überlebens und sicherlich auch des Erfolgs. Der Einfluß dieses politisch-kulturellen Erbes läßt sich in allen früheren byzantinischen Ländern feststellen. (Da zu ihnen auch Sardinien, Sizilien, Korsika und ein Teil des italienischen Festlandes gehörte, kann man die Mafia in einem gewissen Sinne als Produkt von Byzanz bezeichnen.)[2]

Das »Universalreich« der Araber, das mit einer neuen Propheten- und Bekehrungsreligion aus der Wüste emporwuchs, hatte seinen Mittelpunkt zunächst in Damaskus und dann in Bagdad; es herrschte einst beinahe von China bis Spanien und Südfrankreich. Wie Byzanz war es multinational. Multinational war auch das darauffolgende Osmanische Reich, das zum einen Christen verschiedener Gruppen sowie Juden (allerdings mit einem niedrigeren Status), Griechen, Bulgaren, Serben, Mazedonier und schließlich auch Ungarn, zum anderen auch Moslems – Araber, Ägypter, Bosnier, Albaner und andere umfaßte.

Der Erste Weltkrieg bereitete den inneren Reichen Europas, dem osmanischen, dem österreichisch-ungarischen und dem preußischen, ein Ende. Das zaristische Reich wurde bolschewistisch und überlebte bis 1989. Der Zweite Weltkrieg machte Schluß mit den europäischen Überseereichen. Von den Folgen beider Ereignisse hat sich die Welt immer noch nicht erholt. Den Ersten Weltkrieg könnte man als Sieg des Nationalismus über den vorherrschenden Internationalismus der Vorkriegsgesellschaft bezeichnen, als Pässe so gut wie unbekannt waren und die europäischen Eliten in ihren

Grundorientierungen und Bindungen international waren. Gleichzeitig wurde der Nationalismus generell als Kriegsursache gekennzeichnet: Nationalismus war synonym mit nationaler »Machtpolitik« und nationaler Selbstvergrößerung der europäischen Staaten. Die Reaktion der alliierten Mächte bestand darin, eine Nachkriegsform des liberalen Internationalismus zur Geltung zu bringen, die mit dem amerikanischen Präsidenten Woodrow Wilson und dem französischen Staatsmann Aristide Briand identifiziert wurde. Daraus ging der Völkerbund und die mit ihm verbundenen Institutionen hervor sowie der Kellogg-Briand-Pakt von 1928 [Kriegsächtungspakt], mit dem die Partner des Vertrags (der schließlich von 62 Nationen unterzeichnet wurde) auf den Krieg als Mittel der nationalen Politik verzichteten.

Dieser liberale Internationalismus scheiterte freilich ebenfalls. Er wurde unterhöhlt durch nationale Rivalitäten zwischen neugeschaffenen oder neu bestätigten Staaten, die den Platz des alten habsburgischen und des osmanischen Systems einnahmen. Zerstört wurde er schließlich durch den faschistischen Nationalismus und den Nazi-Internationalismus, den beiden wirkungsvollsten politischen Kräften zwischen 1918 und 1942 in Europa. Der Nazismus war eine internationalistische Ideologie, die auf der Rasseneinteilung und dem Rassenmythos beruhte. Der italienische Faschismus war eine Doktrin des Willens und des Herrschens, die im Europa der Zwischenkriegszeit zwar auch anderswo in radikal nationalistischen Zirkeln Anklang fand, im Kern jedoch ein Ausdruck der nationalen Selbstbehauptung und des Expansionsstrebens Italiens und darauf ausgerichtet war, ein italienisches Reich nach dem Vorbild Roms wiederzuerschaffen.

Der zweite bedeutende Internationalismus der Zeit war der Bolschewismus oder kommunistische Internationalismus, der auf der Klassenlehre und einem pseudowissenschaftlichen Millenarismus beruhte. Er hatte großen Einfluß auf den (fälschlich) so bezeichneten asiatischen Nationalismus wie auch auf die säkularisierte westliche Intelligenz von damals, von der viele Angehörige zu kritiklosen Anhängern wurden. Raymond Aron hat einmal geschrieben, daß (die einfache) »Reform, wenn sie einmal vollzogen wird, etwas verändert. Eine Revolution scheint in der Lage zu sein, alles zu verändern, weil niemand genau weiß, was sie verändern wird.« Der kommunistische Internationalismus war das Resultat des revolutionären Denkens von Karl Marx, einem Mann der europäischen Aufklärung: seine intellektuelle Tradition war nach den Worten von Sidney Hook »griechisch und wissenschaftlich (...), und sein ethisches Ideal eine Gesellschaft, in der 'die freie Entwicklung eines jeden die Bedingung für die freie Entwicklung aller ist'.[3] Der Prüfstein für alle Institutionen ist letztlich das Ausmaß, in welchem sie die vollständige und umfassende Entwicklung der Persönlichkeit aller ermöglichen.« Marx war vom endgültigen Sieg der Wissenschaft und der Vernunft in der Geschichte überzeugt. Ziel seines Lebens und seines Werks war es, eine Wissenschaft von der Gesellschaft zu begründen, die ebenso zuverlässig sein sollte wie die Naturwissenschaft, die wiederum bereits dabei war, die materielle Ordnung des 19. Jahrhunderts siegreich zu interpretieren.

Sein Werk enthielt allerdings implizit auch eine verhängnisvolle säkularisierte Übersetzung des Messianismus aus seiner religiösen jüdischen Herkunft. Sein Vertrauen in die eigene Interpretation der letztlich positiven evolutionären Wirkungen der Geschichte war so tief, daß er sagen konnte: »Ein Gesellschaftsformation geht nie unter, bevor alle Produktivkräfte entwickelt sind, für die sie weit genug ist, und neue höhere Produktionsverhältnisse treten nie an die Stelle, bevor die materiellen Existenzbedingungen derselben im Schoß der alten Gesellschaft selbst ausgebrütet worden sind.«[4] Wie Edmund Stillman und ich an anderer Stelle ausgeführt haben, war trotz Marxens Behauptung, es handle sich hier um wissenschaftliche Schlußfolgerungen,

> »der innere Impuls, der ihn dazu trieb, seine revolutionären Theorien zu konstruieren, doch dunkler und machte wohl von den Quellen der biblischen Prophetie und der mittelalterlichen Eschatologie Gebrauch. Jedenfalls erwies sich der Marx der alttestamentarischen Prophetie – der Dichter von Gottes Zorn auf die Welt – und nicht der Marx des Szientismus und des unnatürlichen Glaubens als der zuverlässigere Prophet. Marxens optimistische Visionen blieben unerfüllt. Seine dunkleren Visionen des gesellschaftlichen Zerfalls und der gesellschaftlichen Konvulsionen sind jedoch als Prophezeiungen aufgetreten, zu deren Verwirklichung sie selber beitragen; eine Prophezeiung der Auflösung der Welt des 19. Jahrhunderts und ein Anreiz zur Unordnung im 20. Jahrhundert.«[5]

Der Marxismus behauptete, der dialektische Prozeß, der die Geschichte steuere und der die niedrigeren Formen der Gesellschaftsorganisation durch höhere ersetze, habe sein vorbestimmtes Ergebnis in einem tausendjährigen Reich der Gerechtigkeit, das sich in der Herrschaft des Proletariats verkörpere. Dieses Versprechen erwies sich als wirkungsmächtig genug, um ganze Generationen von Idealisten zu verpflichten, die ihren Idealismus ausbeuteten und verschwendeten im Namen einer eigentlich unplausiblen These: daß sich nämlich ein entscheidender Bruch mit der menschlichen Vergangenheit herbeiführen lasse, eine Aufhebung der *condition humaine*, der Existenzbedingung des Menschen – ja sogar der Sterblichkeit des Menschen, da das siegreiche Proletariat sich als unsterblich erweisen werde.

Vom Ende des 19. bis in die neunziger Jahre des 20. Jahrhunderts wurden als Folge dieser Doktrin und ihrer gesellschaftlichen Anwendung durch Lenin, Stalin, Mao Tse-Tung und ihrer Kollaborateure und Nachfolger Millionen von Menschen ein entsetzliches Leiden und Sterben zugefügt. Zehntausende von Menschen gaben sich selbstlos der Propagierung dieser Doktrin hin, als Missionare jener These, die der Dichter W. H. Auden so faßte (in Worten die er später zurückzog): »Das bewußte Aufsichnehmen von Schuld im notwendigen Mord.« Zu Audens Verteidigung muß man hinzufügen, daß die Aufgabe des Dichters darin besteht, Zeuge seiner Zeit zu sein und deren politischer Analytiker. In dieser Hinsicht ist es aufschlußreich, daß sowohl Marx als auch Hegel in ihrer Jugend Dichter werden wollten. Beide sollten leider die Politik als ihr Ausdrucksmedium wählen – so wie später auch Hitler, der verhinderte Maler und Architekt. (Im Falle Hitlers war es so, daß er erst einmal seinen Bauplatz planieren mußte.)

Der Kommunismus gab vor, eine objektive Wissenschaft der Gesellschaft und ein wissenschaftliches Programm für das Klassenhandeln und den kollektiven Fortschritt anzubieten. Sein großer Rivale im 20. Jahrhundert, der Nazismus, beruhte auf der gegenteiligen Überzeugung, nämlich der von der Ursprünglichkeit der »organischen« und instinktiven Bindungen des Menschen, die ihn zur Verwirklichung in kommunaler, nationaler oder rassischer Solidarität und zu heldenhaften Handlungen treiben. Das Nazi-Programm sah die Einigung Europas unter den nordischen Völkern vor: den germanischen, skandinavischen, holländischen – und den englischen. Deshalb war die deutsche Besetzung der Niederlande, Dänemarks und Norwegens in dem Sinne »korrekt«, daß die anerkannten Normen einer militärischen Besetzung respektiert wurden, während sie im Osten völkermörderisch war.

Aus diesem Grund war Hitler auch so erbittert über die Weigerung der Engländer unter Churchill, nach Dünkirchen einer globalen Neuordnung zuzustimmen, die den Engländern die Herrschaft über die Meere und über ihr Imperium einräumen sollte – ihre eigene Souveränität über »minderwertige« Völker –, während Europa den Deutschen überlassen werden sollte.

Während der Nazismus das Nationalgefühl und das Ressentiment der »nationalen Bewegung« im Deutschland der Weimarer Zeit ausnützte, wobei er einen übersteigerten Gebrauch von der Theatralik und Rhetorik des Nationalismus machte, war er im Grunde eine internationalistische Ideologie, die auf einer Rassentheorie beruhte. Er verstand sich selbst als Vehikel der arischen »nordischen« (nicht spezifisch deutschen) Überlegenheit über mindere Rassen, von denen die Juden nur eine darstellten – wenn auch in den Augen der Nazis die mächtigste und gefährlichste. Die Slawen galten ebenfalls als minderwertig. Man hielt sie höchstens dafür geeignet, unter nordischer Herrschaft zu arbeiten. Kurz nach dem Einmarsch in Rußland erzählte Hitler dem japanischen Botschafter in Berlin von seinem »Generalplan Ost«.[6] Er sagte (wie der Historiker Klaus Hildebrand schreibt), seine Absicht sei es, »Polen, das Baltikum, Weißruthenien und Teile der Ukraine innerhalb von dreißig Jahren mit Deutschen zu besiedeln, während 31 Millionen der dort ansässigen Bevölkerung nach Westsibirien vertrieben werden und 14 Millionen sog. Gutrassiger bleiben sollten.«[7]

Zigeuner, Homosexuelle und Personen mit abweichendem Sexualverhalten galten als »entartet« und sollten deshalb wie die Juden ausgelöscht werden. Dies war eine Frage der gesellschaftlichen oder rassischen Eugenik. Geisteskranke und körperlich Behinderte sollten ebenfalls beseitigt werden, um die menschliche Rasse zu reinigen. Hitlers Euthanasieprogramm zur Beseitigung »lebensunwerten Lebens« begann in Friedenszeiten mit unheilbaren Behinderten. Die ersten Experimente mit Gaskammern wurden im Zusammenhang mit diesem Programm durchgeführt, das 1942 gestoppt wurde, weil Informationen nach außen gedrungen waren und Angehörige des katholischen und protestantischen Klerus Protest erhoben. »Gerade angesichts dieses Widerstandes gegen das sog. 'Euthanasieprogramm' aus den Kreisen der Bevölkerung bemerkte Hitler erbost und resigniert zugleich, das deutsche Volk sei eben noch nicht reif für die von ihm entworfene Politik. Sein Mißmut über diese Haltung trug seit den Rückschlägen im Osten dazu bei, immer häufiger und haßerfüllter davon zu sprechen, wenn die Deutschen ihm auf dem Weg zum Sieg nicht zu folgen bereit seien, dann müßten sie eben untergehen.«[8] Um noch einmal Hildebrand zu zitieren: Hitlers Ehrgeiz, der als konservativ mißverstanden wurde, war im Grunde revolutionär; es sollte nämlich mittels globaler und rassischer Eroberung und eugenischer Methoden im Rahmen eines »großdeutschen Reiches« ein neuer Menschentypus geschaffen werden.[9] Seine wirkliche Ansicht über die Deutschen kam in seiner Äußerung von 1944, als die Niederlage sich abzeichnete, zum Ausdruck: er zweifelte nämlich daran, ob die Deutschen »seiner Ideale würdig« seien. Die Deutschen waren ein Mittel zu seinem Zweck. Er war kein deutscher Nationalist.

Im Hinblick auf die Ursprünge des Nazismus stellte Hannah Arendt fest, es sei eine »empörende Tatsache«, daß »ein so geringfügiges (und in der Weltpolitik so unbedeutendes) Phänomen wie die Judenfrage und der Antisemitismus zum Auslöser zunächst für die Nazi-Bewegung, dann für einen Weltkrieg und schließlich für die Einrichtung von Todesfabriken werden konnte«. Allerdings war es nicht empörender als das Faktum, daß die eingestandenermaßen humane Unternehmung, die industrielle Arbeiterklasse vor der Armut und Ausbeutung zu retten, mit dem Gulag enden und mehr Opfer kosten sollte als die Nazi-Lager, mit riesigen Säuberungen unter Unschuldigen und mit der politischen Institutionalisierung von Lüge und Betrug während beinahe eines ganzen Jahrhunderts.

Der Antisemitismus ist im westlichen Bewußtsein und in der westlichen Politik eine nicht-rationale Kraft seit dem Mittelalter, losgelöst von dem, was Juden als Einzelne oder als Kollektiv getan haben oder tun. Trotz Hitlers Niederlage und dem Beispiel der Todeslager ist er heute nach wie vor eine solche Kraft. Vielleicht ist er heute sogar noch weiter verbreitet als vor dem Zweiten Weltkrieg, als er ein Phänomen war, das sich weitgehend auf Europa und die von Europäern bevölkerten USA beschränkte. Antizionismus und Israel-Feindlichkeit, mithin Feindseligkeit gegen die Juden als solche ist inzwischen in der ganzen islamischen Welt verbreitet und in geringerem, wenn auch bedeutendem Ausmaß generell in den nichtwestlichen Gesellschaften, wo Antiimperialismus, antiwestliche Haltung, Antizionismus und Antisemitismus inzwischen hoffnungslos ineinander verwickelt sind. Selbst Japan, das keine Erfahrungen mit Juden hat und noch nie welche gemacht hat, legt nun im Zusammenhang mit Behauptungen über eine globale zionistische Verschwörungsmacht, die ebenso bizarr sind wie die berüchtigte Fälschung der Protokolle der Weisen von Zion im 19. Jahrhundert, eine Form von Antisemitismus an den Tag.

Hannah Arendt zufolge, die in diesem Punkte meines Erachtens völlig Recht hat, ist der zweitwichtigste Faktor für die Entwicklung des Nazismus als Doktrin der Imperialismus des 19. Jahrhunderts, durch den die Grenzen der Nation verschoben und die Macht international oder vielmehr transnational angestrebt wurde. »Expansion ist alles«, sagte Cecyl Rhodes, mit einem verzweifelten Blick zu den Sternen empor, »diese riesigen Welten, die wir niemals erreichen können. Ich würde auch die Planeten annektieren, wenn ich könnte.« Die Realisten in den Regierungen des 19. Jahrhunderts widersetzten sich dem Imperialismus. Sie waren keine unbedeutenden Figuren. Bismarck, Clemenceau und Gladstone opponierten alle gegen die imperialistischen Parteien in ihren Ländern, weil sie, wie Hannah Arendt sagte, erfaßt hatten, daß die »imperialistische Expansion nur dazu führen konnte, den politischen Körper des Nationalstaates zu zerstören«, da der »auf der aktiven Zustimmung einer homogenen Bevölkerung gegenüber ihrer Regierung beruhende« Nationalstaat nicht wie die früheren Formen der inklusiven, nicht-nationalen Imperien eine Kolonialbevölkerung zu integrieren vermochte.[10] Da die modernen Imperien ihre afrikanischen, indonesischen oder indischen Angehörigen nicht dazu aufforderten, zu sagen: »Civis Romanus sum«, sondern sich einfach der fremden Herrschaft unterzuordnen, richtete sich ihre Haupttendenz auf Ungleichheit und Tyrannei, so kraftvoll die paternalistischen und missionarischen Impulse auch gewesen sein mochten.

Im Rückblick wird der Nazismus üblicherweise so angesehen, daß ihm jener sichtbare Altruismus und die humanitären Bestrebungen fehlten, die es dem internationalen Kommunismus ermöglichten, die Eliten von den zwanziger Jahren bis in die fünfziger Jahre hinein so erfolgreich anzulocken. Das stimmt jedoch nicht. Der Nazismus hatte seinen Idealismus der Nietzscheanischen Affektkontrolle, und er hatte seine Gesellschaftsidealisten, so schrecklich auch alles endete. S. J. Woolf sagt, die »sozialistischen oder korporatistischen Ansprüche des Faschismus«, wie sie von den italienischen »revolutionären Syndikalisten und Korporatisten gerade im Namen der NSDAP erhoben wurden sowie von den spanischen Syndikaten und den Portugiesischen Nationalsyndikalisten, und auch Mosleys nachdrückliche Beschäftigung mit dem Arbeitslosenproblem haben die Zeitgenossen verwirrt und Historiker zuweilen verunsichert, wo sie nun den Faschismus im politischen Spektrum unterbringen sollten.«

In seinem während der Kriegszeit spielenden Roman *Arrival and Departure* (1943)[11] läßt Arthur Koestler (der selbst Jude und Zionist war), eine seiner Figuren, einen jungen Nazi-Diplomaten, den Nazismus beschreiben als »eine echte Revolution und von größerer internationaler Wirkung als der Sturm auf die Bastille oder der Sturm auf den Winterpalast in Petersburg. (...) Jede neue kosmopolitische Idee in der Geschichte muß zuerst von einer einzelnen Nation übernommen und gleichsam zum nationalen Monopol werden, muß in einem nationalistischen Sinne formuliert werden, bevor sie ihre universale Ausbreitung beginnen kann...« Der junge Nazi spricht von der künftigen Integration der Ressourcen und Industrien, der Energie und des Transports in Europa, von der Abschaffung der Restriktionen und der Aufhebung der Grenzen, und zwar in einer Weise, die vorwegnimmt, was nach 1945 im Verlauf der wirtschaftlichen Einigung Europas und der Schaffung eines einheitlichen europäischen Marktes tatsächlich erfolgt ist. »Wir experimentieren«, schließt er, »aber in einer Größenordnung, von der man früher nie geträumt hat. Wir haben uns auf etwas eingelassen – auf etwas Großes und Gigantisches, das alle Vorstellungen übersteigt. Für den Menschen gibt es nun nichts mehr, was unmöglich wäre.«

Ein solches Programm konnte sehr wohl Anklang finden bei französischen, dänischen oder belgischen Patrioten, die die parlamentarische Korruption der Vorkriegspolitik haßten, die »Mittelmäßigkeit« von Gesellschaften, die sich dem Gelderwerb und den materiellen Befriedigungen hingaben. Sie kamen zu der Überzeugung, daß ihre Nationen eine Reinigung finden könnten, wenn sie sich zu einem Bestandteil von Hitlers gigantischem Paneuropa-Experiment umformen ließen. J. Delperrié de Baac, ein Historiker, der sich mit der kollaborierenden politischen Polizei des Vichy-Regimes befaßt, schrieb über Joseph Darnand, den für diese Abteilung zuständigen Beamten des Vichy-Kabinetts: »Darnand hatte noch nie irgendwelche Deutsche kennengelernt. Er war ihnen auf dem Schlachtfeld noch nie begegnet. Er mochte sie nicht und war ihnen im Grunde stets abgeneigt. Aber er fühlte sich im höchsten Maß zu einem siegreichen Nazismus hingezogen. Mit einem völlig reinen Gewissen (hatte nicht Marschall Pétain den Weg gezeigt?) kam er zu der Überzeugung, daß Frankreich nationalsozialistisch werden müsse, um sich zu retten und wiedergeboren zu werden.«

Die Behauptung, daß die radikalen rechten Bewegungen in der Zwischenkriegszeit Formen eines extremen Nationalismus gewesen seien, trifft eher auf den italienischen Faschismus als auf den Nazismus zu, auch wenn sich der Faschismus selbst als ein internationales Phänomen erwies. Einen frühen direkten Einfluß übte Mussolini nicht nur auf Hitler aus, sondern auch auf die in Ungarn, Rumänien, Spanien, Lateinamerika und anderswo entstehenden faschistischen Bewegungen. Dieser Einfluß bezog sich allerdings im wesentlichen auf den Stil und die Taktik; betont wurde die Aktion und die Unterordnung des Einzelnen unter einen überhöhten Gedanken des nationalen Interesses oder der Vorbestimmung einer Nation. Die politischen Ziele sämtlicher faschistischer Bewegungen blieben im Grunde nationalistisch und waren nicht internationalistisch oder rassistisch wie bei Hitler. Der englische Faschistenführer Oswald Mosley schrieb in seiner Autobiographie (1988): »Man komme mir nicht mit einer faschistischen Internationale, denn der Frieden in Europa hätte gewahrt werden können, wenn es eine solche Organisation gegeben hätte. Wenn unser Kontinent durch einen neuen europäischen Geist ein vernünftiges Maß der Vereinheitlichung gefunden hätte, dann wären statt der Spaltung durch den alten Nationalismus fünfundzwanzig Millionen Menschen am Leben geblieben und Europa wäre heute die größte Macht auf der Welt.« Mosley gab niemals zu, daß gerade die Eigenart und die Ziele des Hitlerschen Internationalismus diese fünfundzwanzig Millionen Toten forderten. Das nach 1945 vereinigte Europa wurde in Wirklichkeit von Jean Monnet, Robert Schumann, Alcide de Gasperi und anderen geschaffen – und sie alle waren liberale Politiker, die meisten von ihnen katholisch: Männer mit Eigenschaften, die jeder richtige Faschist als Schwächen verachtet hätte.

Die Basis des Internationalismus der Linken im 19. und 20. Jahrhundert war die an Marx anschließende Annahme, daß die Interessen der Arbeiter (sowie der Eigentümer und *rentiers* als Gesellschaftsschichten) ihrer Natur nach internationalistisch seien. Die 1864 in London von englischen, französischen, deutschen, italienischen, schweizerischen und polnischen Delegierten gegründete Erste Internationale brach 1871 zusammen, als die Bevölkerung in Europa sich – aufgrund der Berichte über die Schandtaten – gegen die Pariser Kommune auflehnte, zu deren Führung eine Reihe von prominenten Figuren der Ersten Internationale gehörte.

Die 1889 zum hundertjährigen Gedenken der Französischen Revolution in Paris gegründete Zweite Internationale wurde 1914 durch den größten nationalistischen Krieg des 20. Jahrhunderts zerstört, als die deutsche sozialdemokratische Partei sich als unfähig erwies, sich gegen den begeisterten Patriotismus des Augenblicks zu wehren. Sozialistische Abgeordnete »wären vor dem Brandenburger Tor zu Tode getrampelt worden«, wenn sie den Kriegskrediten nicht zugestimmt hätten, wie ein Zeitgenosse bemerkte; die Wahrheit war allerdings die, daß die Sozialisten die allgemeine Kriegsbegeisterung teilten. In Friedenszeiten hatten sie die »Internationale« gesungen und den Glauben an die Solidarität der internationalen Arbeiterklasse verkündet, aber Ende Juli und Anfang August 1914 zeigten sie sich nicht anders als die Deutschen aller Gesellschaftsschichten, da sie in der patriotischen Gefühlsaufwallung, die mit der Mobilisierung einherging, genau das entdeckten, was der große Historiker Friedrich Meinecke fünfunddreißig Jahre später trotz aller anschließenden Katastrophen als die vielleicht »erhabensten« Tage seines Lebens zu bezeichnen wagte.

Die deutschen und französischen Sozialisten zogen zusammen mit der Mehrheit der englischen Labour-Bewegung 1914 voller Begeisterung in den Krieg. Die englische Fabier-Bewegung spaltete sich: Ramsay MacDonald leitete einen pazifistischen und internationalistischen Flügel, während Arthur Henderson, der Führer der Labour-Party, in die Regierungskoalition während des Krieges eintrat. Die sozialistische Theorie und der internationalistische Idealismus wurden von den urtümlichen Gefühlen einer gemeinschaftlichen Solidarität und Identifizierung übertroffen und zerstört – und fraglos auch durch die Kraft des Thanatos, jene finstere Bereitschaft, ja Entschlossenheit, ebenso zu sterben wie zu töten, die in menschlichen Gemeinschaften zum Ausbruch kommt und eine Kraft darstellt, die in der Geschichte dauernd wirksam ist.

Die 1919 von der sowjetischen kommunistischen Partei gegründete Dritte Internationale war lediglich ein Werkzeug der sowjetischen Außenpolitik, auch wenn sie machtvolle internationalistische Empfindungen mobilisierte und sich eine ganze Woge des Altruismus und Internationalismus zunutze machte. Sie endete im Zweiten Weltkrieg, als Stalin die internationalen kommunistischen Interessen unverblümt den nationalen sowjetischen Interessen unterordnete. Lenin war ein

Internationalist gewesen, der Rußland als ein rückständiges Land ansah. Er war der Meinung, daß seine Revolution nicht überleben könne, wenn sich nicht in weiter fortgeschrittenen Ländern mit großem Industrieproletariat stützende Revolutionen anschlossen. Als erstes erwartete er dies von Deutschland. R. N. Carew-Hunt schreibt: »(...) seine Befürwortung der Revolution war in seinem Denken nicht im Entferntesten mit der territorialen Vergrößerung Rußlands verbunden«. Stalin aber, der von der Welt außerhalb Rußlands wenig wußte (er war nur zweimal im Ausland gewesen, bevor er an die Macht kam: 1906 und 1907 auf bolschewistischen Parteikongressen in Stockholm und London), hielt die Unterordnung der internationalen kommunistischen Interessen unter die Interessen Rußlands für selbstverständlich. Unter seiner Herrschaft wurde die »kosmopolitische Haltung« schließlich zu einem Kapitalverbrechen.

Die Bereitschaft eines bedeutenden Teils der offen atheistischen Intelligenz des 20. Jahrhunderts, sich dem Kommunismus zu verpflichten, einer angeblich wissenschaftlichen, im Grunde freilich erkennbar naiven Nachahmung einer messianischen Religion, verdient als Beispiel für einen ständig wiederkehrenden Faktor im politischen Leben eine nüchterne Aufmerksamkeit.[12] Die jungen Männer und Frauen der weltweiten kommunistischen Bewegung – Untergrundaktivisten in England und in den USA, die gegen die eigene Regierung spionieren; Komintern-Kämpfer, die in Deutschland und Frankreich die Revolution vorbereiten; Dichter, die sich mit Arbeitern und Bauern zusammentun, um in Spanien gegen Franco zu kämpfen; Intellektuelle, die in China und Vietnam die Machtlosen organisieren; Künstler die »proletarische« Romane schreiben und »fortschrittliche« Bilder malen – sie alle waren die Jesuiten des 20. Jahrhunderts. Im Gegensatz zu den Jesuiten waren sie allerdings bereit, nicht einem Gott außerhalb von Zeit und Geschichte, sondern ihren Mitmenschen Lenin, Stalin und Mao Tse-tung Allwissenheit und Unfehlbarkeit zuzuschreiben.

Wie sollen wir dies erklären und wie sollen wir die beträchtlichen Folgen verstehen, wenn wir keinen besonderen Grund zu der Annahme haben, daß das Phänomen nicht wiederkehren wird? Ist es das Resultat eines einfachen Glaubensbedürfnisses? Oder der Impuls zur Selbstaufopferung? Das Bedürfnis nach einer Doktrin, die das Leben verständlich werden läßt? Einen Teil der Erklärung liefert natürlich der Erste Weltkrieg. Diese Katastrophe schien den Bankrott des politischen Systems erwiesen zu haben, das in Europa vor 1914 geherrscht und eben diesen Krieg hervorgebracht hatte. Die große Wirtschaftskrise nach 1929 erschien als Beweis für ein gleichbedeutendes Scheitern des Kapitalismus. So absonderlich, ja unglaublich es ist, Hunderttausende von ernsthaften Menschen konnten beispielsweise glauben – wie Leon Trotzki 1931 schrieb –, der Kampf zwischen den früheren Verbündeten, der kommunistischen Partei und Tschiang Kai-scheks Kuomintang in China sei »für die Kultur und das Schicksal der Menschen unvergleichlich viel wichtiger als das eitle und bedauernswerte Geschwätz der europäischen Parlamente und die Berge von Literatur, die von stagnierenden Zivilisationen hervorgebracht werden«. Trotzki fuhr fort: »Die Revolution ist eine Entwicklungsstufe der Gesellschaft, durch objektive Ursachen bedingt und bestimmten Gesetzen unterworfen, so daß eine wissenschaftliche Intelligenz in der Lage ist, die allgemeine Richtung des Prozesses vorauszusagen. Allein die Erforschung der Anatomie und der Physiologie einer Gesellschaft ermöglicht es, auf den Gang der Ereignisse in einer Weise zu reagieren, die auf wissenschaftlichen Vorhersagen beruht und nicht auf den Vermutungen von Dilettanten.«

Bis in die späten achtziger Jahre, als der Beweis für den Zusammenbruch des Kommunismus unwiderlegbar wurde, glaubten viele Feinde des Kommunismus beinahe ebenso glühend wie die Kommunisten selbst an die Kraft der marxistischen Doktrin. Bis vor ganz kurzer Zeit waren im Westen viele überzeugt, allein ein Krieg könne dem Kommunismus – jenem »universalen Bösen«, wie Solschenizyn 1982 sagte – ein Ende machen. Große Risiken mußten eingegangen werden, um seine Macht im Zaum zu halten. Der großartige italienische Romanschriftsteller Ignazio Silone – ein kommunistischer und später christlicher Revolutionär – , sagte in den vierziger Jahren, die »letzte Schlacht« der Geschichte werde zwischen den Kommunisten und den Exkommunisten stattfinden. Nur sie seien imstande, den Kampf zu verstehen. Wir übrigen seien »Dilettanten«.

Der Marxismus war das Werk eines intellektuell ehrgeizigen Journalisten (zuweilen Herausgeber der *Rheinischen Zeitung* und freier Mitarbeiter der *New York Tribune*, der Vorläuferin der heutigen *International Herald Tribune*), der stark beeinflußt war von der Überzeugung Hegels, daß es eine »Weltseele« gebe, die sich in einem dialektischen Fortgang weiterentwickle. Zu einem revolutionären Programm ausgearbeitet wurde der Marxismus von weiteren Journalisten – Lenin und Trotzki (damals war es der Journalismus, der den Revolutionären den Lebensunterhalt ermöglichte, heute ist es die Tätigkeit als Hochschullehrer). Das Resultat von 1918 und der folgenden Jahre war eine katastrophale Kursänderung in der Geschichte des 20. Jahrhunderts. Mit dem unermeßlichen gesellschaftlichen und materiellen Schaden haben wir es noch heute zu tun; Millionen Gefolterter und Toter sind dahin. Der Erfolg des Marxismus fordert das schärfste Urteil über Mensch und Politik heraus, das allein dadurch gemildert wird, daß es keinen Krieg brauchte, um ihn zu bezwingen: er brach von selbst zusammen. Die Kraft, die seinen Zusammenbruch verursachte, war der Nationalismus.

Der Nationalismus zerstörte diese beiden neuen, totalitären Formen eines despotischen Internationalismus, den Nazismus und den Kommunismus. Widerstanden hat man ihnen sicherlich auch, weil sie böse waren; ihre Grausamkeit und entmenschlichende Gewalt riefen überall, wo sie sich auswirkten, moralischen Widerstand wach. Aber die fundamentale politische Kraft, die den Widerstand gegen Hitler mobilisierte, war der Nationalismus, und zwar schon lange bevor Deutschlands Feinde die wahre Natur des Nazismus und dessen völkermörderischen Ziele erfaßt hatten. Churchills unbezwingbarer englischer Charakter, seine Fähigkeit, das englische Volk durch eine hochfliegende Rhetorik des Patriotismus und der Geschichtsbeschwörung zu mobilisieren; de Gaulles Berufung auf eine »bestimmte Idee« von Frankreich, das für ein erhabenes und außergewöhnliches Schicksal ausersehen ist«; der Patriotismus der Holländer, Belgier, Norweger, Tschechen, Polen und anderer, die 1940 und 1941 zum Weiterkämpfen bereit waren, als man einen Sieg unmöglich vorhersehen konnte, da Rußland ein Verbündeter Deutschlands geworden und die USA weit entfernt lagen und isolationistisch geworden waren – dies alles brachte Hitler zum Stehen und bereitete seine spätere Niederlage vor.

Als die UdSSR und die USA dann schließlich in den Krieg eintraten, lagen ihre Motive überdies darin, nach dem sie angegriffen worden waren, als Nation zu überleben und sich als Nation zu rächen. Der Sieg der Sowjetunion 1945 wurde damals zwar weitgehend als Bestätigung des von ihr verkündeten »wissenschaftlichen« Sozialismus aufgefaßt, aber es hätte schon damals einsichtig sein müssen, daß die eigentlichen Hauptmotive für den Widerstand des sowjetischen Volkes gegen Deutschland der Nationalismus und die Bindung an einen besonderen Ort und eine besondere Geschichte waren. Stalin selbst lieferte den Beweis dafür, indem er den Krieg als den »Großen Vaterländischen Krieg« bezeichnete. Der Nationalismus erwies sich als die eigentliche Quelle des Widerstandes gegen das Sowjetsystem der Nachkriegszeit in Osteuropa, wie er im Aufstand in der DDR 1953, in der ungarischen Revolution 1956, im Prager »Frühling« 1968, in der anschließenden Solidarnosc-Bewegung in Polen und auch in den Dissidentenbewegungen anderswo zutage trat. Es war die Empörung des Nationalismus – der Haß gegen die fremde Besatzung und Herrschaft –, woraus sich die Protestbewegungen in Osteuropa 1989 speisten, die schließlich in der Beseitigung der Berliner Mauer gipfelten.

Der schließliche Zusammenbruch der sowjetischen imperialen Macht war vorhersehbar, ja sogar unvermeidlich. Wie ich schon ausführte, lag der Hauptfehler der Sowjetunion als Supermacht, als imperiale Macht, in ihrer Unfähigkeit, sich bei den Eroberten kulturell so durchzusetzen, wie es die erfolgreichen Imperien in der Vergangenheit getan hatten: die Imperien Roms, Spaniens, Englands und Frankreichs. Nachdem diese Imperien sich zurückgezogen hatten, wurde deutlich, daß sich die kolonialen Eliten und die Bevölkerungen entscheidend verändert hatten. Sie hatten die Ideen und Werte der imperialen Mächte verinnerlicht, auch wenn sie darum kämpften, die nationale Unabhängigkeit zu erlangen. Der Sowjetunion gelang es nicht, eine entsprechende kulturelle Autorität oder Anziehungskraft zu entfalten: Eigenschaften der offenkundigen Überlegenheit und der scheinbaren Unumgänglichkeit, welche zur Nachahmung anregen können (um den Ausdruck von Toynbee zu benutzen), um die Osteuropäer zur Überzeugung zu bringen, daß sie die Sowjetunion zum Vorbild zu nehmen und ihr nachzueifern, ihre Werte zu akzeptieren und die eigene Zukunft in ihr zu erblicken hatten.

Bei den erfolgreichen Imperien war es anders. Wer von Rom erobert wurde, wollte römischer Bürger werden. Im 19. und frühen 20. Jahrhundert wollten die Eliten aus dem kolonialen Indien, aus Indochina und Afrika in Oxford oder in Paris studieren. Junge Indonesier gingen nach Leiden und wurden zu Spezialisten für germanische Sprachen. Die Vorstellung, daß ein junger Pole oder Ungar der sechziger oder siebziger Jahre sich danach sehnt, nach Moskau zu gehen, um einen Platz unter den dortigen Dichtern und Gelehrten zu finden, sich die Sprache und den Lebensstil anzueignen, die Moden nachzuahmen, die dortige Geschichte und Literatur zu studieren, um dann diese Zivilisation in sein eigenes Land zurückzubringen, ist ganz einfach lächerlich. Sein Vater und Großvater hatten das Verlangen gehabt, in Berlin, in Wien, Paris oder New York zu studieren – und das wollte er auch. In dem halben Jahrhundert sowjetischer Besatzung Osteuropas gab es nichts, was Bekehrungen zu den Werten und Ideen der Sowjetunion zur Folge gehabt hätte. Das revolutionäre Ansehen, das die Sowjetunion vor dem Zweiten Weltkrieg bei der Intelligenz der Mittelschicht gehabt hatte (und in gewissen Zirkeln im Westen bis in die achtziger Jahre behielt), wurde durch die reale Erfahrung der sowjetischen Besetzung diskreditiert. Der Idealismus der kommunistischen Vorkriegsbewegung wurde im selbstlosen Kampf gegen den Nazismus noch gesteigert; er inspirierte viele von denen, die nach dem Krieg in Osteuropa die ersten kommunistischen Regierungen gründeten, indem er für sie die Gewalt und den Verrat rechtfertigte und für »notwendig« erklärte, um die Menschheit vor sich selbst zu schützen; und damit verfiel er rasch zum Zynismus oder Karrierismus – oder zwang seine Verteidiger zur Dissidenz, in den Widerstand oder ins Exil.

Die Geschwindigkeit mit der das Imperium zusammenbrach, war nicht so leicht vorherzusehen gewesen, da Michail Gorbatschows zwar logische, aber radikale und gefährliche Entscheidung, die sowjetische Position in Ost- und Mitteleuropa und sogar in Deutschland preiszugeben, selbst nicht vorhersehbar war. Es handelte sich dabei um Opfer , die retten sollten, was er selbst für das Wesentliche hielt: eine reformierte Parteiherrschaft in der Sowjetunion selbst, die sich dann aber als unmöglich erweisen sollte. Was als Versuch begann, das kommunistische System als innerlich demokratische und gesetzestreue Form einer Einparteienregierung wiederaufzubauen, zerstörte es in Wirklichkeit. Gorbatschow erwies sich als der Alexander Kerenski der neuen russischen Revolution, als der Gemäßigte, der durch die Radikalisierung der Revolution gestürzt wird. Das transkaukasische und asiatische Reich, das die Zaren im 18. und 19. Jahrhundert geschaffen und das die Bolschewisten dann übernommen hatten, ging ebenfalls unter. Die Überbleibsel der internationalistischen Ideologie wurden mit Leidenschaft und Erleichterung hinweggefegt.

Mit ihr verschwand auch der Glaube – die stolze Bestätigung des menschlichen Selbstvertrauens, das auf der Aufklärung beruhte –, daß die menschlichen Angelegenheiten und Möglichkeiten sich durch wissenschaftliche Analyse beherrschen und vollständig unter rationale Kontrolle bringen ließen. Der ein Jahrhundert währende intellektuelle Einfluß des Marxismus und des Leninismus ging auf deren Anspruch zurück, ein erlösendes und unfehlbares Wissen, das selbst ein Produkt dieser Überzeugung war, zu liefern, »daß wir mit der gleichen Gewißheit, mit der wir aus gegebenen mathematischen Prinzipien einen neuen mathematischen Satz aufstellen können, aus den bestehenden ökonomischen Beziehungen und den Prinzipien der politischen Ökonomie das unmittelbare Bevorstehen einer gesellschaftlichen Revolution ableiten können«. Die Verwaltung eines großen Staates, so fügte Lenin hinzu, wenn sie einmal von den Mystifikationen befreit wird, mit denen die kapitalistische Macht sie umgeben hatte, ließ sich »auf Operationen des Registrierens, Einordnens und Überprüfens reduzieren, die jeder Mensch erfüllen kann, der Lesen und Schreiben gelernt hat.« Diese Behauptung erwies sich als unzutreffend.

Die Ereignisse des *annus mirabilis* 1989 sind vielfach als Triumph des Kapitalismus oder der liberalen Demokratie beschrieben worden – als ein »Sieg« der USA und der Westmächte im Kalten Krieg. In einem bestimmten, wenn auch sehr eingeschränkten Sinne trifft dies sicherlich zu. Einer der Verbündeten Michail Gorbatschows, Georgi Arbatov, langjähriger Leiter des USA- und Kanada-Instituts an der Akademie der Wissenschaften in Moskau, sagte, die Rüstungsausgaben der Reagan-Regierung hätten die Reformen in der Sowjetunion im Grunde um ein Jahrzehnt verzögert, weil sie jene konservativen Elemente bestärkten, die behaupteten, die USA bereiteten einen Erstschlag gegen die UdSSR vor. Amerikanische Konservative behaupteten hingegen genau das Gegenteil, nämlich daß ein gesteigertes amerikanisches Rüstungsprogramm die Reformen in der Sowjetunion beschleunigten, da sie eine Herausforderung darstellten, mit der die UdSSR nicht gleichziehen konnte. Was in dem von der Sowjetunion kontrollierten Europa geschah, war im Grunde eine Reihe von tiefreichenden nationalistischen Aufständen gegen fremde Unterdrückung, durchgeführt von Völkern, die tatsächlich danach verlangten, wohlhabend, demokratisch und sogar kapitalistisch zu sein. Sie wollten sich einer kulturellen wie auch politischen Gemeinschaft des Westens anschließen, vor der man sie bisher abgehalten hatte; vor allem aber wollten sie die sowjetische Besetzung und deren Akteure loswerden, um wieder frei und selbständig zu sein. Dies enthielt logischerweise auch die Möglichkeit, daß sie keineswegs demokratisch wurden, sondern erneut eine autoritäre Regierung bekamen und gegenüber religiösen und ethnischen Unterschieden intolerant und gegen Nachbarn aggressiv wurden.

Ein bemerkenswerter Aspekt der großen Befreiung von 1989 war ihre Eigenschaft eines moralischen Sieges: eine moralische Energie belebte die Formen der politischen und materiellen Dissidenz und des Widerstands, die die kommunistische Autorität schwächten und schließlich zerstörten. Diese moralische Kraft blieb ein wichtiges Element der Rechtfertigung der neuen Führer, die sich zunächst mit dem Erbe der Intoleranz und des Konflikts in Ostmitteleuropa und auf dem Balkan und dann auch mit dem moralischen Schiffbruch zu befassen hatten, der durch vierzig Jahre Kommunismus zustandegekommen war. Wie Präsident Václav Havel in seiner Neujahrsansprache 1990 für die damals noch bestehende tschechoslowakische Republik sagte, war dies ein Erbe der »moralischen Krankheit (...), etwas zu sagen und etwas anderes zu tun (...); eine traurige Hinterlassenschaft (...), die wir übernehmen müssen als etwas, das wir uns selber auferlegt haben«. Der ins Exil gegangene polnische Dichter Czeslaw Milosz wurde bei einem Besuch in Polen gefragt, was denn die Menschen seiner Ansicht nach aus den Erfahrungen mit dem Kommunismus gelernt hätten, worauf er antwortete: »Widerstand gegen Dummheiten«. Was jedoch bald darauf in Jugoslawien folgte, bewies, daß dies nicht überall zutraf.

Man konnte glauben, diese moralische Erneuerung vermöge in den nationalen Grundvoraussetzungen und in den internationalen Beziehungen eine Veränderung zu bewirken, die sich vergleichen ließe mit der Veränderung in Westeuropa in der instabilen Nachkriegszeit, als Jean Monnet Deutschland den Vorschlag der französischen Regierung präsentierte, die Kohlenförderung und die Stahlindustrien Frankreichs und Deutschlands einer gemeinsamen Oberhoheit zu unterstellen: den Schumann-Plan von 1950, die Grundlage, auf der die Europäische Gemeinschaft seither weiter aufbaut. In den anschließenden Jahrzehnten ist jene Europäische Gemeinschaft zu dem geworden, was die Völker Osteuropas schließlich für »einen Traum, eine Utopie« hielten, wie ein rumänischer Intellektueller, Andrei Plesu (der erste nach-kommunistische Kulturminister in Rumänien), sagte. Er fragte jedoch auch nach den Integrationsfaktoren der Zukunft:

> »Das Bewußtsein der Einheit ist in Europa stärker als überall sonst auf der Welt. Das läßt sich durch die Homogenität Europas im Mittelalter erklären, die auf das Christentum zurückzuführen ist. Dieses christliche Europa besteht nicht mehr. Was wird Europa in der Zukunft zusammenhalten? Der Ecu? Diese Lösung erscheint mir als romantisch. Eine der Gefahren besteht darin, Einheit mit Gleichförmigkeit zu verwechseln. Warum ein Europa aufbauen, das zwar sehr zivilisiert, aber langweilig ist?«

Die Frage ist fundamental. 1991 gaben serbische Nationalisten in Zusammenarbeit mit Extremisten an anderen Orten des früheren Jugoslawien eine Antwort, an der nichts langweilig war, wie es überhaupt in Europas Vergangenheit wenig Langeweile gab. Die Antwort der Serben widersprach sowohl dem, was sich in den politischen Beziehungen zwischen den europäischen Ländern geändert hat, als auch dem Dimensionswechsel im Bewußtsein der Europäer: daß ihr Europa eine kostbare Zivilisation ist, deren Bestand keineswegs gesichert ist. Untereinander waren die Westeuropäer der Auffassung, daß sie die selbstzerstörerischen Kräfte in ihrer Gesellschaft überwunden hätten. Das Ende des Kalten Krieges hatte eine Unterbrechung in der externen Bedrohung der westeuropäischen Zivilisation angeboten. Mit dem Krieg in Jugoslawien stellten sie fest, daß die interne Bedrohung erneut entfesselt worden war, und zwar in einem Land am Rande ihres befriedeten Europa – das bis zu diesem Zeitpunkt ein Anwärter auf die Mitgliedschaft in ihrem Europa gewesen war; ein Ort, an den sie zum Skifahren und zum Baden hingereist waren, ein Land, das sie ganz selbstverständlich als Teil ihrer eigenen Welt wahrgenommen hatten – ein Land, dessen Menschen ihnen auf einmal bewiesen, daß die schreckliche europäische Vergangenheit ein Bestandteil und ein Potential der europäischen Gegenwart blieb.

4 Habsburgischer und osmanischer Nationalismus

Die Vergangenheit liegt in Schichtungen vor, in Überlagerungen menschlicher Erfahrungen, die unvergessen sind, auch wenn sie tief im Bewußtsein einer Gesellschaft verborgen liegen. »Wir haben seit acht Jahrhunderten auf diesen Augenblick gewartet«, sagte der Verteidigungsminister des eben unabhängig gewordenen Kroatien im August 1991, als der Kampf seines Landes begann. Diese Schichten sind Ebenen der Verfeinerung, der angesammelten Erfahrungen – auch des Denkens. Es gibt eine wichtige Unterteilung zwischen Gesellschaften, die die »moderne« Erfahrung durchgemacht haben – sie bedeutet Reformation, Renaissance, Aufklärung und Revolution –, und denen, für die dies nicht zutrifft. Diese Unterteilung fällt im großen und ganzen mit einer religiösen Unterteilung zusammen, nämlich der zwischen dem westlichen Katholizismus und Protestantismus, den Erzeugern des modernen Westens, und dem christlich-orthodoxen und moslemischen Europa.

Die Bevölkerung Europas entstand durch aufeinanderfolgende Wanderungen, die ihren Weg entweder zur Atlantikküste oder südwestlich, an den Pyrenäen vorbei, in die iberische Halbinsel bahnten. Viele ließen sich unterwegs, gewöhnlich in der Nähe von früheren Siedlungsorten, nieder. Die Vorgeschichte ist nach wie vor nur spärlich bekannt, obwohl es kaum Zweifel gibt, daß Menschen, die in ihrem Aussehen und ihrer Intelligenz im wesentlichen dem modernen Menschen entsprechen, schon in so fernen Zeiten lebten, wie wir

Zeugnisse für menschliche Niederlassungen haben – Menschen, die außerordentliche Kunstwerke und Monumentalbauten zu schaffen vermochten. Nirgendwo in Westeuropa gibt es eine ins Gewicht fallende Gemeinschaft, von der man in irgendeinem wissenschaftlich vernünftigen Sinne sagen könnte, sie sei ethnisch »rein«, und nirgendwo kann man von der Durchmischung menschlicher Gruppen behaupten, daß sie vollständig sei und die aufeinanderfolgenden Zuwanderungen vollständig assimiliert habe.

Im größten Teil Westeuropas sind diese ethnischen Unterschiede, die auch kulturelle sind, trivial geworden und sicherlich nicht mehr lebensgefährlich – sie sind »Folklore«, wie die Franzosen sagen. Sie haben trotzdem auch politischen Charakter, da die Beziehungen zwischen den Gruppen von Anfang an Konkurrenzbeziehungen waren und zu Rivalitäten, Fehden und Kriegen und zur Unterordnung oder Unterwerfung der einen unter die anderen geführt haben. Diese Ereignisse sind in den Erinnerungen der Völker nach wie vor lebendig. Die Unterschiede zwischen Iren und Engländern oder Schotten und Engländern, zwischen Bretonen, Basken und Katalanen und den gallischen oder germanischen Franzosen oder zwischen Katalanen und Kastiliern sind gewiß nicht trivial. Trotzdem lassen sie sich heute im Rahmen reifer Nationalstaaten handhaben.

Dies gilt nicht für den Osten Europas, wo die Nationen im 19. und frühen 20. Jahrhundert nach dem ethnischen Prinzip gegründet wurden. Entscheidend sind hier die Zeitlinien. Böhmen und Polen sind unbestreitbar Teil der westeuropäischen Kultur und der modernen Welt, auch wenn sie durch ihre Existenz am Rande des Westens, an der Grenze zur byzantinischen, moskowitischen und osmanischen Kultur, stark beeinflußt wurden. Ungarn ist eine westliche Nation, von der Religion her katholisch und calvinistisch, auch wenn es durch den mittelalterlichen Kampf mit den Türken und anderthalb Jahrhunderte osmanischer Besetzung geprägt ist. Die baltischen Staaten sind ebenfalls westlich.

Ein Analytiker am französischen Centre National de Recherche Scientifique [CNRS] beschreibt die religiöse Trennungslinie so, daß sie eher einer »Zone« gleiche,

> »die im Norden beginnt, wo sie zwischen Finnland, den baltischen Republiken und Rußland hindurchgeht, Weißrußland durchquert, Polen von der Ukraine trennt, durch Rumänien läuft, Siebenbürgen im Westen liegen läßt, dann nach Jugoslawien hinabgeht und zwischen Kroatien auf der einen Seite und Serbien und Bosnien-Herzegowina auf der anderen verläuft. Die Linie erstreckt sich vom Weißen Meer zur Adria und entspricht der Aufteilung zwischen dem lateinischen und dem griechischen Christentum. Sie ist zudem eine historische Unterteilungslinie. Zwischen dem 12. und dem 14. Jahrhundert wurde das Gebiet nördlich des Dnjestr von den Mongolen der Goldenen Horde kontrolliert. Später, als Rußland sich nach den Teilungen Polens am weitesten nach Westen erstreckte, fiel es allmählich unter russische Hoheit. Im Süden wurden die Balkanländer vom 14. bis zum 19. Jahrhundert von den Osmanen beherrscht. Während dieser langen Jahrhunderte waren diese beiden Regionen, die Osteuropa bildeten, von der europäischen Geschichte buchstäblich abgeschnitten.«

Heute bringen diese Völker im Osten die Entschlossenheit zum Ausdruck, sich dieser Geschichte wieder anzuschließen und Teil des modernen Europa zu werden. Allerdings ist dieses Europa eine Gesellschaft, die sie kaum kennen. Als Nationalstaaten haben die meisten von ihnen erst noch zu beweisen, daß sie nach einem säkularen politischen Maßstab mit rechtlicher Anerkennung von ethnischen und religiösen Identitäten der einzelnen Staatsbürger bestehen können. In der Vergangenheit wurde die ethnische und gemeinschaftliche Vielfalt dieser Gesellschaften in der im Kern korporatistischen oder feudalen politischen Struktur des Osmanischen und des habsburgischen Reiches untergebracht. Seitdem diese Reiche 1918 an ihr Ende gelangten, haben die neuen ethnischen Nationen, die auf sie folgten, für ihre sehr beträchtlichen Schwierigkeiten keine dauerhaften Lösungen gefunden. Zusammen mit den mitteleuropäischen Juden und den Völkern der Sowjetunion hatten sie die grausamsten Folgen der beiden Totalitarismen des 20. Jahrhunderts zu erdulden, ein Gottesurteil, von dem sie sich erst jetzt zu erholen beginnen.[1]

Die Nationalstaatlichkeit des westlichen, säkularen und ethnisch vielfältigen Typs enthält kein inneres Hindernis gegenüber der Demokratie oder dem Schutz der Menschenrechte, da Minderheiten nicht als solche aus der Nation ausgeschlossen werden, wie dies bei ethnisch definierten Nationen naturgemäß der Fall ist. Eben dies unterscheidet das dominierende westliche Modell der Nationalstaatlichkeit von den neuen Nationen, die aus dem Zusammenbruch Österreich-Ungarns und des osmanischen Reichs hervorgingen. Dort wo die politische Identität mit dem Ethnischen und der Religion verbunden ist, sind Nationalität und Staatsbürgerschaft exklusiv, unnachgiebig und unausweichlich. Eben dies ist ein Element im Dilemma des heutigen Jugoslawien, wo ein wichtiger Teil der jüngeren Bevölkerung aus den Nachkommen unterschiedlicher Stämme besteht. Von den in Kroatien lebenden Serben, die in den achtziger Jahren heirateten, wählten 29 Prozent eine kroatische Ehefrau. Als in Bosnien-Herzegowina 1992 der Kampf begann, waren 16 Prozent der Kinder Nachkommen aus »gemischten« Ehen. Für wen sollen sie wohl kämpfen?

Wenn die ethnische Identität die Grundlage der Nationalität bildet, können andere niemals vollständig gleich sein, da Gleichheit Austauschbarkeit bedeutet. Die anderen sind Rivalen und potentiell bedrohlich. Die Grenzen zwischen nationalen Gruppen sind häufig nicht erkennbar oder willkürlich, weil sich diese Gruppen von unterschiedlicher ethnischer Nationalität miteinander vermischen. Daher gab es immer eine neiderfüllte Diskriminierung Fremder durch dominierende Gruppen innerhalb der nationalen Grenzen, was auf beiden Seiten ständig Spannungen wegen der Festlegung von Grenzen und Ansprüchen im Hinblick auf Enklaven des eigenen Stammes verursachte, die weit von der eigenen Stammesgrenze entfernt lebten. Dies war die Ursache für den Krieg in Jugoslawien und das Motiv für die ethnischen »Säuberungen«, die im Verlauf dieses Kriegs von Serben, Kroaten und Moslems in den von ihnen eroberten Gebieten durchgeführt wurden. Es war das Problem der albanischen und ungarischen Minderheiten innerhalb des neuen Serbien, der Grund für den armenisch-aserbaidschanischen Streit um Nagornij-Karabach und die Ursache der Konflikte mit ethnischen Minderheiten in Moldawien, den baltischen Staaten und anderen Regionen in der früheren Sowjetunion.

Die Lage der ungarischen Minderheiten in Rumänien, in der Slowakei und in der Ukraine ist schwierig. Ein Drittel aller ethnischen Ungarn von Österreich-Ungarn verblieben außerhalb der Grenzen des Staates Ungarn, der 1920 mit dem Vertrag von Trianon geschaffen wurde. (Dies war der Hauptgrund, weshalb Ungarn sich in den dreißiger Jahren mit Deutschland und Italien verbündete. Dank des Bündnisses mit Deutschland konnte es 1938 und 1940 einige der umstrittenen Gebiete von der Slowakei und Siebenbürgen zurückholen, um sie dann 1945 erneut zu verlieren.) Ungarn außerhalb Ungarns bilden auch heute noch die größte nationale Minderheit in Europa; die Besorgnis um die Verteidigung ungarischer Gemeinschaften im Ausland war ein wichtiger Streitpunkt der antikommunistischen Opposition in Ungarn vor 1989. Die Zahl der ethnischen Ungarn, die zu Beginn der neunziger Jahre in der Slowakei lebten, wird auf 600 000 geschätzt, in Serbien auf 500 000, in der Ukraine auf 200 000. Die Einwohnerzahl des in Rumänien liegenden Transsilvanien schätzt man auf zwei Millionen. Fast in der gesamten Region stoßen überlebende Juden und Zigeuner immer noch auf Feindseligkeit und neiderfüllte Diskriminierung, was durch die Erinnerung an den Völkermord noch belastender ist.

Dennoch ist die Gesamtzahl dieser ethnischen Konflikte kleiner als vor dem Zweiten Weltkrieg, da während und nach diesem Krieg große Gruppen aus ethnischen oder rassischen Gründen beseitigt worden sind. In den letzten Kriegsmonaten und während der schrecklichen ersten Monate des Friedens wurden Völker, die in den von anderen Nationalitäten dominierten Staaten lebten oder deren Existenz als Hindernis für die Neufestlegung ethnisch exklusiver Grenzen angesehen wurde, in großer Eile ermordet oder vertrieben, wobei sie gemäß dem bürokratischen Sprachgebrauch der damaligen Zeit zu »displaced persons« erklärt wurden.

Als Polen wegen der Nachkriegsabkommen seine Grenzen nach Westen verschieben mußte, wurden die unglücklichen Polen, die auf jenen Territorien geboren worden waren, die sie nun an die Sowjetunion abtreten mußten, gezwungen, nach Westen ziehen. Die Deutschen wurden aus dem Landstrich, der nun Westpolen werden sollte, vertrieben, sofern sie sich nicht schon zusammen mit der sich zurückziehenden *Wehrmacht* [deutsch im Original] auf den Weg gemacht hatten. Ostpreußen wurde teilweise russisch, teilweise polnisch. Seine Hauptstadt Königsberg, 1255 von den Rittern des Deutschen Ordens gegründet, die die früheren Siedler der Region besiegt hatten – ein baltisches Volk, das (weil es heidnisch war) als die »Sarazenen des Nordens« bezeichnet wurde –, erhielt den Namen »Kaliningrad« (nach M. I. Kalinin, einer Figur der Oktoberrevolution und nominelles sowjetisches Staatsoberhaupt von 1919 bis 1946). Stalin besiedelte diesen Teil Ostpreußens mit etwa einer Million Menschen aus Rußland, (dem damaligen) Weißrußland, der Ukraine und sogar aus Kasachstan. Als Litauen 1991 seine Unabhängigkeit wiedererlangte, wurde das ehemals preußische Königsberg/Kaliningrad zu einer zwischen Litauen und Polen eingezwängten Enklave Rußlands, ohne territoriale Verbindung mit Rußland – genau so, wie Ostpreußen vor dem Krieg ein separates deutsches Territorium innerhalb Polens gewesen und dadurch zu einer Quelle des Ärgernisses und der Unruhe geworden war.

Diese entsetzlichen Akte einer demographischen Chirurgie während des Krieges und danach wurden an Bevölkerungen vollzogen, die ohnehin schon sehr komplex waren – nämlich das Ergebnis dessen, was der englische Historiker Robin Okey als die »sogenannte *Völkerwanderung* [deutsch im Original] im Anschluß an den Zusammenbruch des römischen Imperiums« beschreibt.

> »Im 6. und 7. Jahrhundert zogen slawische Völker, die sich bereits in Polen niedergelassen hatten, nach Böhmen und auf den Balkan. Sie vertrieben allerdings die früheren Bewohner nicht ganz, insbesondere nicht die Vorväter der neuzeitlichen Albaner in ihren Waldfestungen des westlichen Balkans und die lateinischsprachigen Rumänen nördlich der Donau. Sie konnten sich auch nicht ganz dem Druck späterer Ankömmlinge widersetzen: etwa den asiatischen Magyaren (oder Ungarn), die sich 896 im Donautiefland niederließen, oder den Ger-

> manen, die aus Bayern über die österreichischen Alpen kamen und in die Gebirgsgürtel des slawischen Böhmen und von der Elbe her ostwärts in das entstehende Polen eindrangen. Aufgrund dieser Siedlungsstruktur bildeten die Slawen zwar die Bevölkerungsmehrheit Osteuropas, mußten aber das Territorium mit einer großen Minderheit von Nicht-Slawen teilen, was für das gesamte Gebiet verhängnisvolle Folgen haben sollte. Als die slawischen Völker sich nach und nach in getrennte Gruppen aufspalteten – die östlichen slawischen Russen und Ukrainer; die westlichen slawischen Polen, Tschechen und Slowaken; die südlichen slawischen Serben, Kroaten, Slowenen und Bulgaren (unter denen die letzte Familie durch nichtslawische Ansiedler von den übrigen abgetrennt wurde) –, verloren sie die Energie, die ihnen ihre Anzahl hätte verleihen können.«

Bis zum 19. Jahrhundert räumten die imperialen Systeme, zu denen die Nationen oder Proto-Nationen von Ostmitteleuropa, Osteuropa und Balkan-Europa gehörten, den slawischen Völkern ein unterschiedliches Maß an Autonomie ein, ohne ihnen jedoch die Souveränität zu gewähren. In den Zeiten des Feudalismus und der frühen Neuzeit war dies zwar möglich, aber im 18. und 19. Jahrhundert begann sich das Nationalbewußtsein zu entwickeln. Es entstand allmählich eine moderne Intelligenz, die darauf bedacht war, die individuelle Geschichte festzuhalten und vergangene Ruhmestaten zu erinnern – und auszuschmücken –, die von den imperialen Oberherren angeblich unterdrückt worden waren. Aus diesem Prozeß gingen die modernen Nationen der Region hervor, die alle weniger als hundert Jahre Unabhängigkeit hinter sich hatten, als ihnen 1945-1949 die kommunistische Herrschaft aufgezwungen wurde.

Das größere dieser Reiche, das osmanische, war die Schöpfung eines türkischen Volkes, das über eine Militärtechnik und über taktische Fähigkeiten verfügte, die allem überlegen waren, was sich ihm im frühen Mittelalter auf seinem Zug von Zentralasien nach Westen entgegenstellte (wobei es Großaufgebote an Kavallerie gegen Infanteriearmeen einsetzte). Mit der Expansion des Imperiums gelangte es schließlich bis nach Wien, wo es 1683 nach einer dreimonatigen Belagerung der Stadt durch den Polenkönig Johann Sobieski besiegt wurde. Dennoch blieben die Türken jenseits der Donau anderthalb Jahrhunderte lang in Ungarn. Auf dem Höhepunkt ihrer Macht beherrschten sie (in Europa) die Territorien des modernen Griechenland, von Bulgarien, Rumänien (Moldawien und die Walachei), Serbien, Albanien, Bosnien-Herzegowina und Mazedonien, die sie bis zum 19. oder frühen 20. Jahrhundert behielten. (Außerdem beherrschten sie den Mittleren Osten und die südliche Mittelmeerküste.)

Von diesen Staaten hatten Serbien, Bulgarien, Moldawien und die Walachei im Mittelalter eine Zeit der nationalen Selbständigkeit erlebt. In der Neuzeit sollte sich Serbien im Jahre 1804 als erstes Land gegen die Türken erheben. Der nächste Rebell war Griechenland 1821 (»I dreamed that Greece might yet be free« – so Byron, der englische Dichter, der dort starb). Bulgarien und Rumänien wurden im 19. Jahrhundert der türkischen Kontrolle durch den Druck Rußlands entzogen, das sich zum Beschützer seiner orthodoxen Bevölkerungsteile machte, die es so zu beherrschen hoffte, was ihm im Falle Bulgariens seitdem auch zum größten Teil gelungen ist. Andererseits blieb Moldawien oder ein Teil davon ein Streitpunkt zwischen Moskau und Bukarest. Die Moldawier wurden 1940 von der Sowjetunion annektiert, einer beschleunigten Russifizierung unterworfen und gezwungen, ihre rumänische Sprache in kyrillischen Buchstaben zu schreiben. Sie erklärten

1992 ihre Unabhängigkeit als Moldawien, kehrten zum lateinischen Alphabet ihrer moldawischen Nachbarn jenseits des Prut zurück und wandten sich dann gegen die in ihrem Lande niedergelassene russische Minderheit, die daraufhin in Moskau nach Unterstützung suchen mußte. Auf diese Weise nimmt eine unterbrochene Geschichte erneut ihren Lauf.

Das Osmanische Reich war politisch gesehen korporatistisch und kennzeichnete seine vielen voneinander getrennten »Nationen« oder Gemeinschaften aufgrund ihrer ethnischen Herkunft, ihrer gemeinschaftlichen Überlieferung, ihrer Geschichte oder Religion. Der Oxforder Historiker Albert Hourani beschreibt sowohl die nichtmoslemischen als auch die moslemischen politischen Einheiten des Reiches: Sie umfaßten Städte, Dörfer, Hirtenstämme, Stadtbezirke oder Stadtteile sowie Kaufleute und Handwerker, die in Institutionen organisiert waren, welche den Zünften des mittelalterlichen Europa glichen. Christen und Juden wurden ihre eigenen religiösen Gesetze und die Religionsfreiheit sowie eigene Schulen und Krankenhäuser zugestanden. Die türkischen Behörden überließen dem Oberhaupt jeder Gemeinde einen Teil der Rechtssprechung sowie die Verantwortung für die Ordnung und die Steuererhebung. Hourani schreibt:

> »Auf diese Weise wurden die Nichtmoslems in die organisierte Gesellschaft integriert. Sie gehörten ihr zwar nicht ganz an, doch konnte ein Einzelner eine geachtete und einflußreiche Position erlangen. (...) Sie scheinen weder in Isolation noch unter Zwang gelebt zu haben (...) Religion und Erziehung waren ihnen innerhalb gewisser Grenzen freigestellt. Sie durften die meisten wirtschaftlichen Tätigkeiten ausüben: die Juden waren als Bankiers wichtig, die Griechen im Seehandel, und mit Be-

ginn des 16. Jahrhunderts hatten die Armenier eine wichtige Rolle im Handel mit armenischer Seide errungen.«

Jüdische, christliche und drusische Gemeinden des Reichs hatten einen beinahe autonomen Status, und die einzelnen Gemeindeangehörigen wurden politisch als Mitglieder ihrer Gruppe behandelt. Die Behörden verhandelten mit ihnen über einen anerkannten Gruppenführer. In gewisser Hinsicht waren sie um ihren Status zu beneiden. So mußten sie beispielsweise eine Art Kopfsteuer bezahlen, von der die moslemischen Bürger des Reichs ausgenommen waren. Dafür wurden sie bis fast zum Ende der osmanischen Zeit vom Militärdienst ausgeschlossen. Als um 1910 der Verfall des osmanischen Reiches in Europa schon recht weit fortgeschritten war, schätzte man den moslemischen Anteil in der Bevölkerung nur auf ca. 50 Prozent (nach der zeitgenössischen Ausgabe der *Encyclopedia Britannica*). Zu 41 Prozent bestand sie aus orthodoxen Christen und zu 6 Prozent aus Katholiken; alle übrigen Nichtmoslems – Christen (Nestorianer), Drusen und Juden – machten 3 Prozent der Bevölkerung aus. Mithin waren in den europäischen Provinzen etwa zwei Drittel der Bevölkerung Christen. Im asiatischen Teil des Reiches schätzte man die Bevölkerung auf etwas über 13 Millionen, von denen 10 Millionen Moslems, etwa drei Millionen Christen, eine Viertelmillion Juden, etwas über eine Viertelmillion Drusen und etwa zweihunderttausend Zigeuner waren. Die nichtmoslemischen Gemeinden, die 1910 rechtmäßig anerkannt wurden, waren lateinische, maronitische und armenische Katholiken, griechisch Orthodoxe, armenische Gregorianer, syrische und chaldäische orthodoxe Christen, Protestanten und Juden.

Im frühen 19. Jahrhundert war das osmanische System zwar das größte aller modernen Staatensysteme, aber keineswegs modern. Der Herrscher war nicht ein Individuum, sondern eine Familie, das Haus Osman; die Erbfolge blieb zwar in der Familie, verlief jedoch nicht nach einer starren Regel. Das Oberhaupt der Regierung war ein von der Familie ernannter Beamter, der Großwesir, dem absolute Macht eingeräumt wurde. Er führte sein Amt mit Sekretären und Beratern mit niedrigerem Beamtenstatus sowie durch Statthalter, die er in Städten und Regionen ernannte und die wiederum ihren eigenen Haushalt sowie Sekretäre und Berater hatten. Sehr wichtig war die Ämtervergabe. Mitglieder des Herrscherhauses waren »Sklaven« des Sultans, ob sie nun tatsächlich Sklaven waren oder nicht (viele unter ihnen, die Nachkommen von eroberten Völkern, waren es in der Tat).

Hourani schreibt:

> »Die Organisation und Tätigkeit der Regierung spiegelte das persische Ideal des Königtums, dem zufolge der gerechte und kluge Herrscher sich von den verschiedenen Gesellschaftsordnungen fernhalten sollte, damit er deren Tätigkeiten steuern und die Harmonie des Ganzen wahren konnte (...) Diese Trennung zeigte sich im Leben des Herrschers: Er lebte zurückgezogen in seinem Topkapi-Palast auf einem Hügel über dem Bosporus, umgeben von seinen Sklaven und *Harems* und ging – nach der Herrschaft von Suleiman dem Prächtigen (1520 bis 1566) – keine Ehen mit osmanischen Familien mehr ein, die sonst auf diesem Wege zu viel Einfluß gewonnen hätten. Und sie zeigte sich ferner im Bestehen einer höfischen Kultur: in einem raffinierten Verhaltenskodex, in der osmanisch-türkischen Sprache, die durch Anleihen aus dem Persischen und Arabischen bereichert wurde, sowie in einer Erziehung, die sowohl die höfische Literatur Persiens als auch die religiöse Literatur Arabiens umfaßte.«

Das System verlangte von seinen Untergebenen zwar Gehorsam, Hochachtung und Steuern, aber keine ideologische Übereinstimmung, keine religiöse Bekehrung und keine gesellschaftliche Anpassung an das Modell der Regierungsmacht. Später sollte sich dies zwar als Schwäche erweisen, aber lange Zeit erlaubte es den Osmanen, eine wenn auch willkürliche, so doch vergleichsweise anspruchslose Macht auszuüben. Das Reich war offen gegenüber dem gesellschaftlichen und politischen Aufstieg der Besiegten und Regierten; alle Begabten konnten eine entsprechende Laufbahn einschlagen. Kurz gesagt: es war ein System, das große Ähnlichkeiten mit den Reichen der Antike hatte und das weder mit den modernen europäischen Nationen, die es im 18. und 19. Jahrhundert zu zerpflücken begannen, noch mit der Kraft des modernen Nationalismus im europäischen Teil des Imperiums und dann auch in Arabien umzugehen verstand.

Der Zusammenbruch des Osmanischen Reiches im 19. und frühen 20. Jahrhundert war somit ein Resultat seiner mangelnden Anpassung, einer institutionellen Unfähigkeit, mit den kommunalen Spannungen fertigzuwerden, welche durch zunehmende Alphabetisierung, wachsende Bildungsschichten und den Einfluß politischer und intellektueller Strömungen aus dem Westen verursacht wurden. Dennoch hatten die Osmanen ihre »inneren« Nationen erfolgreicher und sehr viel länger beherrscht als die habsburgischen Kaiser die ihren.

Jede der »Proto-Nationen« im osmanischen System – die Walachei und Moldawien (dakischen, nicht-slawischen Ursprungs), das nicht-slawische (magyarische) Ungarn, Griechenland und Albanien sowie Bulgarien und Serbien – hatte im frühen Mittelalter unter dynastischen Oberhäuptern und Königen eine eigene politische Identität. In Ungarn geschah dies im 10. Jahrhundert, in Serbien und Bulgarien vom 9. bis zum 14. Jahrhundert (bevor diese beiden Staaten unter besonders unterdrückende Formen der osmanischen Herrschaft fielen). Die Walachei und Moldawien bildeten seit dem 14. Jahrhundert selbstverwaltete Fürstentümer unter osmanischer Oberhoheit. Die Existenz Albaniens war bis zum frühen 20. Jahrhundert politisch gesehen eine Stammesgesellschaft (als sein Thron in der Hast, mit der das Land sich in eine moderne Nation verwandeln wollte, zweimal dem britischen Reisenden und Gelegenheitsspion Aubrey Herbert angeboten wurde, dem Sohn des vierten Earl of Carnavaron, der zugleich das Vorbild für den Helden von John Buchans Roman *Greenmantle*[2] abgab).

Das kulturelle Nationalbewußtsein erwachte im 19.Jahrhundert vorwiegend unter westeuropäischen Einflüssen. A. J. P. Taylor schreibt: »Die erste Zeit des erwachenden Nationalbewußtseins ist streng akademisch geprägt. Sie wird angeführt von Hochschulprofessoren und befaßt sich mit solchen Dingen wie dem Studium mittelalterlicher Handschriften, der Entwicklung einer Nationalsprache aus bäuerlichen Dialekten und dem Umschreiben der nationalen Geschichte nach nationalen Richtlinien. Die zweite Stufe ist erreicht, als die Schüler dieser Professoren in die Welt hinaus ziehen.«

Serbiens nationaler Kampf begann mit einem Aufstand, der 1804 die Provinz Belgrad befreite. Die Serben erlangten dank der Unterstützung und der Protektion Rußlands 1829 ihre Selbständigkeit. Der griechische Aufstand von 1821 vollzog sich unter dem Einfluß der Französischen Revolution und türkischer Rückschläge in den Russisch-Türkischen Kriegen sowie unter Mithilfe westeuropäischer Freiwilliger.

Das erste moderne Werk in bulgarischer Sprache wurde 1762 veröffentlicht, auch wenn die politische Rebellion nicht vor 1876 eintrat und schließlich zur Befreiung Bulgariens von Rußland führte (Rußland nahm die

Beherrschung des künftigen neuen Staates vorweg und hielt sie seither fast während der gesamten Zeit aufrecht). Moldawien und die Walachei – die im 13. Jahrhundert eine Zeitlang unter mongolischer Herrschaft standen und danach osmanische Vasallenstaaten waren – standen nach dem 18. Jahrhundert unter direkter osmanischer Kontrolle durch griechische Statthalter, die zum Grundherrentum und zur Leibeigenschaft führte. Die spätere nationale Bewegung, die ebenfalls russische Unterstützung erhielt, richtete sich in erster Linie gegen die griechische Elite und endete mit der Anerkennung der beiden rumänischen Staaten als russische Protektorate durch die »Hohe Pforte«. (Die Hohe Pforte war der Eingang in die Amtsräume des Großwesirs, der obersten Macht im Reich.) Die Walachei und Moldawien vereinigten sich in den sechziger Jahren des 19. Jahrhunderts und sie forderten Carol I. von Hohenzollern-Sigmaringen, einen Armeeoffizier, auf, ihr Monarch zu werden.

Die christlichen Provinzen des osmanischen Reiches gingen somit im 19. Jahrhundert durch den besonderen Druck der russischen Regierung, die sich offensichtlich um den Schutz der orthodoxen Gemeinden kümmerte, aber auch den russischen Einfluß erweitern wollte, zum größten Teil verloren. Griechenland, Bulgarien, Montenegro, Serbien und Rumänien wurden noch vor der Jahrhundertwende unabhängig. Die Türkei war inzwischen, der zeitgenössischen Metapher entsprechend, zum kranken Mann Europas geworden: unfähig, auf ihre Probleme kreativ zu antworten oder sich ernsthaft gegen die ausländischen Mächte zu verteidigen, die das Land zu zerpflücken begannen. Bosnien und Herzegowina wurden der österreichischen Verwaltung unterstellt, Zypern der englischen. Internationaler Druck erzwang Reformmaßnahmen in Armenien und auf Kreta.

Die »Revolution« der Jungtürken-Bewegung von 1908 war der erste Schritt zur Bildung einer homogenen türkischen Nation, auch wenn sie zunächst nur als Reform des vielsprachigen imperialen Systems gedacht war. Es wurde eine weltliche Regierung eingerichtet. Allerdings verstärkte dies die bereits bestehende Unruhe nicht nur in der christlichen osmanischen Bevölkerung, sondern auch im moslemischen Albanien, im Jemen (eine weitere antike Nation wie Mesopotamien und Ägypten) und auch in Arabien, wo der beduinische Wächter der Heiligen Stätten, Scherif Husein von Mekka, sich 1916 mit England verbünden sollte, um den »Araberaufstand« auszulösen. Zusammen mit den Angriffen der englischen Armee auf türkische Besitzungen im östlichen Mittelmeer führte dies zur Vertreibung der osmanischen Macht aus der arabischen Halbinsel und aus Palästina, Syrien und dem Irak (wobei letzterer auch von Einheiten aus Britisch-Indien angegriffen wurde).

Vor dem Ersten Weltkrieg hatten die Jungtürken einen europäischen Beschützer und Gönner gesucht, doch sie wurden von England, Frankreich und selbst von Rußland abgewiesen. Nach Kriegsausbruch wurde die Türkei durch eine Reihe von Ereignissen, zu denen manche Mißverständnisse auf allen Seiten gehörten sowie durch politische Ungeschicklichkeiten Englands (wie David Fromkin in seiner Darstellung des osmanischen Zusammenbruchs berichtet) zu einer kriegführenden Partei. Die Türken hatten sich aus dem Krieg zwar heraushalten wollen, wurden dann aber gegen ihren eigenen Willen zum Verbündeten von Deutschland und Österreich. Schließlich wurden sie besiegt, obwohl sie auf dem europäischen Kriegsschauplatz keine schlechte Figur abgaben. Gegen Rußland waren sie sehr erfolgreich. Als die russischen Kräfte im Anschluß an die Februarrevolution 1917 und die Gründung der provisorischen Regierung in Petrograd abrückten, griffen die Türken mit Erfolg Georgien, Armenien und Aserbaidschan an und näherten sich Baku, dem Zentrum der Ölförderung. Die Niederlage Deutschlands an der

Westfront zwang die Türken jedoch zu einem Waffenstillstand, der sich als Kapitulation herausstellte. Auf diese Weise endete das sechs Jahrhunderte dauernde osmanische Experiment einer korporativen Regierung disparater und oft feindlich gesonnener Gemeinschaften.

Im feudalen christlich-römischen Imperium hatten die wechselseitigen Beziehungen von Macht und Bindung zwischen Kaiser und Papst die Ausübung der weltlichen Verfügungsgewalt mit dem Einverständnis des Papstes, dem geistigen Führer und Stellvertreter Gottes, dem Kaiser überlassen. In der Praxis bedeutete dies einen Dualismus der Macht und die Legitimierung der weltlichen Regierungsgewalt, deren Hoheit in ihrem eigenen Bereich anerkannt wurde. Im östlichen byzantinischen Reich oder im Islam gab es nichts dergleichen: Auf eben diesen Umstand gehen seither die Schwierigkeiten zurück, in den osteuropäischen, russischen und islamischen Gesellschaften fähige und dauerhafte weltliche Regierungen zu gründen.

Die komplizierte Multinationalität des Habsburgreiches war eine relativ späte Entwicklung. Anfänglich bestand es nur aus einer beträchtlichen Anzahl deutscher Fürstentümer, die das Heilige Römische Reich bildeten. *Österreich* – das deutsche Wort bedeutet »Reich im Osten« – war anfänglich ein Pufferstaat zur Verteidigung der Donaugrenze des Imperiums gegen die Slawen und Magyaren. Seine habsburgischen Herrscher erweiterten das Reich durch Schlachten, dynastische Zufälle und Eheschließungen. (»Laß andere Kriege führen«, hieß es im späten 15. Jahrhundert, »du, glückliches Österreich, heirate.«) Vom 15. Jahrhundert an verliehen die Entscheidungsbefugten des Heiligen Römischen Reiches den Kaisertitel mit einer einzigen Ausnahme an Habsburger. Die Eheschließungen mit den Höfen Burgunds und Spaniens erweiterten die habsburgischen Besitzungen bis nach Frankreich, Spanien und in die Niederlande. Später erwarb die österreichische Monarchie die Krone in Böhmen und Ungarn und beteiligte sich an der Teilung Polens. Nach der Niederlage der Türken in Wien 1683 und den Feldzügen jenseits der Donau, die Österreich die Wiedereroberung von Ungarn und noch weiter östlich liegender Territorien ermöglichten, wurde Wien, das bislang nur eine von mehreren deutschen Hauptstädten gewesen war, zum intellektuellen und künstlerischen Mittelpunkt in Südmitteleuropa. Österreich wurde eine europäische Großmacht. Allerdings war die Einverleibung aller, bzw. eines Großteils der drei wichtigsten historischen nichtdeutschen Nationen, die nie ganz mit ihrer Position in einem germanisch beherrschten System versöhnt wurden, entscheidend für die Schwächung des Habsburgreiches und für den Aufstieg Preußens. Ungarn, Böhmen und Polen waren allesamt bedeutende mittelalterliche Nationen Mitteleuropas – in Wirklichkeit waren sie damals sogar bedeutender als Österreich selbst.

Im 19. Jahrhundert umfaßte das habsburgische System Deutsche, Ungarn, Tschechen, Polen, Slowaken, Ruthenen (vom karpatischen Ruthenia, das seit 1945 ein Teil Rußlands ist), Italiener, Serben, Slowenen, Kroaten und andere mehr. 1866 provozierte Bismarck jedoch absichtlich den Siebenwöchigen Krieg, um Österreich aus dem Deutschen Bund zu vertreiben (dem Nachfolger des Reichs; der habsburgische Monarch hatte während des Napoleonischen Krieges auf den Kaisertitel des Heiligen Römischen Reichs verzichtet). Die neugeformte preußische Berufsarmee machte mit den österreichischen Kräften kurzen Prozeß, und Preußen wurde die neue deutsche Großmacht, seine Hauptstadt Berlin. Das habsburgische Österreich, das zu Beginn des 19. Jahrhunderts das wichtigste Mitglied einer großen, lockeren und sozusagen feudalen Verbindung hauptsächlich deutscher Staaten gewesen war, blieb nunmehr als deutsches Mitglied eines multinationalen und multikonfessionellen Imperiums übrig, in dem die acht Millionen deutschsprachigen Österreicher eine Minderheit bildeten.

Die nationalen Forderungen der Ungarn bewirkten den sogenannten Ausgleich von 1867, mit dem eine Doppelmonarchie geschaffen wurde, zwei gleichsam autonome Staaten unter der Krone Habsburgs. Ungarn erhielt seine Autonomie, ein Parlament (das bald darauf in einer Nachbildung des englischen House of Parliament untergebracht wurde), sein eigenes Kabinett, seine Zivilverwaltung und als Amtssprache galt das Ungarische. Die negative Folge waren jedoch nationale Forderungen der Kroaten, Tschechen, Polen, Slowenen, Ruthenen und Serben, die im Reich lebten, sowie aller anderen nationalen Minderheiten. Die meisten davon befanden sich innerhalb der Grenzen Ungarns. Das ungarische Staatsgebiet umfaßte damals beinahe ebensoviele nichtethnische Ungarn wie ethnische. Die amtliche Statistik von 1900 wies eine magyarische Mehrheit von 51,4 Prozent aus. Dies war das Ergebnis von Wanderungen und Ansiedlungen nach der Ankunft der Magyaren in der Region sowie der relativ niedrigen Geburtenrate bei den Magyaren selber. Daß Ungarn im Imperium dieselbe Macht und derselbe Status verliehen wurde wie Österreich, bestätigte die neiderregende Minderwertigkeit aller übrigen Teile.

Für die Herrschaft des habsburgischen Wien über alle anderen gab es keinen triftigen Grund (auch nicht für eine Herrschaft von Wien zusammen mit Budapest). Die Feudalbindung, das Reich Gottes und das göttliche Recht der Monarchie waren in der Vergangenheit zwar Rechtfertigungen des Systems gewesen, aber Ende des 19. und Anfang des 20. Jahrhunderts waren sie nicht länger wirksam. Die Nationalisten forderten Selbstbestimmung. Ein Jahr nach dem Ausgleich von 1867 mußte Ungarn den Kroaten eine Form von Autonomie zugestehen. Da diese aber keine Gleichheit bedeutete, wurde bei den Kroaten das Ressentiment geschürt. Den anderen Nationalitäten wurde nicht einmal das allgemeine Wahlrecht der Männer zugestanden; die Ungarn waren zu diesem Zugeständnis auch gar nicht bereit. Der vorletzte habsburgische Kaiser, Franz Joseph – heute erinnert man sich an ihn voller Nostalgie – war im Grunde ein geistloser Reaktionär, unfähig, mit den aufkommenden Nationalismen in seinem Reich fertigzuwerden, und ein Jahrhundert nach der Französischen Revolution in einer Gesellschaft, die sich in der fortgeschrittenen industriellen Revolution befand, nicht in der Lage, den eigenen Besitz der erblichen Macht ideologisch zu rechtfertigen. A. J. P. Taylor schreibt:

> »Sein einziger Gedanke galt der dynastischen Macht. Doch selbst wenn er in seinen dynastischen Zielen starrsinnig war, so war er doch bereit, jedes Mittel zur Aufrechterhaltung seines Imperiums auszuprobieren. Er begann mit der Militärdiktatur und griff zuweilen auch auf sie zurück. Durch Niederlagen belehrt, machte er nach allen Seiten Zugeständnisse. Der Ausgleich von 1867 verschaffte Ungarn die innere Unabhängigkeit, und im selben Jahr erhielt Österreich eine liberale Verfassung. Später versuchte er die Tschechen zu besiegen und erzwang durch das österreichische Parlament 1907 schließlich das allgemeine Wahlrecht, um die Massen in einem riesigen Roulettespiel gegen die Politiker der Mittelschicht auszuspielen. Sein größter Haß galt dem »Liberalismus« – dem Versuch, die Vorrechte der Krone einzugrenzen. Gegen diesen Liberalismus war er bereit, jeden Bündnispartner herbeizurufen und sogar die rivalisierenden Nationalismen ins Spiel zu bringen, die sein Imperium in Stücke rissen.«

Die Ermordung des kaiserlichen Neffen Franz Ferdinand und seiner Gattin in Sarajewo war ein Akt des von den Serben geförderten Terrorismus, um die Sache des serbisch beherrschten Panslawismus zu unterstützen. Österreich-Ungarn hielt allein Serbien für die Ereignisse verantwortlich; Serbien hatte die Unterstützung Rußlands, Frankreich war Rußlands Verbündeter, Deutschland war Österreichs Verbündeter – und Deutschlands starre Kriegsplanung verlangte als erstes den deutschen Angriff auf Frankreich, um es rasch zu unterwerfen, bevor man sich der weniger wichtigen Bedrohung durch die russischen Armeen zuwandte. Die finstere Abfolge der Ereignisse ist bekannt. Der Weltkrieg wurde in Gang gesetzt, den natürlich kein österreichischer (oder serbischer) Beamter vorausgesehen hatte und der die Überlebensfähigkeit des habsburgischen Systems weit überforderte. Der Krieg riß die bestehende europäische Ordnung nieder und bereitete den blutigen Boden für die Totalitarismen und Rassenkriege des 20. Jahrhunderts vor. »Dem Gebäude der menschlichen Gesellschaft wurden Wunden zugefügt, die ein ganzes Jahrhundert nicht zu beseitigen vermag«, schrieb Winston Churchill später, und er hatte recht.

Die Systeme der Habsburger und der Osmanen boten auf ihre Weise Möglichkeiten, einzelne Nationalitäten – ethnische und religiöse Gemeinschaften, aber auch geschichtliche Nationen – innerhalb einer umfassenderen politischen Oberhoheit aufzunehmen. 1918 versagten beide Systeme. Ihr Scheitern läßt sich durch Diskrepanzen in der historischen Reife, gemessen an einem vertretbaren Maßstab der politischen Entwicklung, nicht restlos erklären, auch wenn das osmanische System in mancher wichtigen Hinsicht vormodern geblieben war und sein halbnomadischer Ursprung bis zuletzt seinen Einfluß auf die politische Eigenart des Systems ausgeübt hatte. Auch das habsburgische System hatte sich niemals von einem Absolutismus befreit, der sich nicht länger aufrechterhalten ließ angesichts der aufkommenden Mittelschichten, der Massenalphabetisierung und des Machtverlustes der Bauern. Deren implizites Bündnis mit der Aristokratie – sie waren die beiden sogenannten österreichischen Klassen – wog die Macht der städtischen Bevölkerungen auf. Die Inkompetenz der Institutionen war ein wichtiger Faktor für das Versagen beider Systeme. Die wirksamste Zerstörungskraft war allerdings der Nationalismus, besonders im Falle Habsburgs: Ungarn, Polen, Kroatien, Böhmen sowie die italienischen Besitzungen des Imperiums waren ausnahmslos differenzierte Gesellschaften mit einer ausgeprägten geschichtlichen Identität. Den Todesstoß versetzte dann der deutsche Nationalismus – der Nationalismus der Deutschösterreicher. Schon in der Frühzeit des Weltkriegs, um Ostern 1915, erhoben alle deutschen Parteien in Österreich, mit Ausnahme der Sozialdemokraten, die Forderung, daß Österreich ein einheitlicher deutscher Staat werden sollte.

Man kann auch behaupten, der Zusammenbruch Österreich-Ungarns sei unnötig gewesen: weder die USA noch England oder Frankreich wollten es zerstört sehen, ebensowenig die Kroaten und Slowenen, die durch die italienischen und magyarischen Forderungen gefährdet waren. Vor dem Krieg hatten die Tschechen die Monarchie bewahren und als eine föderative Institution reformieren wollen. Als Wien durch den Krieg und die österreichischen Niederlagen zu einer immer machtloseren Gefolgschaft gegenüber dem Deutschen Oberkommando genötigt wurde, zogen die Tschechen unter Tomás Masaryk den Schluß, daß sie nun ihre Unabhängigkeit brauchten und daß sie, um überzeugend zu wirken, die Slowaken dabei an ihrer Seite haben sollten. 1917 hatte Masaryk seine Allierten davon überzeugt, die »Befreiung« der Tschechoslowakei zu einem Kriegsziel zu erheben. Im Januar 1918 stellten die Tschechen an Wien die Forderung nach einem souveränen Staat, zu dem auch die Slowakei gehören sollte (ein

Land, das bisher noch nie ein Staat gewesen war – erst 1992 wurde es einer). Die Monarchie fand keinen Anklang. Der Nachfolger Franz Josephs, Karl, versuchte sich durch Verhandlungen dem Krieg zu entziehen, aber er kommandierte weder seine Armee, noch hatte er Einfluß auf die Wirtschaft. Zu diesem Zeitpunkt tat dies Deutschland. Im Oktober 1918 kapitulierte Österreich vor den Allierten. Das Imperium fiel von selbst auseinander. Die Tschechoslowakei, Polen, Ungarn und die Südslawen verkündeten ihre Unabhängigkeit. Die deutschen Mitglieder des Reichsrats verkündeten Deutschösterreich. Die Armee zerfiel in nationale Einheiten. Die Ähnlichkeit mit Ereignissen in der ehemaligen UdSSR in den Jahren 1991-1992 ist groß. Karl widersetzte sich zwar der Abdankung, reiste dann jedoch ab und überließ Österreich und die Verfügungsgewalt über sein Imperium den Alliierten.

Einige Nationalitäten des alten Reiches wünschen sich heute nichts sehnlicher, als in eine Nachfolgeform des habsburgischen Systems reintegriert zu werden. Ein Erbe, Otto von Habsburg, Mitglied des Europaparlaments, war begeistert und sogar zu Tränen gerührt, als er nach dem Sturz des Kommunismus nach Budapest zurückkehrte, wo er im Parlament eine Rede in vorzüglichem Ungarisch hielt. Die einstigen habsburgischen Nationen drängen danach, sich um die Mitgliedschaft in der Europäischen Union, der neuen Ausdrucksform eines untergegangenen europäischen Universalismus, zu bewerben. Dieser neue Universalismus ist jedoch nicht wie jener der Habsburger an ein deutsches Europa gebunden, sondern an einen früheren Zeitabschnitt des christlichen Universalismus, als polnische Lutheraner, wie Zamoyskis schrieb, es für selbstverständlich hielten, daß ihre Söhne zum Studium nach Wittenberg, polnische Calvinisten nach Basel und die Katholiken nach Italien gingen.

Dies war ein Europa, in dem von Mittelnorwegen und von Kirkwall auf den Orkney-Inseln bis nach Palermo auf Sizilien ebenso romanische Kirchen gebaut wurden wie von Santiago an der spanischen Atlantikküste bis nach Krakau; italienische Architekten entwarfen monumentale Gebäude sowohl in Prag und in Leningrad als auch in Dresden und in Paris. Ein Europa, wo Karl der Große sowohl italienische und spanische als auch deutsche und französische Berater um sich sammelte. Diesen Universalismus wiederherzustellen war das moralische Ziel der deutsch-französischen Versöhnung, die 1962 beim Treffen von Konrad Adenauer und Charles de Gaulle in der Kathedrale von Reims feierlich bekräftigt wurde. Oberflächlich gesehen ist der neue europäische Universalismus zwar eine Sache der wirtschaftlichen und politischen Integration, aber sein wichtigstes Element ist der Versuch, eben diese kulturelle Einheit erneut durchzusetzen. In Westeuropa ist er gelungen. Das Bestreben (das man noch nicht einmal als gewichtigen Versuch bezeichnen kann), aufzunehmen oder vielmehr wiederaufzunehmen, was in der Vergangenheit das byzantinische und moslemische Europa gewesen war, ist bisher allerdings gescheitert, und zwar mit unheilvollen Folgen für die Zukunft.

Das 18. Jahrhundert und die Französische Revolution brachten den modernen Nationalstaat hervor, und damals begannen Staaten sich als politische Manifestationen bestimmter Völker zu rechtfertigen, welche zuvor unterdrückt waren und nun von Fremdherschaft befreit wurden (oder das Bedürfnis nach Befreiung hatten). Die Friedensvereinbarungen nach dem Ersten Weltkrieg, die Verträge von St. Germain-en-Laye, Neuilly, Trianon und Sèvres legitimierten diese Forderungen gemäß der von der amerikanischen Regierung geförderten These, daß die Völker die Herrschaftsform, unter der sie leben wollen, selbst wählen sollten. Wie George

Kennan schrieb, veranlaßte der Mangel an Realismus in den amerikanischen Kriegszielen Woodrow Wilson 1919 dazu, nach Europa zu reisen, »nicht darauf vorbereitet, sich mit den unerquicklichen, aber überaus wichtigen Kleinigkeiten am Tag der Abrechnung zu befassen. Mit dieser Theorie erlitt er seine tragische historische Niederlage«. Er unterlag »der kolossalen Selbsttäuschung, zu meinen, man könne das internationale Leben auf einen Schlag in das verwandeln, was man für sein eigenes Bild hält, wenn man nur die Vergangenheit verächtlich von sich wies, die Bedeutung der Vergangenheit für die Zukunft leugnete und sich weigerte, sich mit den realen Problemen zu befassen, die eine Untersuchung der Vergangenheit einem nahelegen würde.«

Der Theorie zufolge sollte das habsburgische und das osmanische Europa auf der Grundlage der ethnischen Nationalität wiederhergestellt werden, obwohl dabei auch die Auffassung vertreten wurde, daß diese neuen Nationen Teil eines demokratischen Systems in der Nachfolge des habsburgischen Systems sein konnten, auch wenn sie nicht völlig souverän waren. Im Hinblick darauf entwarf der junge amerikanische Journalist Walter Lippmann zusammen mit vier weiteren Mitgliedern eines von Präsident Wilson eingesetzten Geheimkomitees (genannt »The Inquiry«) neue Grenzen für die Länder von Mitteleuropa, Osteuropa und den europäischen Balkan. Ronald Steel schreibt in seiner Biographie über Lippmann, daß die fünf Männer, die »anhand von Landkarten und Bergen von Statistiken arbeiteten, die Frage der Grenzen angingen, indem sie Schautafeln zeichneten, auf denen die Konzentration nationaler Gruppen in Europa gezeigt wurde. Lippmann ordnete diese Tafeln dann den nationalen politischen Bewegungen zu, um festzulegen, wie diesen ethnischen Entitäten die Selbstbestimmung gewährt werden könnte, ohne neue europäische Rivalitäten auszulösen. Dann korrelierte er diesen Entwurf mit den Geheimabkommen [über die Siegesbeute, die die Allierten vor dem Kriegseintritt der USA unterzeichnet hatten], um zu entscheiden, welche territorialen Änderungen akzeptabel waren und welche der Gerechtigkeit und Logik zuwiderliefen.« (Die übrigen Mitglieder dieser Gruppe waren Sidney Mezes, Präsident des City College von New York, Religionsphilosoph und Schwager von Präsident Wilsons Berater in internationalen Angelegenheiten; Oberst Edward M. House,; David Hunter Miller aus New York, juristischer Partner des Schwiegersohns von Oberst House; James T. Shotwell, Historiker an der Columbia University, und Isaiah Bowman, Direktor der American Geographical Society.) Hauptsächlich durch den Druck tschechischer, slowakischer und anderer Einwanderergruppen in den alliierten Ländern und besonders in den USA wurde Wilson überzeugt, daß die faktische Auflösung des österreichisch-ungarischen Imperiums, die bei Kriegsende stattfand, in den Nachkriegsvereinbarungen durch die Schaffung neuer Souveränitäten auf Dauer festgelegt werden sollte.

Das Ergebnis war eine Gruppe neuer Staaten, die zwar durch ethnische Identität festgelegt wurden, aber in Wirklichkeit auch Minderheiten anderer ethnischer Gruppen einschlossen. Die Unzufriedenheit dieser Gruppen sollte dann später von äußeren Mächten, insbesondere von Hitler, im Vorfeld des Zweiten Weltkriegs ausgenützt werden. Taylor schreibt:

> »Trotz des Rufs nach *Selbstbestimmung* waren weder Polen noch Rumänien ein echter Nationalstaat: die Polen machten etwas weniger als zwei Drittel der Bevölkerung Polens, die Rumänen etwas mehr als zwei Drittel der Bevölkerung Rumäniens aus. Polen und Rumänen waren nach dem Modell Ungarns die *Staatsvölker*; die übrigen Völker besaßen

> wie in Ungarn lediglich Minderheitenrechte, die sie, ebenso wie in Ungarn, gar nicht wahrnehmen konnten. (...) Die beiden neuen Staaten, die Tschechoslowakei und Jugoslawien, machten geltend, auf dem Nationalismus aufzubauen und in diesem die Einheitsprinzipien gefunden zu haben, die der habsburgischen Monarchie gefehlt hatten. Tschechen und Slowaken wurden *ein* Volk, so wie die Piemonteser und die Neapolitaner Italiener geworden waren; Serben, Kroaten und Slowenen verschmolzen zu Jugoslawien, so wie Preußen, Sachsen und Bayern zu Deutschland verschmolzen waren. Die Ähnlichkeit lag zwar nahe, aber nicht nahe genug, um sich als wahr zu erweisen.«

Mit den Folgen des Scheiterns haben wir es noch in den neunziger Jahren zu tun. Durch ihren ethnischen Charakter unterscheiden sich alle diese Staaten nicht nur von den alten westeuropäischen Nationen, sondern auch von den überseeischen Nationen, die nach ihrem westeuropäischen Vorbild gegründet wurden: die USA, Kanada, Australien, Neuseeland, Argentinien, Chile und andere. Es unterscheidet sie außerdem von jener anderen Kategorie »neuer« Nationen, wie sie nach dem Zweiten Weltkrieg nach der Auflösung ihrer kolonialen Bindungen aus den alten asiatischen Kulturen geschaffen wurden, und denen, die in den fünfziger und sechziger Jahren unseres Jahrhunderts in Afrika gegründet wurden.

Trotzdem gleicht die Situation der neunziger Jahre in den früheren habsburgischen und osmanischen Gebieten nicht jener von 1914 oder 1938. Heute besteht bei allen Nachbarstaaten und bei den Demokratien insgesamt ein grundlegendes Interesse daran, ethnische Konflikte und Kriege abzuwehren und die Beteiligten zu Verhandlungen zu zwingen. 1914 geschah nichts Derartiges. Zwar scheiterte die Intervention im Fall Jugoslawiens, aber man kann durchaus glauben, daß dieser Fehlschlag als eine Lehre aufgefaßt werden wird, auch wenn dies noch abzuwarten bleibt. 1914 wurde der Krieg als unausweichliches politisches Mittel und als Naturphänomen im darwinistischen Kampf der Nationen aufgefaßt. Der Balkankonflikt wurde ohne Hemmung ausgenutzt, um die Großmächte auszudehnen, was als ein eigenes und moralisch richtiges Ziel der Politik galt. 1939 sahen die faschistischen Mächte den Krieg als Behauptung und Bestätigung nationaler Größe an. In den Voraussetzungen und Annahmen über nationales Handeln und nationale Ziele hat es in Europa seitdem eine tiefreichende Veränderung gegeben.

5 Nachwirkungen der Osmanen

Die in der Neuzeit durch Handel und technische Überlegenheit sowie durch koloniale Expansion praktizierte Vorherrschaft des Westens maskiert für uns die Größenordnung und die Kontinuität nichtwestlicher Kulturen. Mit der Ausnahme Japans ist Asien als eine aktive Instanz des Wandels im Dunkeln geblieben. Die Wiederkehr Asiens signalisiert das Ende unserer Welt, wie sie seit dem 16. Jahrhundert besteht, als die imperialistische Expansion Europas einsetzte. Die Wirkkraft, mit der diese Wiederkehr unternommen wurde, bezeichnet man als asiatischen Nationalismus. Allerdings gleicht dieser Nationalismus nicht dem europäischen Nationalismus des 19. Jahrhunderts. Er umfaßt viel breitere gesellschaftliche und politische Kräfte, die ebenso von der kulturellen wie von der politischen Unterordnung der großen asiatischen Kulturen unter den Westen erzeugt wurden. Im Mittelmeerbereich kam es durch den Zusammenbruch des Osmanischen Reiches im Jahre 1918 zu dieser Entwicklung. Das Ergebnis war die Schaffung einer Gruppe von Staaten im mittleren Osten, die per Mandat des Völkerbundes durch die europäischen Großmächte regiert wurden. Innerhalb der westlichen kolonialherrschaftlichen Interessenbereiche gab es bereits mehrere muslimische Staaten, die nominell souverän waren: Persien, Ägypten und Marokko zum Beispiel.

Anfang des 20. Jahrhunderts waren Japan und China die einzigen bedeutenden Mächte Ostasiens, wobei China bis zur Machtübernahme durch die Kommunisten im Jahre 1949 seine Angelegenheiten nicht völlig unter eigener Kontrolle hatte. Das übrige Asien, abgesehen von Thailand (Siam), stand ebenso wie der mittlere Osten direkt oder indirekt unter der Herrschaft der europäischen Kolonialmächte oder der USA. Historisch gesprochen war dies ein außergewöhnlicher Zustand für diese Gesellschaften, die als politische Entitäten nicht nur viel älter sind als die westlichen Nationen, sondern im Verlauf ihrer Geschichte meist auch mächtiger waren als der Westen.

Belege für Kulturen gibt es in den städtischen Siedlungen in Mesopotamien und Ägypten seit dem 4. Jahrtausend vor Christus, möglicherweise sogar früher. Diese Gemeinden dehnten sich über die Flußtäler aus, in denen sie angefangen hatten, bis sie einander schließlich begegneten und auf Interessen- und Hoheitskonflikte stießen. Im 6. Jahrhundert v. Chr. eroberten die Perser unter König Kyros II. Mesopotamien, und Kyros' Erben eroberten Ägypten. Persien wiederum wurde vom griechischen Bündnis der freien Stadtstaaten herausgefordert, die unter dem Mazedonier Alexander Persien und noch weit mehr eroberten. Rom folgte auf Griechenland, und von dem *sacco di Roma* im Jahre 410 durch die »Barbaren« kann man sagen, daß er den Kreis einer Herrschaftsfolge schloß, der vor etwa fünftausend Jahren begonnen hatte.

Es zeugt von einem Mangel an Phantasie, die Zeitbedingtheit der westlichen Kultur nicht zu erkennen, die auf ein Zwergenformat zusammenschrumpft, wenn man das Vorangegangene berücksichtigt (ganz zu schweigen von der amerikanischen Kultur, die in der Spanne der Zeit nur ein kurzes Aufblitzen ist). Wir sind ja nur fünfzehnhundert Jahre vom Untergang Roms entfernt, und die Moderne hat noch kaum begonnen, auch wenn wir jetzt schon von einer Postmoderne reden. Wenn wir unser eigenes Zeitalter in einer mesopotamischen oder ägyptischen Perspektive betrachten, dann müssen die Bemühungen von Washington oder Paris um Einfluß auf den mittleren Osten im jahrtausendealten Fluß der Kultur in diesen Tälern, aus denen die westliche Kultur hervorging, als trivial und kurzlebig erscheinen. Der arabische Nationalismus, die vermeintliche politische Triebkraft dieser Kultur im 20. Jahrhundert, ist sogar noch jünger und wird sich zweifellos als noch kurzlebiger herausstellen.

Es gibt keine arabische Nation als solche. Die historische Erfahrung und der historische Bezug gehen nicht auf die Nation zurück, sondern auf die Religion, die Gemeinde, das Reich und das Kalifat. Die Staaten, die es heute dort gibt, bestehen deshalb, weil man es für richtig hält, daß die Menschen in Nationalstaaten leben und nicht in multikonfessionellen und multinationalen Reichen. Das osmanische System vermochte auf die Veränderungen, die durch die Alphabetisierung, die Entwicklung der Medien, der Verwaltung und der politischen Organisation im modernen Westen bewirkt wurden, nicht zu reagieren. Im 19. und 20. Jahrhundert entwickelte sich der westliche Nationalstaat zur weitaus erfolgreichsten wirtschaftlichen und politischen Organisationsform für die industrielle Entwicklung, und dieses Beispiel hatte einen tiefen Einfluß auf die Eliten anderswo. Freilich macht eine einfache Nachahmung noch keine Nation aus. Im Mittleren oder Nahen Osten gibt es nach wie vor nur wenige echte Nationen. Ägypten, der Irak, die Türkei, Iran (Persien), Jemen – und Israel – verfügen über die gesellschaftlichen und historischen Beglaubigungen der Nationalität. Die übrigen Mittelmeerstaaten sind künstliche Gebilde.

Bis zum Ende des osmanischen Systems 1918 hatte der Mittlere und Nahe Osten im Unterschied zu Persien nur Reiche erlebt. Die regionale Kultur hatte sich aus Stadtstaaten entwickelt, die von Gottkönigen regiert wurden, sich nach außen ausdehnten, die Ausschließung verabscheuten und alles in sich aufnahmen, was ihnen begegnete. Die heutigen Unbeständigkeiten der Region treten genau an jenen Bruchlinien auf, wo echte »Nationen«, d.h. frühere Kolonialmächte, an die Zonen der geschichtlichen Nicht-Nationalität stoßen, die im Golf und im östlichen Mittelmeerbereich den größten Teil der arabischen Halbinsel ausmachen und die heute aus Syrien, Jordanien und Israel bestehen.

Es mag merkwürdig erscheinen, eine Region, in der es entschlossene und sogar aggressive moderne Staaten gibt und wo die politischen Kräfte, die die Ereignisse vorantreiben, die Sprache des Nationalismus und der nationalen Befreiung sprechen, als eine zum größten Teil nationenlose Region zu beschreiben. Diese Staaten sind jedoch als Nationen unvollendet; es fehlt ihnen an historischen Wurzeln und an nationaler Ganzheit. Keiner von ihnen ist älter als siebzig Jahre. Jeder ist verletzlich. Kuwait, dessen Invasion durch den Irak den Krieg zwischen dem Irak und dem Westen (und einem Bruchteil des Ostens) auslöste, existiert aufgrund eines zu Beginn des 19. Jahrhunderts getroffenen Abkommens zwischen einem Agenten der englischen Regierung in Indien und einem arabischen Häuptling: es ist das Ergebnis der damaligen englischen Politikbesessenheit, die sich darauf richtete, die kolonialen Verbindungslinien mit Indien zu beherrschen. Die Familie Sabah abu Abdullah bat um Schutz vor den ungebührlichen Forderungen der osmanischen Reichsverwaltung, die nominell über Kuwait herrschte. Die damalige kuwaitische Wirtschaft beruhte auf dem Perlen- und Fellhandel.

Israel existiert zwar dort, wo es in der Antike jüdische Königreiche gegeben hatte, ist selbst aber ein Produkt aus säkularen Kräften und dem romantischen Nationalismus des europäischen 19. Jahrhunderts, demzufolge jedes Volk einen eigenen Staat haben sollte. Theodor Herzl war ein ungarischer Journalist, der über den Antisemitismus erschrak, welcher in Frankreich mit der Affäre Dreyfus zutagetrat, über die er für eine Wiener Zeitung berichtete. Seine Schrift *Der Judenstaat*, in der er einen eigenen Staat für die Juden forderte, regte eine Bewegung an, der im 20. Jahrhundert durch den Versuch der Nazis, die europäischen Juden zu vernichten, eine schreckliche Bedeutung zugemessen wurde. Der Zionismus wurde zu einer sowohl militärischen als auch politischen Kampagne, um den besagten jüdischen Staat gegen die Opposition der Araber und der englischen Regierung (die die Mandatsverwaltung Palästinas aufgrund des Völkerbundes innehatte) zu gründen.

1948 erhielt jedoch nicht nur ein Staat seine Existenz, sondern auch eine jüdische Nation: wiederhergestellt aus der jüdischen Diaspora, an einem Ort angesiedelt, wo die Besetzten, die Palästinenser, keine historische Nation waren, sondern Angehörige der Kultur eines Imperiums und einer »arabischen Nation«. Eine der Folgen des damals beginnenden Kampfes zwischen Palästinensern und Juden war die Schaffung der palästinensischen Nation – die es zuvor nicht gegeben hatte – in der Diaspora. Eine zweite, indirekte Folge war die beinahe tödliche Verwundung einer christlichen libanesischen Nation, die schon vor dem Islam und den arabischen Eroberungen des 7. Jahrhunderts bestanden hatte.

Palästina bildete zusammen mit dem modernen Syrien, mit Jordanien und dem Libanon sowie Teilen des heutigen westlichen Iraks und des nördlichen Saudi-Arabien das, was in der osmanischen Zeit und noch früher als Syrien bekannt war. Aufgrund seines fruchtbaren Bodens und seiner Schlüsselstellung für die Handelswege war dieses Syrien seit Jahrtausenden das Ziel immer neuer Invasionen und Eroberungen gewesen. Die lokale politische Macht war selbst unter der mehr als drei Jahrhunderte dauernden osmanischen Herrschaft zerstreut und umstritten. Die einzige einheimische Kultur, die in dieser Region von Bedeutung war, war die phönizische, die im zweiten Jahrtausend vor Christus auf dem Gebiet des heutigen Libanon entstand. Die einzige »Nation« war der christliche Libanon. Er bestand überwiegend aus römischen Katholiken, die den alten maronitischen, aus Antiochia stammenden Ritus pflegten. Keine der übrigen religiösen Minderheitsgemeinden in Syrien – die Drusen (eine Sekte islamischer Herkunft), Kurden, Armenier, Turkmenen, orthodoxe Christen sowie die islamischen Minderheiten – verfügte über die entsprechende Zahl und die Kraft, um sich in der Neuzeit als Nation durchzusetzen.

Nach 1918 gehörten zu den verschiedenen Staaten, die in den Nachkriegsvereinbarungen formell gegründet wurden, Syrien und der Libanon, die aufgrund des Völkerbundes ihre modernen Grenzen erhielten und französische Mandatsgebiete wurden. Irak und Transjordanien (später das haschemitische Königreich Jordanien) wurden zu Monarchien unter englischem Mandat. Palästina blieb als Mandatsgebiet unter direkter englischer Herrschaft. Jeder einzelne Staat hat zwar seinen eigenen gesellschaftlichen, historischen oder sprachlichen Charakter, aber von den neuen Staaten ist es vor allem der Irak, Erbe der mesopotamischen Kultur, der über die erforderlichen Voraussetzungen für den Nationalitätsstatus [nationhood] verfügte.

Saudi-Arabien hatte überhaupt keine internationale politische Identität bis 1932, als die gegenwärtige Monarchie durch die Wahhabiten gegründet wurde (eine puritanische Sekte von Moslems), deren Führer Ibn Sa'ud die Herrschaft über die Region mehreren anderen Beduinenhäuptlingen abgerungen hatte, darunter Hussein, dem König der Hejaz und Beschützer der

Heiligen Stätten. Husseins Sohn Faisal hatte den Araberaufstand angeführt (T. E. Lawrence war sein militärischer Berater gewesen) und wurde bei den Nachkriegsvereinbarungen zum irakischen König ernannt. Sein Bruder Abdallah wurde König von Transjordanien. Abdallahs Enkel ist der gegenwärtige König Hussein von Jordanien. Nach dem Zweiten Weltkrieg wurden alle diese Staaten unabhängig, mit Ausnahme von Palästina, das wegen des Krieges zwischen den Arabern und den Juden gewaltsam geteilt wurde (die UNO hätte es friedlich geteilt). Der größere Teil wurde zum Staat Israel.

Der Irak hat gewichtige Ansprüche auf nationale Identität und nationale Selbständigkeit, weil der moderne Staat in historischer Verbindung zu einer ebenso bemerkenswerten wie ausgeprägten Vergangenheit steht. Diese reicht mehr als zehntausend Jahre zurück, bis ins Mesolithikum, aus dem die ersten Beweisstücke für Landwirtschaft, mithin für Kultur vorliegen. Die ersten erkennbaren Kulturzonen des frühen neolithischen oder chalkolithischen Lebens vor sechs Jahrtausenden sind die im nördlichen Mesopotamien und Syrien, in Palästina und Anatolien, die noch älter sind als jene im Niltal. Im vierten Jahrtausend vor Christus gab es in Mesopotamien Dörfer und Städte sowie die Anfänge eine urbanen Lebens, mithin Arbeitsteilung, Verteilung von Überschüssen, spezialisierte Handwerker, freie Berufe, die Erfindung der Schrift (durch die Bevölkerung des südlichen Mesopotamiens) und wohl auch des Rades und außerdem die Entdeckung und der Gebrauch der Bronze. Zu den Kulturen, die hier dann aufeinanderfolgten, gehören die sumerische, die akkadische, die babylonische und die assyrische. (Eines der Ziele des irakischen Diktators Saddam Hussein in den achtziger Jahren war die Wiederherstellung der Hängenden Gärten von Babylon.) Die übliche westliche

Vorstellung, die irakische Bevölkerung und die übrigen Araber seien rückständig und ziemlich primitiv, ist ein Urteil, das im Hinblick auf ihren in Bezug auf Europa und die USA relativen Mangel an industrieller und technischer Entwicklung gefällt wird. Mißt man mit anderen Maßstäben, so sind die Amerikaner und die Europäer die Parvenus.

Das osmanische Reich, von dem diese modernen östlichen Mittelmeerstaaten abstammen, war der Nachfolger des frühmittelalterlichen arabischen Scherif-Reiches oder dieser Reiche. Die Osmanlis, ein aus Zentralasien ausgewanderter türkischer Stamm, hatte sich an der Grenze des christlich-byzantinischen Reiches angesiedelt.[1] Es war eine von mehreren solcher türkischen Siedlungen und absorbierte jahrhundertelang die anderen, bewegte sich dann gegen das zerfallende byzantinische System, übernahm mehrere seiner Besitztümer auf dem Balkan und belagerte schließlich Konstantinopel, das 1453 erobert wurde. Im 16. Jahrhundert annektierten die Osmanen Syrien und Ägypten und entwickelten sich zum neuen islamischen »Universalreich«, das noch mächtiger war als die früheren Kalifate der Umayiaden und Abbasiden und in der Neuzeit mächtiger als jede europäische Nation oder jedes europäische Reich – die dieses islamische Universalreich als eine tödliche Gefahr ansahen.

Reiche sind keine Nationen. Sie nehmen Nationen in sich auf und haben expandierende (oder schrumpfende) Grenzen. Ebenso wie Nationen schließen sie ein und nicht aus. Sie sind die geeigneten politischen Vermittlungsinstrumente für religiöse Kulturen. Die moderne Welt fordert allerdings Nationen. Die heute im Mittleren Osten bestehenden Nationen sind alle provisorisch, nicht nur weil sie von den Engländern und Franzosen geschaffen wurden, die 1918-1923 die Friedensverhandlungen im Mittleren Osten durchführten, sondern auch deshalb, weil es nach Meinung vieler Araber eine »arabische Nation« ohne innere Grenzen geben sollte. Die gegenwärtigen Herrscher im Irak und in Syrien, Saddam Hussein und Hafiz al-Assad, sind die Ergebnisse des bedeutendsten modernen Versuchs, diese arabische Nation ins Leben zu rufen. Die Baath-Partei (Partei der Wiedergeburt – einer ihrer Flügel erlangte die Herrschaft im Irak, der andere beherrschte Syrien) sollte eine (damals um 1920) moderne, »nationalistische«, sozialistische (d.h. auf soziale Gerechtigkeit ausgerichtete) und weltliche politische Bewegung sein, um alle Araber in einem modernen Nationalstaat zusammenzufassen. Es ist keine Überraschung, daß diese Partei eine Hervorbringung von in Frankreich ausgebildeten Arabern war, sowie von Arabern aus anderen Minderheiten – Drusen, Alawiten – im Libanon und in Syrien. Die Idee einer arabischen Nation, die durch ihre Sprache und Geschichte und nicht durch die Religion definiert wird, bedeutete für sie das Versprechen der persönlichen Legitimation in einer Gesellschaft, der sie zwar unverkennbar angehörten, aus der sie jedoch aufgrund der Religion ausgeschlossen waren. Eine Fußnote dazu, eine leiser Ton der Ironie in dem, was später in den westlichen Beziehungen zur arabischen Welt geschehen sollte, zeigt sich darin, daß dieses Programm einer arabischen Nation sehr stark vom Beispiel der USA beeinflußt wurde. Das protestantische College in Syrien, heute die Amerikanische Universität Beirut, und die jesuitische Sankt Josephs-Universität in Beirut hatten seit der Mitte des 19. Jahrhunderts ihren Studenten die westlichen Ideen des konfessionslosen demokratischen Staates vermittelt.

Den islamischen Förderern der Modernisierung ist es hauptsächlich gelungen, politische Bewegungen wie die Baath-Partei, die ihrer Natur nach weltlich sind, hervorzubringen und weniger die Reform des Islam selbst sowie die seiner Beziehung zur modernen industriellen Kultur. Die erfolgreichste unter diesen nationalen »Wiederbelebungen« war diejenige der Türkei unter Mustafa Kemal (Atatürk). Im Anschluß an den osmanischen Zusammenbruch begann er damit, das kulturelle Traditionsgefüge der türkischen Gesellschaft aufzulösen, um diese zu modernisieren, indem er die arabische Schrift und die moslemischen Praktiken verbot. Das religiöse Recht und die religiösen Schulen wurden abgeschafft. Diese rücksichtslose Säkularisierung glich dem, was die Bolschewiken in den benachbarten muslimischen Regionen des russischen Imperiums durchführten. Die Türkei ist heute zwar nicht mehr der aggressiv säkulare Staat wie damals – es ist dort eine aktive fundamentalistische Bewegung entstanden –, aber sie bleibt eine säkulare republikanische Nation mit (wenn auch unvollkommen) funktionierenden demokratischen Institutionen. Dasselbe gilt für Ägypten, das nach dem Zweiten Weltkrieg für die wichtigste und kurzfristig auch erfolgreiche arabische Nationalistenbewegung verantwortlich war, nämlich die des Obersten Gamal Abdel Nasser, der 1952-1953 die Macht von der dekadenten Monarchie übernahm, anschließend die Engländer hinauswarf und den Suez-Kanal unter seine Kontrolle brachte. Er war der erste von mehreren bemerkenswerten ägyptischen Führern.

Resa Pahlewi, ebenfalls ein Militär, versuchte in den dreißiger Jahren im Iran zu bewerkstelligen, was Atatürk in der Türkei getan hatte. Er bekämpfte ebenfalls das religiöse Establishment und versuchte eine weltliche (und autoritäre) politische Kultur zu begründen. Auch er betonte die vor-islamische Vergangenheit des persischen Reiches. Sein Sohn, Mohammed Resa Pahlewi, 1979 abgesetzt, versuchte die Bemühungen seines Vaters fortzusetzen, wurde jedoch das Opfer politischer und persönlicher Ansprüche (gefördert durch seine amerikanischen Verbündeten), die seine Mittel überstiegen, sowie von einem Wiederaufleben des religiösen Fundamentalismus im Iran und anderswo, das das Resultat einer Krise sowohl des religiösen als auch der politischen Kultur des Islam war.

Unmittelbarer Anlaß für die Krise war die erzwungene Gründung Israels, eines im Grunde europäischen Staates (Aschkenasier; die sephardische Population Israels traf zum größten Teil erst später ein) im Heiligen Land, wo die islamischen Völker seit Saladins Eroberung des römisch-katholischen Königreichs Jerusalem im Jahre 1187 dominiert hatten. Die Palästinenser, die umgesiedelt wurden, um für Israel Platz zu schaffen, sannen später auf Rache. Dieser Vorgang radikalisierte die arabische Politik, führte erneut den Terrorismus in die internationale Politik ein, löste drei Kriege zwischen den arabischen Staaten und Israel aus sowie eine Form von Bürgerkrieg zwischen den Palästinensern in den besetzten Gebieten und den israelischen Behörden und Siedlern; er führte im Libanon zum Bürgerkrieg, zum Zerfall der Nation und zur Besetzung. Er verwandelte die USA als Förderer Israels in der ganzen Region in ein Objekt des Volkszorns.

Die USA waren das Ziel eines mit Faszination verbundenen Hasses und zugleich die Verkörperung des kulturell und wirtschaftlich aggressiven modernen Westens, dessen Herausforderung gegenüber der islamischen Gesellschaft schon vor der Gründung Israels der Hauptgrund für die Krise gewesen war. Diese Krise hängt mit der Fähigkeit einer Kultur zusammen, auf historischen Wandel zu reagieren. Islam, Judentum und Christentum sind heute die dominierenden Religionen der Menschheit, weil sie in einer Weise intellektuell lebendig sind, wie es Hinduismus und Buddhismus nicht sind. Alle sind sie kämpferische, selbstsichere und historisch intolerante Wertsysteme und Lebensformen. Für den Islam läßt sich die religiöse Überzeugung jedoch nicht mehr in eine kulturelle oder politische Selbstsicherheit umsetzen.

Das Unbehagen in der islamischen Gesellschaft über die islamische Lebensweise im 20. Jahrhundert geht auf zwei zusammenhängende Probleme zurück. Das erste besteht in dem Unvermögen des Islams, eine moderne Konzeption der Politik und Regierung zu formulieren, die den Umgang mit einer an materiellen, organisatorischen und wissenschaftlichen Mitteln sehr viel mächtigeren nicht-islamischen Welt ermöglichen würde. Das zweite Problem ist die praktische Folge dieses Machtunterschieds, des kolonialistischen Erbes: das Ressentiment und das Gefühl der Ohnmacht, das die Beherrschung des Islam durch den Westen seit dem späten 18. und dem frühen 19. Jahrhundert erzeugte – seit der Eroberung des indischen Mogulreiches durch die Engländer und der Durchsetzung ihrer Herrschaft über Persien und Ägypten, seit der Eroberung Nordafrikas durch die Franzosen und der Eroberung und Auflösung des osmanischen Reiches. Dazu kommt noch die wiederholte militärische Demütigung der Araber durch Israel seit dem Krieg von 1948 und die Besiegung des Irak, des stärksten Araberstaates, durch eine Koalition zwischen den USA und den europäischen Mächten, die von der Sowjetunion unterstützt wurde und sogar in der arabischen Welt Bündnispartner fand. Die politisch-psychologische Wirkung dieser Krise wurde noch dadurch verstärkt, daß die arabischen Staaten aufgrund dieses Konflikts, der durch den aggressiven Akt eines arabischen Staates gegen einen anderen ausgelöst wurde, untereinander gespalten waren. Saudi-Arabien, Ägypten, Syrien, Marokko und die Golfstaaten unterstützten die Intervention der UNO. Sie war ein weiterer Beweis für die Spaltung und die Ohnmacht der Araber.

Vor dem Zweiten Weltkrieg schrieb Arnold Toynbee, daß die Moslems, die sich vor etwa dreizehn Jahrhunderten dem »stolzen, aber unbewiesenen Glauben« verpflichtet hatten, Gott habe ihnen in ihrer Religion die Versicherung eines einzigartigen Schicksals in dieser und in der anderen Welt gegeben, »mit der Kraft dieses Glaubens in ihrer früheren Geschichte gewaltige Taten vollbracht und genügend Zeit gehabt hatten, auch schwierige Tage durchzustehen, aber die Schwäche ihrer Reaktion auf die jüngsten Widerwärtigkeiten weist darauf hin, daß die Lehre von der Vorbestimmtheit ebenso gut in der Lage ist, die *Moral* im Unglück verkümmern zu lassen, wie sie sie anzuspornen vermag, so lange die auftretenden Schwierigkeiten im Bereich einer wirksamen Antwort auf sie liegen«. Im Blick auf das Elend des »enttäuschten Anhängers der Prädestinationslehre«, der entdeckt hat, daß Gott am Ende vielleicht doch nicht auf seiner Seite steht, zitierte Toynbee aus den *Rubaijat*:

> »Ein Schachspiel, das den Hohen Herrn vergnügt
> auf diesem Brett aus Nacht und Licht gefügt;
> darauf er uns bewegt, bedroht und schlägt –
> bis alles wieder stumm im Kasten liegt.«[2]

Dem Phänomen der revolutionären islamischen Reinheits-oder Fundamentalismusbewegung, die in der religiösen Orthodoxie und im theokratischen Staat nach einem Heilmittel für die Machtlosigkeit des Islam sucht, liegt ein Gefühl des Opfers und der Ohnmacht zugrunde. Der islamische Fundamentalismus ist die Reaktion auf eine Krise des politischen und historischen Bewußtseins im Islam, die bereits zu Beginn dieses Jahrhunderts noch vor dem osmanischen Zusammenbruch einsetzte und durch die neueren militärischen und politischen Auseinandersetzungen mit Israel und den anderen Westmächten nur noch verschärft wurde.

Die Ursprünge des Islam im sechsten Jahrhundert liegen in einer arabischen Reaktion auf ausländische Eingriffe von seiten Abessiniens, Persiens und des byzantinischen Reichs in der Zeit vor Mohammeds Geburt im Jahre 570. Diese Reaktion war sowohl eine patriotische als auch eine religiöse Bewegung, die nach dem Wort eines eduardianischen Gelehrten ein »Arabien für die Araber« forderte. Mohammed einte Arabien, und bei seinem Tod im Jahre 632 war die Fremdherrschaft in Arabien zerschlagen. Der erste Krieg, den die Kalifen führten, richtete sich gegen die Perser – um den Irak zu unterwerfen, der damals zu Persien gehörte. Der Zusammenhang mit den neuerlichen Ereignissen in den letzten Jahren braucht nicht betont zu werden.

Der religiöse Determinismus des Islam war eine große Machtquelle, so lange die Dinge gut liefen, ebenso wie es später der Determinismus für die prädestinationsgläubigen Calvinisten und Marxisten war, »der die gleiche Gier nach einer Garantie dafür stillte, daß die Kräfte des Universums auf der Seite der Auserwählten stehen«, wie R. H. Tawney sagte. So wie der Calvinismus dem Bürgertum des 16. Jahrhunderts und der Marxismus dem Proletariat des 19. und 20. Jahrhunderts (und den Intellektuellen aus der Mittelschicht, die sich zu Führern des Proletariats ernannten) »das Gefühl vermittelte, ein auserwähltes Volk zu sein (...), ihnen ihr großartiges Schicksal im Plan der Vorsehung bewußt machte und ihnen die Entschlossenheit gab, diesen zu verwirklichen«, so regte der islamische Glaube an einen vorbestimmten Sieg in der Frühzeit des Islam eine kaum aufzuhaltende Expansion an. Von der arabischen Halbinsel aus strömten die Araber in der einen Richtung nach Gibraltar, Spanien und Frankreich und in der anderen beinahe bis nach China aus. Sobald sie jedoch einmal aufgehalten wurden und die europäischen Mächte gegen sie eine neuartige Macht der Organisation und der Technik einsetzten, auf die sie keine adäquate Antwort hatten, kehrte sich die Wirkung ihres Glaubens an die Vorsehung um, und es kam ein zerstörerischer Zweifel auf, der sie bis heute bedrückt: daß die Niederlage schließlich doch unvermeidlich sei.

Das arabische Reich war ein politisch differenziertes Reich, auch wenn sich das Machtzentrum des »Universalreichs« von Bagdad nach Damaskus und schließlich in das osmanische Istanbul verlagerte. Die islamische Zivilisation besaß eine reiche Literatur und Philosophie und eine fortgeschrittene theoretische Wissenschaft. Sie verfügte über die hochentwickelte Technik von damals und über eine militärische Organisation, die jene des mittelalterlichen Europa noch übertraf. Sie wehrte sich gegen die Kreuzzüge und gewann die Schlachten der islamischen Expansion in Spanien, Frankreich und Osteuropa. In Poitiers, Lepanto, Wien – an den großen Wendepunkten – stand für die Christen alles auf dem Spiel, und sie gewannen nur knapp. Hätten die Venezianer und Spanier bei Lepanto, die Franzosen in Poitiers und die Österreicher und Polen in Wien versagt, dann könnten die westlichen Leser des vorliegenden Buches heute durchaus Muslime sein. Bei Gibbon gibt es eine berühmte Passage über die Möglichkeit, daß in den Schulen von Oxford der Koran gelehrt werden würde, wenn Karl Martell verloren hätte.[3]

Der eigentliche Grund für die erfolgreiche Verteidigung des Westens und den späteren Sieg über den Islam war freilich nicht die militärische Schlagkraft des Westens. Es war die Fähigkeit Europas in der Renaissance und später in der Aufklärung, die Grundlagen der eigenen Religion und Zivilisation im Lichte des Denkens sowohl der heidnischen Antike als auch eines philosophischen und wissenschaftlichen Rationalismus zu überprüfen. Im Hinblick auf die materielle Macht gingen die Europäer von einer handwerklichen Technik und einer theozentrischen Wissenschaft zur industriellen Technik und Produktion sowie zur empirischen Wissenschaft über. Warum dieser Übergang sich gerade in Europa vollziehen sollte und nicht in der islamischen Welt, hat zum Teil zweifellos mit bloßen Zufällen der Geschichte und der intellektuellen Entwicklung in den verschiedenen Gesellschaften zu tun. Außerdem besteht ein Zusammenhang mit den gesellschaftlichen und kulturellen Wurzeln der beiden Zivilisationen. Die jüdische und christliche Bibel beginnt in der Schöpfungsgeschichte mit dem Auftrag Gottes an Adam, sich die Erde und ihre Geschöpfe untertan zu machen; seither zeichnet sich die westliche Zivilisation durch einen erforschenden und ausbeutenden Zugang zum Reich der Tiere und zum materiellen Universum aus. Der westliche Glaube, daß die Welt und die Geschichte sich zum Nutzen des Menschen beherrschen ließen, hat darin seinen Ursprung. Deshalb die großen Forschungsreisen der Spanier, Portugiesen und Engländer und auch der intellektuelle Wagemut, der schon im Mittelalter weltliche Erklärungen für astronomische und physikalische Kräfte, Entwürfe für Flugmaschinen und Gedanken zu einer natürlichen Energie hervorbrachte. Gewiß gab es solche Ideen auch schon bei den alten Griechen. Ikarus gehört einer besonderen, damit übereinstimmenden westlichen Tradition an, die Grenzen herauszufordern, wie sie mit Bezug auf eine andere griechische Gestalt beschrieben wird: Prometheus. Der Raub des Feuers durch die Griechen hat uns die Kernexplosion gebracht. Das Erbe des Westens ist, wie man zugeben muß, ein zweideutiges Erbe.

Die Gleichsetzung von Religion und Zivilisation in der islamischen Gesellschaft verhindert eine Lösung ihrer heutigen Probleme. Das Christentum unterschied von Anfang an zwischen Religion und der politischen, weltlichen Ordnung. Es gab Dinge, »die des Kaisers sind«[4] – die dem Kaiser, dem Herrscher über eine autonome politische und gesellschaftliche Ordnung rechtmäßig zustanden. Aufgrund dieser Unterscheidung war es möglich, daß sich in Europa ein säkulares Wissen und eine säkulare Kultur entwickeln konnten und daß der Einfluß der Religion weitgehend ausgeschaltet werden konnte. (Wie umfassend oder wie dauerhaft diese Preisgabe der Religion sein wird, ist eine andere Frage. Wie ein medizinischer Theoretiker und Praktiker aus Wien sagte, der diese Entwicklung stark beeinflußte, gibt es eine Wiederkehr des Verdrängten.)

Der Islam ist eine priesterlose, nichthierarchische Religion, weitgehend ohne eine moderne spekulative Theologie. Dieses Fehlen hat das intellektuelle und wissenschaftliche Nachdenken gehemmt, das vielleicht zum Zweifel an der religiösen Deutung von Naturphänomenen hätte führen können, wie dies im Westen geschah, das aber auch eine energischere Antwort auf die intellektuelle Herausforderung durch den Westen ermöglicht hätte. Die erstaunliche Blüte der arabischen Philosophie im frühen Mittelalter, vor allem bei Avicenna und dem Spanier Averroes, verwelkte gegen Ende des 12. Jahrhunderts in der Wiederbelebung religiöser Orthodoxie und Intoleranz, die mit dem wachsenden Einfluß der vor kurzem bekehrten türkischen Völker aus Zentralasien aufkamen. Die Denker, die mit der Tradition der griechischen Antike verbunden waren, wurden zum Schweigen gebracht. (Der spätere Einfluß von Averroes wirkte sich hauptsächlich auf die aus Spanien vertriebenen jüdischen Gelehrten im Languedoc und in der Provence sowie auf die christlichen Denker Albertus Magnus, Thomas von Aquin, Duns Scotus und Roger Bacon aus. Der umgedeutete Averroismus wurde an den Schulen Norditaliens zur Philosophie des christlichen theologischen Skeptizismus und des neuen wissenschaftlichen Denkens.)

Es liegt eine gewisse Ironie darin, daß es arabische Gelehrte waren, die vom neunten bis zum zwölften Jahrhundert die griechische Philosophie am Leben erhielten, sie in das mittelalterliche Europa übermittelten und es Thomas von Aquin ermöglichten, ein rationalistisches theologisches und philosophisches System zu entwickeln, welches das griechische Denken mit dem christlichen versöhnte: eine vergleichbare Leistung ist dem Islam nicht gelungen. Nach Thomas von Aquin gibt es zwei Quellen der Erkenntnis: die menschliche Vernunft, die Aristoteles verkörperte, und die göttliche Offenbarung, wobei letztere zwar zu bevorzugen sei, erstere jedoch ihren eigenen uneingeschränkten Wert besitze. Damit erlangte der weltliche Verstand eine selbständige Autorität, und er ermöglichte eine philosophische Antwort auf die entstehende moderne Welt, die im Islam keine Entsprechung fand.

In ihm blieb und bleibt die Philosophie ebenso wie die Literatur an den Koran gebunden. Es gibt zwar eine politische Philosophie und sogar eine politische »Wissenschaft« des Islams in dem Sinne, daß die Eigenart der Herrschaft sowie die Probleme der Autorität und der Verwaltung Gegenstände des Denkens seit den klassischen Zeiten des Islam geblieben sind, und auch die politische Philosophie der Griechen wurde in die arabische Literatur über das Regieren aufgenommen. Wie der hervorragende Islamforscher Bernard Lewis sagt, liegt in der islamischen Welt »die Hauptfunktion der Regierung darin, dem einzelnen Muslim zu ermöglichen, ein gutes muslimisches Leben zu führen. Das ist letztlich der Zweck des Staates, für den allein er von Gott gegründet wurde und wofür die Staatsmänner schließlich auch die Hoheit über andere Menschen erhalten. Der Wert des Staates sowie die guten und schlechten Taten der Staatsmänner werden daran gemessen, wie weit dieser Zweck erfüllt wird.«

Diese Auffassung hat die Entwicklung geeigneter Konzeptionen einer modernen Politik deutlich verhindert, auch wenn die tatsächlichen Praktiken der modernen westlichen Nation, und zwar oft die schlechtesten unter ihnen, von den Oberhäuptern der modernen Staaten im Mittleren Osten übernommen wurden. Es ist ja bezeichnend, daß der Schah von Persien, Saddam Hussein im Irak, einige moderne Führer in Ägypten und Atatürk in der Türkei versuchten, ihre Herrschaft mit der vormuslimischen Geschichte in Verbindung zu bringen: mit den alten persischen Königen, mit Mesopotamien, mit dem Ägypten der Pharaonen, usw. Wenn strenggläubige Muslime ohne westliche Systeme und Ideen zu herrschen versuchen, stehen sie vor den ungelösten Problemen der jungen iranischen Intellektuellen um den Ayatollah Ruhollah Chomeini in den siebziger Jahren: wie soll eine »islamische Ökonomie«, eine »islamische Finanzwirtschaft«, eine islamische Art des Industriemanagements definiert werden?

Sicherlich ist es auch von Bedeutung, daß zu den frühen Anhängern des Islam Nomaden mit einer vorwiegend mündlichen und literarischen Kultur gehörten. Dies führte zu einem großen Durcheinander in den rhetorischen Wortgefechten, die im 20. Jahrhundert zwischen Palästinensern und arabischen Hauptstädten einerseits und den westlichen Regierungen andererseits geführt wurden. Lewis stellte fest, daß während des Golfkriegs zwischen Irak und Iran in den achtziger Jahren die Propaganda auf beiden Seiten »häufige Anspielungen auf Ereignisse des siebten und achten Jahrhunderts machten. Es besteht kaum ein Zweifel, daß diese Hinweise von der großen Mehrheit der Bevölkerung auf beiden Seiten und auch anderswo in der muslimischen Welt erkannt wurden und daß die Wirkung dieser Anspielungen sehr wohl verstanden wird.«[5]

Das wissenschaftliche und technische Scheitern der islamischen Zivilisation spiegelt wohl die weitgehend fixierten technischen Ansprüche des arabischen Reiches wider, das seine Herkunft im Nomadentum hat; vielleicht fehlte deswegen eine Weiterentwicklung, weil mit Ausnahme des militärischen Bereichs keine große Nachfrage bestand. Allerdings war die arabische Wissenschaft und die Mathematik des Frühmittelalters weiter fortgeschritten als in Europa. Die Lücke trat zwischen dem Spätmittelalter und dem 17. Jahrhundert auf. Welches auch immer die Erklärung dafür ist, und eine einfache Erklärung gibt es nicht, der Westen übertraf in seiner Fähigkeit zur wissenschaftlichen Weiterentwicklung und zur Organisation der Gesellschaft und der Verwaltung die islamische Gesellschaft ganz deutlich: der Westen brachte eine moderne Industrietechnik, moderne Formen der Regierung und der internationalen Gesellschaft sowie die moderne spekulative und analytische Verstandeskultur hervor.

Anstrengungen, mit diesem Problem fertigzuwerden, wurden von islamischen Intellektuellen und Gelehrten in Süd-und Zentralasien sowie im Mittleren Osten seit dem 19. Jahrhundert und schon früher unternommen. In Aligarh (Indien) wurde 1875 ein »anglo-orientalisches« College nach dem Vorbild von Cambridge gegründet, wo jedoch in Urdu unterrichtet wurde. Ähnliche Unternehmungen wurden von tatarischen Kaufleuten im Tal der Wolga und in anderen muslimischen Regionen des russischen Imperiums gefördert. Modernisierer waren in der Al-Ashar-Universität in Kairo am Werke sowie in Algerien, wo viele gebildete Algerier den Islam zugunsten der französischen Zivilisation preisgaben. Diese Bemühungen stießen jedoch auf das Problem, mit dem es Modernisierer überall in der nichtwestlichen Welt zu tun bekommen (nicht nur in der islamischen Welt). Wenn man die nichtrealisierbare Alternative einer reaktionären Wiederbelebung ausschließt – was die islamischen Fundamentalisten heute vollziehen wollen, auch wenn sie damit scheitern werden –, und wenn man andererseits die restlose Bekehrung zu westlichen Ideen und Maßstäben ablehnt, dann bleibt die Notwendigkeit übrig, eine Synthese der Zivilisationen vorzunehmen.

Dabei handelt es sich um ein überaus ambitiöses Unternehmen, dem selbst dann, wenn es ganz oder auch nur beinahe gelingt, wahrscheinlich immer noch die Authentizität und die praktische Durchsetzbarkeit als Programm für das gewöhnliche Volk in der Hinsicht fehlt, daß es eine durch und durch religiöse Gesellschaft bleibt. Es gibt Hunderttausende von gebildeten Muslimen, die kreative individuelle Synthesen der islamischen und der westlichen Einflüsse und der Erziehung geleistet haben. (Es gibt viele andere, für die diese Bemühung eine destruktive Erfahrung war.) Was für das Individuum wirksam ist, erwies sich bisher jedoch nicht als ein schlüssiges Programm für eine ganze Gesellschaft. Die Verwestlichung oder »Synthese«, die zur Zeit die Massen in der islamischen Welt sowie in einem großen Teil der nichtwestlichen Welt zu verschlingen droht, ist eine *junk westernization*, eine Verwestlichung durch den Schund: sie werden überschwemmt von einer Flut kommerzieller westlicher Massenkultur, gewöhnlich aus den USA, und abgeschnitten von der Zivilisation, die sie herstellte und (vermutlich) auch zu handhaben weiß.

Der »nationale« Kampf der islamischen Länder, die Bewegungen des »arabischen Nationalismus«, die kommen und gehen, und auch die Idee der »arabischen Nation« selber sind samt und sonders Ausdruck einer Krise, die mit der modernen Nation kaum etwas zu tun hat, sondern vielmehr die einer Religion und ihrer Beziehung zur modernen säkularen und wissenschaftlichen Zivilisation des Westens ist. Der Kummer (und die Trauer) des modernen Islam, seine Paranoia und sein Mißtrauen, sind daraus hervorgegangen.

Der islamische Fundamentalismus ist eine Form des »nationalen« Widerstandes, eine Behauptung der politischen Autonomie und Unabhängigkeit gegenüber den Westmächten sowie der Versuch, eine beeinträchtigte kulturelle Unabhängigkeit und Ganzheit wiederzugewinnen, in welcher der Status als Staat oder als Nation lediglich ein Mittel zum Zweck ist. Der Iran, wo die fundamentalistische Bewegung zuerst an die Macht kam, war stärker als jedes andere Land des Mittleren oder Nahen Ostens das Opfer der westlichen Vorherrschaft. Bereits im 17. Jahrhundert geriet er unter den direkten Einfluß Großbritanniens, das entschlossen war, die Landverbindungen nach Indien unter seiner Kontrolle zu behalten. Die USA übernahmen um 1950 die Rolle Großbritanniens und brachten den jungen Schah wieder an die Macht, gegen eine echte nationalistische Bewegung, die sowohl das Öl als auch die Regierung Persiens/Irans unter iranische Kontrolle bringen wollte. Drei Jahrhunderte ausländischer Eingriffe hatten bis 1960 einen Zustand herbeigeführt, der einer politischen Paranoia bei den Iranern gleichkam: sie waren überzeugt, daß sie jede Verfügungsgewalt über ihr eigenes Schicksal verloren hatten. Selbst die größenwahnsinnigen, von Richard Nixon und Henry Kissinger zynisch geförderten Pläne von Mohammed Reza Schah für den Iran, die »fünfte Supermacht« der Welt zu werden (nach den USA, der UdSSR, Japan und dem vereinigten Europa), wurden von den übrigen Iranern als eine Phantasie aufgenommen, die den Interessen und Werten des Iran fremd war. Der Schah versuchte sein Regime symbolisch immer enger mit den vorislamischen Dynastien Persiens zu verknüpfen, und zwar um so stärker, als die Wirtschaftsentwicklung und die Bevorzugung materieller Werte in seinem Iran die islamischen Normen des Glaubens und der Tugendhaftigkeit aushöhlten. Die fundamentalistische Reaktion war ebensosehr eine Ablehnung dieser Bemühungen wie eine Revolte gegen die Macht, die die USA sich in der iranischen Regierung und Wirtschaft angeeignet hatten.

Sie war ein der Hoffnungslosigkeit entsprungener Akt der kulturellen Verzweiflung. Sie versprach ein erneuertes Goldenes Zeitalter des Islam, doch dieses ist unerreichbar.

In der gesamten islamischen Welt entstand die fundamentalistische Bewegung aus dem Scheitern des säkularen Nationalismus. Der Traum von der arabischen Nation endete in den elenden Diktaturen im Namen der Baath-Partei in Syrien und im Irak. Der revolutionäre »arabische Sozialismus« verhängte Militärdiktaturen über Ägypten und Algerien, die Programme zur Entwicklung der Schwerindustrie von einer verhängnisvollen Bedeutungslosigkeit durchführten. Die Regimes, die in dem halben Jahrhundert nach dem Zweiten Weltkrieg überlebt haben, sind die konservativen Monarchien in Saudi-Arabien, in Jordanien und Marokko. Die Legitimität des Monarchen ist jeweils mit seiner religiösen Rolle als Nachkomme des Propheten oder als Beschützer der Heiligen Stätten verbunden. Allerdings gibt es berechtigten Zweifel daran, ob diese Dynastien überlebensfähig sind, wenn ihre jetzigen Oberhäupter einmal verschwunden sein werden.

Da sich ein Goldenes Zeitalter nicht wiederherstellen läßt und die kulturelle Krise sich unter dem Angriff der verwestlichten Konsumentenhaltung und der Massenkommunikation noch verschärft, wobei die bestehenden Regierungen unfähig sind, auf die westliche Herausforderung positiv zu reagieren, muß wohl angenommen werden, daß die Krise im Mittleren Osten sich noch weiter zuspitzen wird. Die fundamentalistische Bewegung ist praktisch das einzige verfügbare Hilfs- oder Tröstungsmittel, zumindest für die Massen der islamischen Gesellschaft. Die Intellektuellen haben die Möglichkeit einer persönlichen Synthese der verschiedenen Einflüsse und sogar die des Exils, doch das hilft der islamischen Gesellschaft im Ganzen nichts.

Deshalb ist es schwierig, in der islamischen Welt etwas anderes als einen ständigen inneren Konflikt und für eine gewisse Zeit den unablässigen Fortgang des Fundamentalismus als ein Mittel zur Abwehr der westlichen Bedrohung der überkommenen Werte des Islam zu sehen. Dieser Versuch wird zwar nicht gelingen, aber daß er nicht gelingen wird, ist vielleicht wichtig. Der Islam wird seinen Weg durch die Krise finden, die auf das Scheitern zurückzuführen ist, ein weltliches Denken und eine politische Theorie zu entwickeln, eine moderne Wissenschaft, eine Theologie, die in der Lage ist, mit der nachaufklärerischen intellektuellen Gesellschaft des Westens einen ernsthaften Dialog zu führen. Die Gewalt und der gelegentliche Terrorismus, die mit der fundamentalistischen Bewegung einhergehen, werden sich hauptsächlich auf die islamischen Länder auswirken.

Das Hauptmerkmal des Fundamentalismus ist, daß er defensiv ist und isolationistisch und vor allem damit beschäftigt, den Islam gegenüber dem Westen abzuschirmen. Er ist nicht expansiv: die Fundamentalisten träumen in der Regel nicht davon, die westlichen Gesellschaften zu überrennen, selbst wenn dies möglich wäre. Sie fliehen vor dem Westen. Warum sollten sie noch mehr vom Westen in ihre religiösen Grenzen aufnehmen wollen? Sie möchten die im Westen lebenden Muslime zu ihren Werten bekehren, um ihr Mitgefühl und ihre Unterstützung zu gewinnen oder um sie dahin zu bringen, zu ihrem Glauben und zu ihrer Sicherheit in die islamischen Länder zurückzukehren. In dieser Hinsicht gleichen die Fundamentalisten den Zionisten. Sie haben nicht die Vorstellung, andere Völker zu bekehren. Sie wollen ihr eigenes Volk sammeln und radikalisieren sowie ihre eigene Gesellschaft verteidigen und stärken. Allerdings bieten sie keine grundlegende Lösung für die Probleme des Islam an. Ihre Vergangenheit, ihr islamisches Goldenes Zeitalter, ist ebenso unwiderbringlich wie das integrale Christentum des westlichen Mittelalters für die Menschen, die im modernen Amerika oder Europa leben.

Die Erfahrung des Islam während der vergangenen drei Jahrhunderte ist eine Erfahrung der intellektuellen und moralischen Unterwerfung unter den Westen. Die Niederlagen des Islam wurden freilich niemals als endgültig akzeptiert und lassen sich deshalb auch nicht als zwingend betrachten, auch nicht von denen im Westen, die weiterhin in der dominierenden Position bleiben. Die integristische oder fundamentalistische Bewegung ist eine weitere Verleugnung der Niederlage; eine typische, wenn nicht gar verhängnisvolle. Die weltlichen, militarisierten und quasi-sozialistischen arabischen oder panarabischen »Nationalistenbewegungen«, die in Bagdad, Damaskus und Algier immer noch an der Regierung sind, während das Ende des 20. Jahrhunderts näher kommt, sind ebenfalls Formen des Widerstands, wenn auch nicht erfolgreichere. Zusammen mit den Diktaturen bestätigt die fundamentalistische Bewegung mit ihrem rasenden, ja hysterischen Widerstand gegen westliche Einflüsse und gegen all jene in der islamischen Gesellschaft, welche die Fundamentalisten als vom Westen kompromittiert ansehen, die – freilich vorläufige – intellektuelle Besiegung eines Volkes und einer Religion durch eine andere Zivilisation, eben den Westen, mit der die erste immer schon in einem engen Zusammenhang und in einem moralischen Konkurrenzverhältnis gestanden hat.

6 Asiatischer und afrikanischer Nationalismus

Nur mit Unbehagen spricht man im Hinblick auf Asien von Nationen oder auch von Imperien, denn abgesehen von den dort geschaffenen europäischen Imperien ist nicht klar, ob das, was dort früher bestand, in einer für die heutige politische Diskussion brauchbaren Bedeutung Nationen oder Imperien waren. China war eine von einer zentralistischen Bürokratie beherrschte Zivilisation. Aus unserer anachronistischen Sicht kann man China zwar als Imperium oder als Nation betrachten, aber gewiß waren die Chinesen sich nicht bewußt, von der unvermeidlichen Ordnung der Dinge abzuweichen.

Anscheinend sagt man besser, es gab und gibt in Asien Zivilisationen, die ihrer Eigenart nach agrarisch, kulturell und moralisch sind und die zwar alle eine selbständige politische Existenz haben, aber in der Vergangenheit keine nationale Existenz hatten; und sicherlich waren sie frei von Nationalismus. Ein Selbstbewußtsein als spezifische politische Entitäten hatten sie nur an jenen fernen Grenzen, wo sie anderen Zivilisationen – oder häufiger noch an Kultur und politischer Stärke unterlegenen »Barbaren« – begegneten. Diese galt es entweder zu erobern, zu unterwerfen und zu Abgaben zu zwingen oder sie zu assimilieren. China und Indien erlebten beide »barbarische« Eroberungen durch Nomaden aus Zentralasien: die Mandschu und Moguln. Weder China noch Indien gaben die eigene Identität oder kulturelle Selbständigkeit auf, sondern sie »zivilisierten« die Invasoren und besiegten sie, indem sie die Mandschu in Chinesen und die Moguln in Inder verwandelten – in höherstehende Formen der Menschheit, wie schließlich alle zu glauben bereit waren. Die Eroberer ließen ihren früheren Zustand als derbe Steppennomaden gerne hinter sich.

Das Bestehen und die überragende Bedeutung dieser Imperien wurden von ihren Angehörigen als die eigentliche natürliche Ordnung angesehen, zu der es keine ernstzunehmende Alternative gab. Was außerhalb dieser Zivilisation bestand, mochte zwar Neugier erwecken, aber sicherlich kein großes Interesse. In China und Japan (das wie Korea in kultureller Hinsicht China verpflichtet war) war es zwar etwas Neues, daß schlechtriechende Fremde im christlichen 16. Jahrhundert an seinen Ufern landen sollten, um einen Handel im Tausch gegen ihre raffinierten Waren, ihre Gewürze und Rohstoffe vorzuschlagen, aber diese Erscheinung hielt man damals keiner seriösen Betrachtung wert, sondern erst viel später – zu spät, wie sich für die Chinesen dann herausstellte.

Die Japaner waren vorsichtiger als die Chinesen (oder die indischen Fürsten). Als sie feststellten, daß die christlichen Europäer sich im 16. Jahrhundert bereits auf den Philippinen niedergelassen hatten, in einer wenig kultivierten und nicht zentralisierten malaiischen Gesellschaft, beschlossen die Japaner, sich abzugrenzen und die Europäer endlich aus ihrem Land auszuschließen, und sie verfolgten oder töteten die zum Christentum bekehrten Japaner. Die Chinesen hatten mehr Selbstvertrauen oder waren arroganter, und dafür mußten sie im 19. und 20. Jahrhundert dann zahlen.

Im 19. Jahrhundert vollendeten die europäischen Mächte das, was Portugal und Spanien im 15. Jahrhundert begonnen hatten. Sie hatten jeden für sie erreichbaren Landstrich in Afrika und Asien überrannt. Der Imperialismus veränderte das Afrika südlich der Sahara, das zuvor lediglich durch den Aufstieg und den Fall genau umgrenzter Königreiche gestört worden war, die zwar Kunst hinterließen, aber keine Wörter. Er unterbrach die Kreisläufe der großen asiatischen Zivilisationen, so wie zuvor schon die der Azteken und der Maya in Amerika, wobei letztere zerstört und erstere dazu gezwungen wurden, sich dadurch zu verteidigen, daß sie sich eine andere Vorstellung von sich selbst bildeten. Dies gelang ihnen auch, und so verwandelten sie sich, nach großem Leid und vielen Kämpfen, in politische Nationen nach europäischem Vorbild. China, Indien und Persien waren nur imperiale Zivilisationen gewesen. Im 20. Jahrhundert wurden sie zu Nationen. Der asiatische Nationalismus ist deshalb ebenso eine moderne Erscheinung wie der europäische. Was vor dem 20. Jahrhundert in Asien bestand, war Widerstand gegen den Kolonialismus und im Grunde gegen das Eindringen Europas, und dieser Widerstand war eher kultureller als politischer Art.

Der westeuropäische Imperialismus war keine nationale Vergrößerung als Selbstzweck, da die europäischen Mächte nicht die Absicht hatten, Überseegebiete zu annektieren, um diese zu einem Teil ihrer selbst zu machen (wie es zum Beispiel die Römer getan hatten; daß Frankreich Algerien in eines seiner *départements* verwandelte, war eine Ausnahme und zudem ein schwerer Fehler, wie der Krieg von 1954-1962 später zeigte). Sie wollten den Zugang zum Handel und zu Rohstoffen, eine erweiterte Militärmacht, die Ausbreitung der christlichen Religion, größeres Ansehen und eine Ausstrahlung ihrer eigenen Zivilisationen.

Dies traf auf das andere europäische Imperium, das in den Erörterungen über den Nationalismus häufig vergessen wird, nicht zu: Rußland. Der russische Imperialismus war ein vom Nationalismus angetriebener Imperialismus, der für Rußland ein Zentralasien annektierte, dessen meist nomadische Völker fünfhundert Jahre früher selbst »das größte zusammenhängende Landimperium beherrscht hatten, das es bisher gegeben hatte«. Im 13. und 14. Jahrhundert erstreckte sich das Mongolenreich »zur Zeit seiner größten Ausdehnung von Korea bis Ungarn und schloß mit Ausnahme von Indien und dem Südosten des Kontinents den größten Teil Asiens sowie ein großes Stück von Osteuropa ein (...) wobei es lediglich eines in einer ganzen Reihe von großen Steppenreichen war, wenn auch bei weitem das ausgedehnteste« (um einen zeitgenössischen Historiker zu zitieren, einen Spezialisten für die Mongolen: David Morgan von der University of London).

Der Untergang dieses Reiches und die anschließende Eroberung der westlichen Mongolei durch Rußland ist darauf zurückzuführen, daß ihm die Fähigkeit zur Weiterentwicklung abging; seine plumpen Organisations- und Verwaltungsmethoden vermochten den Anforderungen, eine so gewaltige Eroberung zu beherrschen, nicht genügen. Seine Kosmologie war primitiv, seine Religion – ein Schamanismus, zu dem das Blutopfer gehörte – wurde im Osten schließlich durch einen aus Tibet eingeführten buddhistischen Lamaismus ersetzt. Dies gehörte zu dem Prozeß, durch den China dann die östliche Mongolei absorbierte, während die westliche Mongolei muslimisch wurde und nach einem langen Zeitabschnitt der Isolation und der Vergessenheit dann im 18. und 19. Jahrhundert schließlich in russischen Besitz überging bzw. unter die indirekte Herrschaft Rußlands fiel.

Heute gibt es innerhalb der chinesischen Grenzen mehr Mongolen als in der Mongolei selbst, während die eigentliche Mongolei nach 1920 zu einer Volksrepublik unter bolschewistischer Herrschaft wurde, auch wenn sie nach wie vor zum größten Teil von Mongolen regiert wird. Nichts von dem, was mit der Mongolei vor dem Anspruch auf Unabhängigkeit geschah, der beim Zusammenbruch des Sowjetsystems erhoben wurde, läßt sich in der Sprache der Nation und des Nationalismus angemessen beschreiben. Sieben Jahrzehnte lang der zentralistischen Sowjetherrschaft untergeordnet, der sowjetischen Politik der Russifizierung, der Urbanisierung, der Ansiedlung der Nomaden und der Industrialisierung unterworfen, und dazu eine internationale Rolle, die es in den Vereinten Nationen zu spielen gilt, haben wohl einen zuvor nicht gekannten Grad an Nationalbewußtsein hervorgebracht. Bemerkenswert ist, daß die Figur Tschingis Chans in der Mongolischen Republik rehabilitiert wurde, nachdem die Mongolei ihre Unabhängigkeit von der UdSSR erlangt hatte.

Die entscheidende Rolle westlicher Ideen beim asiatischen Übergang von der selbständigen, dynastischen politischen Existenz zum modernen Nationenstatus wird heute oft unterschätzt, nachdem es nicht mehr angebracht ist, über Zivilisationen im Sinne von Überlegenheit oder Unterlegenheit zu sprechen. China, Japan und Indien waren ebenso wie Ägypten und Persien dem Westen an Raffinesse oder Feinheit des Denkens und des sprachlichen Ausdrucks sowie an künstlerischer Kraft unterlegen. Im Hinblick auf Technik, Wissenschaft, Organisations- und Verwaltungsfähigkeit waren sie im 18. und 19. Jahrhundert ebenso wie die muslimischen Gesellschaften gegenüber dem Westen hoffnungslos deklassiert. Seit damals hat sich Japan von dieser Unterlegenheit vollständig erholt. Im Kampf zwischen diesen Zivilisationen richtet sich die assimilierende Anziehungskraft und der Impuls zur Bekehrung auf den eindringenden Westen, und zur selben Zeit hat der widersprüchliche Drang, ausländische Einflüsse loszuwerden, noch zugenommen. Eben dies war das zentrale Drama des modernen Asien bis in die achtziger Jahre, als zumindest im Bereich der politischen Macht diese Vertreibung endlich erreicht wurde.[1]

Die Gegenreaktionen auf den Kolonialismus, die in Asien im 19. und 20. Jahrhundert immer stärker wurden und nach dem Zweiten Weltkrieg ihren erfolgreichen Höhepunkt erreichten, lassen sich nur näherungsweise als »Nationalismus« bezeichnen. Zwischen ihnen und den europäischen Nationalismen des 19. Jahrhunderts besteht eine schwache Ähnlichkeit. In Asien gab es zwar unterdrückte Völker – Stammesvölker, Ureinwohner, religiöse Minderheiten –, aber ihre Unterdrücker waren andere Asiaten, mit denen sie zusammengelebt hatten, so lange sie sich erinnern konnten. Es waren keine »Fremden«, und somit war die kulturelle Schranke zwischen Unterdrückten und Unterdrücker gewöhnlich nicht sehr hoch. Die wichtigsten dieser eroberten Völker waren die hinduistischen Inder, die seit dem 16. Jahrhundert von muslimischen Moguln (türkischen und afghanischen Invasoren) beherrscht wurden, und die Chinesen, die von 1644 bis 1912 unter der Herrschaft der Mandschu – nomadisierende Hirten aus der Mandschurei – standen. In beiden Fällen waren die Eroberten kultivierter als die Eroberer und ließen diese in vielerlei Hinsicht in ihren eigenen Zivilisationen aufgehen.

Als die europäischen Imperialisten kamen, war es jedoch anders. Zunächst hatten die Europäer gegenüber den Asiaten keinen gewichtigen materiellen oder militärischen Vorteil.

Verglichen mit dem, was der chinesische Kaiser oder japanische Schogune gegen ihre Expeditionen hätten ins Feld führen können, war ihre Militärmacht bescheiden. Indien eroberten die Engländer mit einem Dutzend Männer, indem sie mächtige indische Fürsten durch gewitzte Manipulationen gegeneinander ausspielten. Japan isolierte sich selbst. Die kaiserlichen Beamten Chinas ließen Handelsniederlassungen zu, bis schließlich die Küstengebiete des handeltreibenden China stückweise an mehrere europäische Mächte, an die USA (unter dem Deckmantel, den anderen eine gerechte Aufteilung zukommen zu lassen: ein »offenes Tor« nach China) und – nachdem Japan sich daran gemacht hatte, sich sein eigenes Imperium im westlichen Stil zuzulegen – zuletzt auch an Japan (mit verhängnisvollen Folgen) verteilt waren. Das heutige Indonesien war damals, als die Europäer ankamen, eine Gruppe von separaten muslimischen Malaya-Sultanaten und Hindu-Königreichen, wichtige Gewürzexporteure, wobei erstere die Oberhoheit des chinesischen Kaisers anerkannt hatten. Die Region stand im Mittelpunkt der konkurrierenden Expansionen hinduistischer, muslimischer und christlicher Zivilisationen. Von den europäischen Eroberern siegten schließlich die Niederlande, und sie blieben auch der wichtigste Kolonisator, bis Japan 1941 die Holländer plötzlich und auf dramatische Weise aus Ostinidien vertrieb.

Wenn eines der asiatischen Länder vor dem 19. Jahrhundert der europäischen Invasion auch nur annähernd so widerstanden hätte wie Vietnam mit seiner ungestümen und volksweiten Mobilisierung des Widerstandes im 20. Jahrhundert gegen Frankreich und die USA oder wie die Indonesier gegen die Holländer, dann hätte sich in Asien gar keine europäische Macht niederlassen können. Die meisten asiatischen Herrscher wahrten ihre selbstgefällige Zuversicht, den seeräuberischen Eindringlingen aus unbegreiflich fernen (und völlig uninteressanten) Gebieten überlegen zu sein. Ein solches Selbstvertrauen war Bestandteil der Struktur und der Grundannahmen der chinesischen Zivilisation. Der Gedanke eines ebenso entwickelten und noch mächtigeren Anderen, der aus einer unbekannten Weltregion eintrifft, war für die Chinesen eine unhaltbare, ja undenkbare Vorstellung.

Der indische Historiker K. M. Panikkar schreibt über sein eigenes Land, daß noch um 1750 »ein Beobachter eine übernatürliche Sehergabe gebraucht hätte, um vorherzusagen, daß im Laufe von fünfzig Jahren eine europäische Nation ein Drittel Indiens erobert haben und sich daran machen würde, mit den Mahratten um die künftige Oberherrschaft zu streiten«. Der von Clive für die East India Company geschaffene Räuberstaat wurde in eine gut organisierte Zivil- und Militärverwaltung umgewandelt, die Indien bis zu dem Aufstand von 1857-1858 beherrschte, der in der englischen Geschichte als indischer Aufstand (oder Sepoy-Aufstand) und den Indern heute als die Große Rebellion bekannt ist. Im Anschluß daran übernahm die englische Krone die Macht über Indien; die englische Regierung verwaltete das Land nun fast ein Jahrhundert lang, bis 1950, direkt.

Der Aufstand war zwar der letzte Versuch der alten herrschenden Gruppen gewesen, die Engländer zu vertreiben, doch seine Kraft gewann er aus dem Leiden des Volkes unter der Bedrohung der religiösen und gesellschaftlichen Werte der Hindus und der Muslime durch die Präsenz der Engländer. Dies ist bis heute für den asiatischen Widerstand gegen den Westen kennzeichnend geblieben. In beiden Lagern wurde der Aufstand durch das Gerücht ausgelöst, daß das Patronenfett, das bei der Verpackung der Armeemunition der Indienarmee benutzt wurde, sowohl für die Hindus als auch für die Muslime rituell unrein war [Rindertalg und Schweineschmalz]. Doch die Reaktion der Bevölkerung wurde nicht allein durch den Verstoß gegen asiatische religiöse Bräuche ausgelöst, sondern auch durch die Reformen selbst, die in den Augen der Engländer ebenso fortschrittlich wie aufklärerisch waren. Am Ende des 19. Jahrhunderts schrieb ein englischer Historiker, daß in Bengalen, wo der Aufstand begann, »die Brahmanen empört waren über das Verbot der Witwenverbrennung und der Tötung von Mädchen, über die Todesstrafe an Brahmanen bei Kapitalverbrechen, über die

Wiederverheiratung von Witwen, die Verbreitung [christlicher] Missionstätigkeit und die Ausdehnung westlicher Erziehung.«

Den Aufstand kann man kaum als nationalistische Erhebung im modernen Sinne bezeichnen, ebensowenig wie die damaligen Revolten an anderen Orten, darunter besonders heftige in Java zu Beginn des 19. Jahrhunderts sowie in Bali 1906 und 1908. Auch sie waren in erster Linie kultureller und nicht politischer Art, hervorgerufen durch das Leiden des Volkes an der Herausforderung der kulturellen Grundlagen der asiatischen Gesellschaften durch die Europäer.

Häufig nahm der Widerstand einen religiös-synkretistischen Charakter an, wie etwa bei dem Taiping-Aufstand 1850-1864 in China [Errichtung eines christlich-taoistischen »himmlischen Reiches des allgemeinen Friedens«], in dessen Verlauf Millionen von Menschen getötet wurden. Der Taiping-Aufstand wurde von einem halbgebildeten Dorfschullehrer in Gang gebracht, der eine Zeitlang Schüler eines protestantischen amerikanischen Missionars gewesen war. Er verkündete, daß er der jüngere Bruder von Christus sei, beschuldigte den Buddhismus, den Taoismus und Konfuzianismus als Götzenverehrung, predigte gegen das Konkubinat und forderte eine Landreform, die Abschaffung der Sklaverei, des Opiumgenusses, der arrangierten Eheschließung und der Fußverkrüppelung bei den Frauen. Er forderte soziale Gleichheit und die gemeinschaftliche Neuorganisation der Gesellschaft. Beim Volk hatte er damit Erfolg. Seine Lehre glich einem primitiven Kommunismus und hatte deutliche Ähnlichkeiten mit dem Maoismus des 20. Jahrhunderts. Beide Male wurde eine vom Westen angeregte Gesellschaftskritik an chinesischen Ungerechtigkeiten mit einer Bewegung verschmolzen, die traditionell chinesische Eigenschaften aufwies. Das Ergebnis war eine Mobilisierung des Volkes zu einem Protest, der zugleich fremdenfeindlich und gesellschaftlich orientiert war. Die externe Kritik an der chinesischen Gesellschaft wurde gleichsam verinnerlicht und erlangte dadurch eine Kraft, die sie sonst nie gehabt hätte.

Ähnlich synkretistische politisch-religiöse Erscheinungen, den Westen abzulehnen und gleichzeitig zu versuchen, seine Werte (oder Kräfte) anzueignen, gibt es im kolonialen Afrika seit dem späten 19. Jahrhundert. Sie entsprechen dem, was Vittorio Lanternari als »Religion der Unterdrückten« bezeichnet hat. Die Cao Dai-Bewegung in Vietnam ist nach wie vor der bekannteste Synkretismus Asiens: sie enthält in ihrem Pantheon Victor Hugo und Gestalten aus der französischen Aufklärung; Christus und Buddha fehlen ebensowenig. Taiwan hat seit den zwanziger Jahren seine synkretistische Version der Zeugen Jehovas, eine von dem Chinesen »Watchman Ni« gegründete Sekte: Ni lehnte die von den herkömmlichen angloamerikanischen Missionaren eingeführten Formen des christlichen Gottesdienstes ab. (Auf die Sekte der Zeugen Jehovas oder die Wachtturm-Kirche geht auch eine synkretistische Sekte im ehemaligen Belgisch-Kongo in Afrika zurück.) In Japan und Korea gibt es heute neo-buddhistische und quasi-christliche Sekten mit ähnlichen Eigenschaften (genau so wie in gesellschaftlich oder emotional bedingten Randgruppen in den USA).

Das erschütterndste Beispiel in Afrika ist die Selbsttötung der Xosas im Jahre 1857, als diese nach ihrer militärischen Niederlage in einem blutigen Krieg gegen die Engländer auf die prophetische Botschaft einer Fünfzehnjährigen hörten, die vorgab, eine Botschaft aus dem Jenseits zu übermitteln: die Xosas sollten ihr gesamtes Vieh schlachten, ihre Äcker nicht mehr bestellen und ihre Nahrungsvorräte zerstören. Danach sollte – wie J. M. Coetzee über den Vorfall berichtete – »ein Tag der Abrechnung folgen: eine neue Sonne werde aufgehen, die Engländer werden vom Meer verschlungen werden, es gebe eine große Wiederauferstehung der Vorfahren; dann werde ein Erdbeben folgen und dann würden neue, unsterbliche Viehherden aus der Erde steigen und neues Getreide soll auf den Feldern stehen.« Der Tag, an dem dies alles geschehen werde, sollte der 18. Februar 1857 sein, und als dies alles nicht eintraf, erhoben sich diejenigen, die daran geglaubt hatten, in mörderischer Wut gegen die Ungläubigen, die man für verantwortlich hielt. Zehntausende starben und »die gesamte Kultur der Xosas wurde zerstört«.[2] (Man muß sich fragen, ob heute nicht ähnliche Erwartungen von einigen Befürwortern des vorwiegend von Xosas dominierten Afrikanischen Nationalkongresses an die Gründung eines neuen Südafrika geknüpft wurden.)

Zu anderen Eingeborenenkulten Afrikas gehörten die Kitawala und Kimbagu, die »Antonianer« und die Prophetensekte der Epikilipikili im Kongo, und da sich der gegenwärtige Niedergang der wirtschaftlichen und sozialen Strukturen Afrikas fortsetzt, wird es ohne Zweifel noch mehr davon geben.

Der islamische Fundamentalismus ist ebenfalls eine Religion der Unterdrückten: eine jener Religionen, die ein neues Goldenes Zeitalter ankündigen. Die indische Rebellion und der sogenannte Boxer-Aufstand in China entsprachen dem gleichen Modell der Reaktion auf das Eindringen des Westens. Um 1850 verkündeten die aufständischen Sepoy in Indien (vergeblich) die Wiederkehr des Mogulreichs, als sie nach zweijährigem Kampf endlich Delhi erreichten. Das Schlagwort der Boxer in China lautete »Unterstützt die Ch'ing [-Dynastie], vernichtet die Fremden«. Die Boxer (eine englische Bezeichnung: die wörtliche Übersetzung von »Faust -[kämpfer] für Recht und Einigkeit« [I-ho ch'üan]) lehnten die 1898 in Peking begonnenen verwestlichenden Reformen ab, wobei sie insgeheim von dem jungen Kaiser Khuang-hsü gefördert wurden. Die Reformer schlugen vor, das alte Prüfungsystem für die öffentliche Verwaltung durch ein auf dem westlichen Wissen beruhendes System zu ersetzen. Es sollte eine eigene Abteilung in der Regierung geschaffen werden, um Werke aus dem Westen zu übersetzen und zu verbreiten. Die Beamten sollten gezwungen werden, Fremdsprachen zu lernen und ins Ausland zu reisen. Es wurde erwogen, den traditionellen Haarzopf abzuschaffen (den die Mandschu den Chinesen ursprünglich als Zeichen der Unterwerfung aufgezwungen hatten und den man nun als ein »nationales« Symbol betrachtete).

Der von der Kaiserin-Witwe beherrschte Hof der Mandschu war gegen solche Veränderungen und unterstützte insgeheim die Boxerbewegung, die mit der Ermordung eines westlichen Missionars begann und sich vornahm, christliche Missionare und »sekundäre Barbaren« – nämlich die bekehrten Chinesen –, die man als Verkörperung der eigentlichen westlichen Gefahr für die alte chinesische Gesellschaft ansah, zu vernichten. Unter stillschweigender Einwilligung des Hofes eroberten die Boxer Nordchina und sie besetzten Peking, doch wurden sie schließlich durch eine militärische Intervention seitens der Westmächte und Japans, die 1900 Peking besetzten, überwältigt.

Hervorgegangen waren diese Bewegungen aus der kulturellen Bedrängnis des Volkes aufgrund der Invasion fremder Zivilisationen, die nicht nur materiell sehr viel mächtiger waren als ihre asiatischen Opfer, sondern auch die Gewißheit hatten, zur Herrschaft über Asiaten moralisch berechtigt zu sein. Die Europäer waren zuversichtlich, den Asiaten nicht nur in der Wissenschaft, in der Erfindungskraft und im Handel überlegen zu sein, sondern, wie der englische Gelehrte G. F. Hudson sagt, auch an »moral science«, an Moralwissenschaft oder moralischem Bewußtsein. »Besonders der Engländer, der wichtigste Vertreter Europas in den Beziehungen zu China im 19. Jahrhundert, hatte sich um 1850 [nach eigenem Ermessen] auf eine moralische Höhe emporgeschwungen, die seinem Urgroßvater unglaubwürdig erschienen wäre.«

Die Engländer des 19. Jahrhunderts glaubten, im platonischen Sinne Hüter zu sein, die Ordnung, Gerechtigkeit und Aufklärung mitbrachten. Philip Woodruff, Historiker für die Geschichte der Engländer in Indien, schreibt: »Die Ähnlichkeiten mit Platons Staat waren zwar unbewußt, aber sie beruhten auf einer tiefen Bewunderung für Platon (...) in der gesamten englischen Oberschicht, und der eigentliche Widerspruch lag bei Platon selbst. Platons Staat war ein Staat, den die Engländer für sich selbst niemals toleriert hätten (...). Dennoch auferlegten sie Indien genau eine solche Herrschaft.«

Dem viktorianischen und eduardianischen Engländer war der Widerspruch nicht einsichtig. Was Indien schließlich 1950 in eine Demokratie verwandelte, war der Kampf um den Schutz englischer Grundsätze vor englischer Praxis, auch wenn dies niemals beabsichtigt war.[3] Panikkar schreibt über die Brâhma Samâj-Bewegung unter Hindu-Intellektuellen im zweiten Jahrzehnt des 19. Jahrhunderts: »(...) sie forderte eine Verwestlichung, um den Hinduismus von den Gebräuchen und den Formen des Aberglaubens zu säubern, von denen er überwuchert war: um den Status der Frau zu heben, die gähnende Kluft zwischen dem volkstümlichen und dem höheren Hinduismus zu überbrücken, um unablässig gegen Kasten, gesellschaftliche Tabus und die Polygamie zu kämpfen (...). Für den gebildeten Hindu, den der Angriff der Missionare verwirrt hatte, stellte sich diese Bewegung als Ausweg dar.« Sie war kein Ausweg. Die Annahme, daß die Europäer moralisch überlegen und zu Hütern bestellt seien, wurde schließlich erst im 20. Jahrhundert entkräftet, mithin der Glaube, daß die Europäer – vor allem die Engländer – ein natürliches Recht besitzen, um über »rückständige« Völker, über »Eingeborene« zu herrschen. Selbst diese Wörter verschwanden aus dem Vokabular.

Das Ansehen Europas war durch den Ersten Weltkrieg zerstört worden; durch einen selbstmörderischen europäischen Bürgerkrieg von einer Intensität und einer Größenordnung, wie man sie noch nie gesehen hatte, und für den die europäischen Mächte indische Regimenter, senegalesische und marokkanische Infanterie und Kavallerie sowie indochinesische und chinesische Hilfskräfte rekrutierten und dabei die osmanische Türkei – mit tödlichen Folgen für sie – mit hineinzogen. Mit der Vorstellung von der moralischen Überlegenheit des Westens war es in Asien danach vorbei. Sie überlebte nur noch im Hinblick auf die USA, die zwischen den Kriegen und für eine kurze Zeit nach dem Zweiten Weltkrieg weiterhin das Ansehen einer Befreiungsmacht genossen und die bis zu ihrer eigenen Niederlage in Vietnam selber weiterhin glaubten, sie könnten rückständigen Völkern politische Aufklärung vermitteln.

Man könnte der Auffassung sein, daß China, eine uralte und überaus selbständige Gesellschaft, zu einem »nationalen« Widerstand gegen den Westen hätte fähig sein sollen – indem es mit den Europäern nach eigenen sicheren Maßstäben verfahren wäre, westliche Methoden und Gedanken für seine eigenen Zwecke übernommen und eine gültige kulturelle Synthese hergestellt hätte. Geleistet wurde dies von den Japanern im 19. und 20. Jahrhundert (wenn auch um einen hohen politischen und gesellschaftlichen Preis, einschließlich eines brutalen und gescheiterten Imperialismus, der durch einen Weltkrieg beendet wurde). Chinas großartiges klassisches Zeitalter war zeitgleich mit demjenigen Griechenlands gewesen. Vom 5. bis zum 15. Jahrhundert war China bei der Anwendung einschlägigen Wissens für menschliche Bedürfnisse die am weitesten fortgeschrittene Zivilisation auf der Welt; es war Europa in Wissenschaft und Technik klar überlegen. China erlebte jedoch keine newtonianische Revolution; seine Wissenschaft wurde keine moderne Wissenschaft, und mit dem 18. Jahrhundert war es im Hinblick auf wirtschaftliche und technische Macht deutlich hinter die europäischen Kolonialnationen zurückgefallen.

Es wird behauptet (im Anschluß an Karl Wittfogel), daß die erfolgreiche Zentralisierung der Macht in China ein politisches System hervorgebracht habe, das starr und absolutistisch war (und nach Wittfogel außerdem prä-totalitär), weil die Autorität der Regierung auf dem Bau und dem Unterhalt des riesigen Bewässerungssystems beruhte, von dem die agrikulturelle Wirtschaft abhängig war. Dieses Unternehmen erforderte eine hochentwickelte und disziplinierte bürokratische Verwaltung. Das Gesellschaftsideal in einer solchen Gesellschaft war demnach der Beamte, der durch meritokratische Prüfungsverfahren ausgewählt wurde, mithin der Beamten-Gelehrte sowie der Gentleman-Gelehrte. Händler und Soldaten hatten nur ein geringes Ansehen. Die mittleren Schichten der Unternehmer und innovativen Kaufleute, die den Westen modernisierten, wurden deshalb in China nicht zu einer entscheidenden Kraft.[4]

Die Empfindlichkeit des chinesischen Reiches gegenüber den aggressiven dynastischen Nationalstaaten, die in Europa entstanden, zeigte sich darin, daß das Europa der Renaissance über China sehr viel wußte und daß China auf den Geschmack und das Empfinden in Europa einen starken Einfluß ausübte, während die Chinesen über Europa so gut wie gar nichts wußten und auch gar nichts wissen wollten. Die Überzeugung der Chinesen, selbst der Mittelpunkt der Zivilisation zu sein und kein Bedürfnis nach Außenkontakten zu haben, hielt sich auch in den Jahren der Ming-Dynastie im 16. und 17. Jahrhundert. Diese Selbstzufriedenheit war nicht unbegründet. Die Europäer, die damals China kennenlernten (einige davon als aufmerksame Gefangene der Chinesen), hielten China für eine viel differenziertere Gesellschaft als das zeitgenössische Europa, und besonders in praktischer Hinsicht für viel fortschrittlicher.

Juan Gonzales de Mendoza, ein spanischer Priester, der im 16. Jahrhundert an einem letztlich mißlungenen Versuch beteiligt war, eine christliche Mission auf dem Land einzurichten, schrieb in einem Buch, dessen englische Übersetzung 1588 erschien, daß die Regierung Chinas ihm »worthily accounted one of the best (...) in all the world« erscheine; »mit gutem Grund als eine der besten Regierungen der Welt«: für eine unparteiische Rechtssprechung sorgten Beamte unter einer objektiven Aufsicht, die Todesstrafe war selten, und Todesurteile wurden stets von einem höheren Gericht überprüft. Überall seien die Straßen gepflastert, selbst in den Bergen, so daß das Wasser abfließen könne, und sie würden sorgfältig gepflegt. Die Städte erschienen ihm großartig, die Häuser der Beamten »prachtvoll und bewundernswert, mit herrlichen Kunstwerken verziert, und sie haben die Größe eines großen Dorfes, weil zu ihrer Anlage große Gärten, Teiche und Wälder gehören. (...) Ihre Häuser sind im allgemeinen sehr prunkvoll (...) innen weiß wie Milch, so daß es wie glänzendes Papier aussieht. Die Fußböden sind mit großen und ganz glatten quadratischen Steinen belegt, die Decken sind aus einer vorzüglichen Holzsorte hergestellt, hervorragend verziert und bemalt, so daß sie wie Damast und die Farbe des Goldes aussehen ...« Die Fähigkeit des Lesens und Schreibens war weit verbreitet und die Organisation der Gesellschaft war ebenso eindrucksvoll wie die Architektur und die technischen Einrichtungen der Städte. In jeder Stadt gab es Krankenhäuser, »immer voll von Menschen; wir sahen nirgendwo einen Armen betteln. Deshalb fragten wir nach der Ursache für dies alles, und es wurde geantwortet, daß es in jeder Stadt einen großen Bezirk gibt, wo viele Häuser für arme Menschen stehen, für Blinde, Lahme, und alte Menschen, die ihres Alters wegen sich nicht mehr fortbewegen können und die keine anderen Mittel für ihren Lebensunterhalt haben ...« Nach G. F. Hudson, dem hervorragenden Historiker der Beziehungen zwischen China und dem Westen, schildern diese Berichte »eine Gesellschaft mit einer riesigen Bevölkerung und großem materiellem Reichtum, die im Grunde patriarchalisch ist, bürokratisch organisiert, stabil und unbeweglich, und die sich in einer behäbigen Förmlichkeit ausdrückt«.

Doch schon damals stellte der spanische Jesuit Matteo Ricci auch fest, daß

> »die Macht Chinas auf der großen Zahl der Städte und der Menge der Einwohner beruht und nicht auf der Tapferkeit der Menschen. (...) Die Chinesen sind es gewohnt, ihr Land als den Mittelpunkt der Welt anzusehen und alle übrigen Nationen zu verachten. Sie werden von allen Königen der Nachbarländer gefürchtet, weil sie in einem einzigen Augenblick eine so beträchtliche Flotte zusammenstellen können, daß allein schon die Anzahl der Schiffe Furcht einflößt; die Chinesen sind jedoch erbärmliche Krieger und das Militär ist einer der vier Stände, die bei ihnen als niedrig gelten. Fast alle Soldaten sind Verbrecher, die man zu ewiger Sklaverei im Dienste des Königs verurteilt hat; Krieg führen können sie höchstens mit Dieben ...«

Ein spanischer Beamter in Macao versah diesen Bericht mit der Bemerkung: »Diese Schiffe fahren hinaus, wenn schönes Wetter ist, kommen aber beim geringsten Wind eilig zurück. Sie haben einige kleine Kanonen aus Eisen, aber nicht aus Bronze; ihr Pulver ist schlecht (...); ihre Hakenbüchsen sind so schlecht, daß die Kugel nicht einmal eine gewöhnlich Rüstung durchschlägt (...). Mit höchstens fünftausend Spaniern könnte die Eroberung dieses Landes erfolgen oder zumindest der Provinzen am Meer, die die wichtigsten in der Welt sind. Mit einem halben Dutzend Galeonen und ebenso vielen Galeeren wäre man Herr über alle maritimen Provinzen Chinas sowie über die ganze See und das Archipel, das sich von China bis zu den Molukken erstreckt.« Der Krieg mit England und die Katastrophe der Armada im Jahre 1588 lenkten die Spanier von einem derartigen Abenteuer ab; doch an ihre Stelle traten andere, und gegen Ende des 19. Jahrhunderts waren sie am Ziel.

Selbst im 19. Jahrhundert läßt sich Chinas Widerstand gegen Europa nicht als nationalistisch beschreiben, da es bei den Chinesen immer noch kein »nationales« Bewußtsein gab. Die chinesischen Machthaber versuchten einfach, die Europäer auf so wenige Berührungsorte wie möglich zu beschränken: Handelshäfen und abgegrenzte, extraterritoriale »Konzessionsgebiete«, wo europäisches Recht gelten durfte. Eine Zeitlang dauerte dies fort, doch die Opiumkriege zerstörten die Autorität und das Selbstvertrauen der kaiserlichen Regierung. Die Engländer hatten herausgefunden, daß das in Indien hergestellte Opium das Handelsdefizit ausgleichen konnte, in das sie wegen ihres Imports von chinesischer Seide, Tee und Rhabarber gerieten, so daß sie die Zollschranken mißachteten und die Droge auf dem chinesischen Markt mit Gewalt durchsetzten. (Rhabarber [wurzel] wurde getrocknet, und man stellte daraus ein in Europa sehr geschätztes Medikament und Tonikum, ein Stärkungsmittel zur Erhöhung der Muskel- und Nervenspannung her[5]). Der Opiumanteil an den englischen Exporten nach China stieg zwischen 1818 und 1833 von 17 auf 50 Prozent, obwohl dieser Handel seit 1729 durch kaiserlichen Erlaß verboten war. Schließlich zogen die Engländer gegen China in den Krieg, um den Opiumhandel durchzusetzen, wobei sie Hongkong annektierten und Schanghai besetzten und dadurch fünf offene »Vertragshäfen« bekamen. Zwölf Jahre später erhielten die europäischen Mächte (und die USA) durch Gewaltmaßnahmen weitere elf Häfen sowie freie Fahrt auf dem Jangtsekiang, die Freistellung der Kaufleute vom chinesischen Recht, die weitgehende Immunität für Missionare sowie weitere Privilegien.

Die volksweite Reaktion gegen diese Privilegien löste die englisch-französische Strafexpedition nach Peking im Jahre 1860 aus, bei der der Sommerpalast in Brand gesteckt wurde und man vom Kaiser verlangte, er solle sich bei den Europäern entschuldigen, daß er ihnen solche Strapazen bereitet habe; schließlich wurde China zu Kriegsentschädigungen verurteilt. 1900 waren die westlichen Mächte erneut in Peking, um den Boxeraufstand niederzuschlagen und die Stadt zu plündern. Der amerikanische General Adna Chaffee hielt fest: »Man kann ruhig sagen, daß jedesmal, wenn seit der Einnahme von Peking ein echter Boxer getötet wurde, fünfzehn harmlose Kulis oder Landarbeiter, darunter nicht wenige Frauen und Kinder, erschlagen worden sind.«

Aus dieser dreihundertjährigen Erfahrung entstand ein chinesisches Nationalbewußtsein, das sich freilich auf westliche Ideen stützt. Nach dem Ersten Weltkrieg schrieb Chen Tu-hsiu, der Dekan der Geisteswissenschaften an der Nationalen Universität Peking und Anführer der neuen intellektuellen Emanzipationsbewegung in China: »Ob in der Politik, in der Gelehrsamkeit, in der Moral oder Literatur, die Methode des Westens und die Methode Chinas sind zwei absolut verschiedene Dinge, und sie lassen sich in keiner Weise vereinbaren oder in Einklang bringen. Wir brauchen jetzt gar nicht zu diskutieren, welche davon besser und welche schlechter ist, denn das ist ein anderes Thema (...). Wenn wir uns aber zur Reform entschließen, dann müssen wir in allen Dingen die neue westliche Methode übernehmen und dürfen das Problem nicht durch solchen Unsinn wie 'nationales Erbe' oder 'besondere Umstände' noch erschweren.« Aus diesem Denken ging die Gründung der Kommunistischen Partei Chinas hervor.

Als die glücklosen Mandschu 1911 abdankten, kam der in Hawaii ausgebildete und stark vom westlichen Denken beeinflußte Sun Yat-sen an die Macht. Seine Kuo Ming Tang – die Nationale Volkspartei – kämpfte sich erfolglos durch die zwanziger bis in die vierziger Jahre, um das Land zu vereinigen und den territorialen Kriegsherren eine neue, zentrale Autorität überzuordnen. Die Parteiführer wurden immer mehr vom Leninismus sowie vom Christentum und schließlich auch vom Faschismus beeinflußt. Sun Yat-sen bat 1924 die Komintern um Hilfe, doch sein Nachfolger Chiang Kai-shek brach 1927 mit Mao Tse-tung. Dieser gewann schließlich den Kampf zwischen der Kuomingtang und den kommunistischen Bewegungen (und Doktrinen) der nationalen Mobilisierung, die ihren intellektuellen Ursprung beide in Europa hatten, auch wenn Maos Erfolg erst eintrat, nachdem er den Marxismus-Leninismus umgedacht und umstrukturiert hatte, um den chinesischen Kommunismus zu einer Bewegung zu machen, die ihre Basis bei den Bauern hatte und den Bedingungen und der historischen Erfahrung der chinesischen Gesellschaft angepaßt war. Unter den Kommunisten wurde China wieder zu einem einheitlichen Staat, der nach außen hin unter der Führung durch die westliche »Wissenschaft« des dialektischen Materialismus stand, im Grunde aber zu einer wiederhergestellten dynastischen Regierungsform zurückkehrte, in der Mao Tse-tung die gottähnliche Rolle des »großen Lehrers« und Quasi-Kaisers übernahm (so wie sein Gefolgsmann Kim Il Sung heute noch in Nordkorea) – der Kaiser einer kurzlebigen Dynastie, wie die Geschichte zweifellos zeigen wird. Seine erst 1949 verkündete kommunistische Dynastie nähert sich bereits ihrem Ende; die politische Nachfolge ist ungewiß.

China selbst ist jedoch keine isolierte oder autarke Zivilisation mehr. Die treibende nationale Ideologie beruht auf den Schriften eines jüdischen Journalisten-Gelehrten aus dem Rheinland, der sich mit dem Elend der europäischen Industriearbeiterklasse befaßte; mit einer sozialen Gruppe, die es zur Zeit der chinesischen Revolution in Asien nicht gab. Die heutigen Lehrmeinungen der Ökonomie sind von Adam Smith entlehnt – und von Ronald Reagan. Das Land ist eine Nation unter vielen geworden. Seine Kriege gegen die von den Amerikanern angeführte UN-Koalition in Korea, 1962 gegen Indien und Anfang der siebziger Jahre gegen seinen kommunistischen Rivalen Vietnam, waren Kriege des nationalen Interesses und der territorialen Verteidigung oder Erweiterung. Der Krieg von 1959-1960 gegen den Aufstand der Tibetaner war die Zurückeroberung eines früheren Untertanen, an die sich der Versuch anschloß, die tibetanische Religion und Kultur – und den tibetanischen Nationalismus – zu vernichten.

Die Gesellschaften an den Rändern der großen imperialen Zivilisation Chinas, nämlich Vietnam, Korea und Japan, waren in ihrer Eigenart der modernen Nation stets näher als China selber. China gegenüber durften sie nicht selbstzufrieden sein; sie mußten wegen ihrer ungesicherten Lage und ihrem Bedürfnis nach kollektiver Selbstbestimmung und Selbstverteidigung wachsam sein. Als moderne Nationen sind Japan, Korea und Vietnam die Produkte eines kämpferischen Widerstandes sowohl gegen die kulturelle als auch gegen die politische und militärische Macht Chinas. Weil sie von der imperialen Zivilisation abgetrennt und durch diese politisch gefährdet waren, wurden sie von Anfang zu einer gewissen »nationalen« Mobilisierung gezwungen, um ihre Besonderheit zu behaupten und zu verteidigen. Die Bevölkerung Tongkings trennte sich im 9. Jahrhundert in einem mühsamen Akt der Selbstbehauptung von den Südchinesen und entwickelte sich mit der Zeit zu einer eigenen Gesellschaft und zu einem unabhängigen Königreich. Der chinesische Kaiser des späten 18. Jahrhunderts, Chien-lung, sagte: »Die Vietnamesen sind wirklich kein zuverlässiges Volk. Eine Besetzung dauert nicht sehr lange, bis sie ihre Waffen gegen uns erheben und uns aus ihrem Land vertreiben. Die Geschichte vergangener Dynastien hat dies bewiesen.« Im 20. Jahrhundert leisteten sie denselben Widerstand gegen die Macht der Franzosen und der Amerikaner, und sie mußten sich erneut gegen die Chinesen verteidigen.

Arnold Toynbee hat über die drei Kulturen an der Grenze von großen Zivilisationen geschrieben, die eine Energie entwickeln, welche der zentralen Zivilisation fehlt. Er sagt, daß eine Gesellschaft am Rande einer großen und ursprünglichen Zivilisation vor einer elementaren Herausforderung steht, »die schon in der Beziehung selbst enthalten ist, die mit einer Differenzierung beginnt und mit einer Sezession endet«. Diese Sezession erfolgt dann, wenn die ursprüngliche Zivilisation die schöpferische Einstellung verloren hat, die zuvor die freiwillige Zugehörigkeit der Grenzvölker bestimmt hatte. Die Industrialisierung und Modernisierung Japans im 19. Jahrhundert und die entsprechende Entwicklung seit den fünfziger Jahren in Südkorea und weiteren kleinen Kulturen, die im Kern chinesisch sind, an den Grenzen Chinas – Hongkong, Singapur, Taiwan – müssen als deren letzte selbstbestimmende Sezession von einer vor- oder frühindustriellen chinesischen Zivilisation angesehen werden, die ihre Anziehungskraft verloren hatte: ein Verlust, der im Zusammenbruch der Mandschu-Dynastie im 19. Jahrhundert sichtbar und durch das Scheitern sowohl der nationalistischen als auch der maoistischen Revolutionen im 20. Jahrhundert bestätigt wird.

Die Eroberung durch nicht-asiatische Zivilisationen war für Asiens Eliten ein radikaler Schock. In ihrer eigenen Geschichte hatte sie nichts auf eine solche Möglichkeit vorbereitet, und das Ereignis rief in ihnen ein völlig neues Bewußtsein wach. Sie waren gezwungen, sich zum ersten Mal als eine Vielfalt von Gesellschaften und nicht mehr als etwas einzigartiges zu begreifen, und zudem als verwundbar. Sie wurden herausgefordert, sich zu mobilisieren und zu verteidigen. Es war für sie unmöglich geworden, ohne Veränderung zu überleben. Allein schon diese Mobilisierung veränderte sie. Sie stellte die Selbstachtung wieder her und dazu ein Gefühl für kollektive Werte. Dies geschah freilich erst, nachdem die Asiaten die Schmach der Eroberung und des Beherrschtwerdens erfahren hatten und gezwungen worden waren, politische Ideen und Systeme sowie Technologien aus dem Westen zu übernehmen, um ihre Unabhängigkeit zurückzuerlangen. Die dadurch ausgelöste kulturelle Krise ist auch heute noch keineswegs vorüber. Die Opfer des europäischen Imperialismus entdeckten ihre Verletzbarkeit angesichts von Gefahren, die sie sich früher nicht einmal hatten vorstellen können; ihr ursprüngliches Vertrauen in die eigene Vollkommenheit und Überlegenheit wurde völlig entkräftet durch die Entdeckung von etwas radikal Anderem – einer alternativen Zivilisation, die mit ihrer politisch-militärischen Expansion in Asien entschlossen war, den Chinesen, den Indern und allen anderen Asiaten beizubringen, daß ihre eigenen fundamentalen Werte und die elementaren Annahmen über die Existenz falsch waren und ersetzt werden mußten.

Die christlichen Missionare aus dem Westen wollten

in Asien beweisen, daß die asiatischen Philosophien falsch und die asiatischen Religionen gotteslästerlich waren und daß die Asiaten den einzigen und allmächtigen Gott zu verehren hatten, den die Europäer kannten. Die weltlichen Pendants dieser Missionare im 20. Jahrhundert, ob sie nun Agenten der Weltbank oder des Internationalen Währungsfonds waren, oder amerikanische Soldaten, die für die Durchsetzung einer amerikanischen politischen Lösung in Vietnam (oder Kambodscha) kämpften, waren von der Überlegenheit der politischen und wirtschaftlichen Vorstellungen des Westens ebenso überzeugt, und sie waren genau so entschieden dafür, daß die Asiaten sie übernehmen sollten.

Im 20. Jahrhundert waren die Folgen der Auflösung der äußeren Imperien Hollands, Spaniens, Portugals, Frankreichs und Englands nicht weniger schmerzhaft als die des inneren Zusammenbruchs des habsburgischen und des osmanischen Systems. Seit 1950 sind die internationalen Beziehungen gestört, und sie werden zuweilen von dem Konflikt zwischen radikalisierten nationalen oder ideologischen Bewegungen in Asien und den Regierungen im Westen beherrscht. Während diese asiatischen Bewegungen vom Westen oft als Ergebnis eines internationalen kommunistischen Einflusses und als Gefahr für die im westlichen Sinn ausgedachte internationale demokratische Ordnung gedeutet wurden, standen die westlichen Mächte in Wirklichkeit mit den regionalen Nationalismen im Krieg: mit einer politischen und militärischen Mobilisierung eben jener Kräfte des kulturellen Widerstandes, welche die antikolonialistischen Aufstände des 19. Jahrhunderts hervorgerufen hatten.

Zur gleichen Zeit betrachtete die Sowjetunion die nichtwestliche Welt als eine Arena für die Ausdehnung »sozialistischer« Macht mittels politischer und militärischer Interventionen zur Unterstützung »fortschrittlicher Kräfte«. Ebenso wie der Westen sah sie sich von einem Nationalismus auf die Probe gestellt, der die kommunistischen Bewegungen Asiens entweder für sich gewann und für nationale Zwecke umfunktionierte – wie in China und Vietnam – oder sich direkt gegen die sowjetische Intervention stellte und sie zurückschlug, wie in Afghanistan. Trotzdem wurden sowohl in Moskau als auch in Washington und anderen westlichen Hauptstädten der Ernst der Bevölkerung und die politischen Kämpfe in diesen Regionen (und auch in Afrika) immer wieder mit einer völlig bedeutungslosen ideologischen Interpretation versehen.

Der afrikanische Nationalismus kommt in der aktuellen Diskussion nur in ganz geringem Maß vor, da man kaum behaupten kann, es gebe südlich der Sahara in Afrika Nationalismen. Die nationalen Grenzen sind (mit Ausnahme der Grenzen der alten äthiopischen Nation) diejenigen, die 1884-1885 auf der Berliner Konferenz der Kolonialmächte festgelegt wurden und die im allgemeinen die ethnischen und historischen Gegebenheiten Afrikas außer acht ließen. Sie bleiben heute unverändert, weil die Führer dieser künstlich festgelegten Staaten ausnahmslos anerkennen, daß jeder Versuch, die Grenzen rational festzulegen, ein Chaos hervorrufen würde. Gleichwohl richten sich die Bindungen der Afrikaner nach wie vor auf die Familie, die Gemeinschaft, den Stamm, die ethnische Gruppe und die Religion, und nicht auf die Nation, auch wenn die Entfremdung aus diesen Bindungen mit der zunehmenden Urbanisierung größer wird – mit nüchternen Konsequenzen für die Zukunft. Auch der südafrikanische ANC, der einer modernen Nationalbewegung in Afrika am nächsten kommt, hat seine Basis in einem Stamm, dem der Xosas. Die »Befreiungsbewegungen«, die in den sechziger und siebziger Jahren zur Beendigung des Kolonialismus gehörten, waren Gebilde verwestlichter Eliten. Sie mobilisierten in der Bevölkerung einen Antikolonialismus, der wie im Asien des 19. Jahrhunderts durch das kulturelle Leiden aufgrund der europäischen Präsenz und der europäischen Kontrolle ausgelöst wurde sowie durch offenkundige soziale Ungerechtigkeiten wie die Vertreibung aus traditionellen Gebieten (ein Beispiel sind die Kikuyu in Kenia zur Zeit des Mau-Mau-Aufstandes), Zwangsarbeit, allgemeine wirtschaftliche Ausbeutung und böswillige rechtliche und administrative Diskriminierung und Ausgrenzung.

Die neuen Eliten der neuen afrikanischen Nationen regierten kaum kultivierte und analphabetische Bevölkerungen: Bauern- und Hirtenvölker auf einem gesellschaftlichen und ökonomischen Entwicklungsniveau, wie es für Nordeuropa vor Jahrhunderten kennzeichnend war. Dies bedeutete Rückständigkeit, gemessen an den Kriterien der sozialen, ökonomischen und politischen Entwicklung, wie sie von der zeitgenössischen Zivilisation auferlegt werden; eben jenen Kriterien, an denen die Eliten Afrikas sich selbst zu messen entschieden und die sie in ihren Ländern als Ziele setzten.

Die Feststellung, daß die unabhängigen afrikanischen Regierungen von heute im allgemeinen den früheren, von Weißen beherrschten Kolonialregierungen unterlegen sind, wird von den politischen Konformisten als Argument dafür benützt, daß die Afrikaner (und die Asiaten, oder ein Teil von ihnen, oder bestimmte Afrikaner und Asiaten) den Weißen unterlegen seien. Daß dies keine logische Folgerung ist, bedeutet keinen Unterschied für diejenigen, die solche Interpretationen geben möchten oder sie befürchten. In dieser Hinsicht ist Alexis de Tocquevilles Bemerkung von 1853 über den »monströsen Fatalismus« der Theorien rassischer Überlegenheit und Unterlegenheit seines jungen Landsmannes Arthur de Gobineau ernstzunehmen. »Die Folge [solcher Theorien] ist eine gewaltige Einschränkung, wenn nicht gar die vollständige Abschaffung der menschlichen Freiheit (...). Ich bin sicher, daß Julius Cäsar, wenn er die Zeit gehabt hätte, gerne ein Buch geschrieben hätte, um zu beweisen, daß die Wilden, denen er in England begegnet war, nicht derselben Rasse angehören wie die Römer und daß diese folglich von Natur aus dazu ausersehen seien, die Welt zu beherrschen, und daß diese Wilden hingegen dazu bestimmt seien, in einem ihrer Winkel dahinzuvegetieren.« Absurd ist die Vorstellung, eine winzige afrikanische Elite habe in den wenigen Jahren der Unabhängigkeit die Fähigkeit erworben, ihren Ländern bessere Regierungen, erfolgreiche Wirtschaftssysteme und eine unparteiische Justiz zu verschaffen. Welche professionellen Qualifikationen oder Erfahrungen besaßen denn die Angehörigen dieser Elite? Auf welche Ressourcen konnten sie sich stützen? Was waren denn die Lehrmeinungen, die sie von Europa übernahmen? Einige wenige nationalistische Kämpfer waren Ingenieure, Ökonomen oder professionelle Verwaltungsleute. Am nächsten kamen ihnen einige militärische Revolutionäre, doch Armeen geben ein Modell der kommandierten Verwaltung vor, das genau das Gegenteil einer offenen und verantwortungsbewußten Regierung ist. Kwame Nkrumah aus Ghana war ein in England ausgebildeter Rechtsanwalt, Jomo Kenyatta ein Anthropologe, Léopold Senghor ein Dichter. Aufgrund der damaligen politischen Umstände verschrieben sich beinahe alle einigen naiven und unbrauchbaren Ideen eines Staatssozialismus und einer von der Industrie angeführten Entwicklung. Dies entsprach dem modischen Modell der europäischen Linken. Fast alle akzeptieren die These, die Einparteienherrschaft sei die richtige Methode, um eine rasche wirtschaftliche und gesellschaftliche Entwicklung zu erzielen: während ihrer Ausbildungsjahre stand die Demokratie in Verruf. Die vorherrschende europäische Ideologie der dreißiger und vierziger Jahre war der Faschismus; die der fünfziger und sechziger Jahre der Marxismus. Heute bekennen sich die afrikanischen Führer zur Demokratie. Es bleibt keine andere Lösung. Doch auch diese wird scheitern, zumindest an den meisten Orten, weil die zivile Gesellschaft, die zivile Kultur und die für die Demokratie entscheidende Mittelschicht nicht vorhanden sind.

Die Geschichte hat die europäischen Imperien in Asien und Afrika beendet. Die aufständischen Bewegungen, die in spontanen Ressentiments und im Widerstand der kolonisierten Völker gegen fremde Besetzung, fremde Herrschaft, fremde Ungerechtigkeiten und vor allem – wenn auch in höchst zweideutiger Art – gegen fremde Werte begannen, wurden im 20. Jahrhundert zu einer ganzen Reihe von erfolgreichen »nationalen Befreiungskämpfen«. Zuvor hatten die Völker des großen zentralafrikanischen Tropenwaldes oder in den Savannen Ostafrikas gar nicht gewußt, daß sie Angehörige von Nationen waren. Sie kannten die Religion, den Stamm, die Rasse und den Ort, aber keine Nationen. Europa brachte ihnen den Nationalismus und verwandelte sie in Nationen – oder in den Abklatsch von Nationen. Basil Davidson, einer der einfühlsamsten Historiker des unabhängigen Afrikas, behauptet, in Afrika habe es eine vorkoloniale Gesellschaft gegeben, die jedoch »ausgehöhlt und nach der jahrzehntelangen Fremdherrschaft durch die imperialistische Aufteilung Afrikas im Jahre 1880 schließlich zu Fall gebracht wurde und offensichtlich keine haltbaren Strukturen für die Zukunft übrigließ«. Während der Entkolonisierung in den fünfziger und sechziger Jahren »wurden die etwa fünfzig Staaten der kolonialistischen Aufteilung, die jeweils so geformt und regiert wurden, als ob ihre Völker keine eigene Geschichte gehabt hätten, zu etwa fünfzig Nationalstaaten: geformt und regiert nach europäischen Vorbildern, meist nach denen Englands und Frankreichs. Die so zustandegekommene Befreiung ist deren eigene Negation. Die Befreiung hat zur Entfremdung geführt (...)«. Das Ergebnis war ein »moderner Tribalismus«, ein Stammesdenken, das mit der traditionellen Gesellschaft kaum etwas zu tun hat, »das durch Unordnung gedeiht, der zivilen Gesellschaft gegenüber völlig destruktiv ist, die Moral zerpflückt und der Herrschaft des Gesetzes spottet«. Die schlechte Regierung der heutigen afrikanischen Nationen ist Teil einer größeren Tragödie Afrikas im 20. Jahrhundert, die mit dem Nationalismus des modernen Europa nichts zu tun hat.

Gerade die Unabhängigkeit ist es aber, was die Menschen wollten, und sie waren auch bereit, dafür zu kämpfen. Wenn es ihnen deshalb nun schlechter geht, dann ist dies eine weitere Tragödie der Geschichte, die eine optimistische Denkweise kaum zuzugeben bereit ist. Die unmittelbare Zukunft Afrikas, einschließlich der eines mehrheitsregierten Südafrika, sieht düster aus, und es wäre besser, wenn die internationale Gemeinschaft im größten Teil Afrikas eine Form von paternalistischem Neokolonialismus einrichten würde – so unangenehm dies auch erscheinen mag. Der Mechanismus des internationalen Mandats, wie er nach dem Ersten Weltkrieg vom Völkerbund angewandt wurde, ließe sich reaktivieren. Die Mandatsmacht müßte heute allerding die UNO selbst sein und nicht irgend eine oder mehrere äußere Mächte wie in der Vergangenheit, weil dies für die Regierungen, denen man die Annahme des Mandats nahelegte, sich als ebenso unannehmbar erweisen würde wie für das Volk, das sich diesem Mandat zu fügen hätte.

Der Preis des ideologisch falsch konzipierten Kampfes zwischen den Staaten des kommunistischen Blocks und den USA, der in Asien und Afrika auf Kosten der

Asiaten und Afrikaner ausgetragen wurde, erwies sich zwar für diejenigen, die ihn begannen, als überaus gewichtig, aber es wurde ein echter Nationalismus an Orten ausgelöst, wo es so etwas zuvor nie gegeben hatte. Die vorletzte Erschütterung des Sowjetsystem war der nationale Kampf der Afghanen – der noch zu den Kämpfen der Osteuropäer hinzukam, die die sowjetische Kolonisierung niemals akzeptiert hatten. Die größeren westeuropäischen Staaten waren in ihrer Konfrontation mit dem asiatischen Nationalismus ohnehin schon gedemütigt worden. Die Niederlande und Frankreich unternahmen in den vierziger und fünfziger Jahren den Versuch, in Niederländisch-Ostindien (Indonesien) und in Indochina die Kolonialherrschaft wieder aufzurichten, und sie scheiterten. Die Franzosen kämpften darum, Algerien als einen Teil Frankreichs zu bewahren, und sie scheiterten. Politisch besiegt wurden die Europäer unter militärisch zweideutigen Umständen sowohl in Suez 1956 – als England und Frankreich den ägyptischen Präsidenten Gamal Abdel Nasser abzusetzen und den verstaatlichten Suezkanal zurückzuerobern versuchten – als auch in Algerien.

Frankreich beendete seine Protektorate in Marokko und Tunesien 1956 in einer Situation der dort wachsenden Unruhe, und als General de Gaulle während der Algerienkrise von 1958 wieder an die Macht kam, gab Frankreich seinen afrikanischen Kolonien südlich der Sahara die Unabhängigkeit (mit Ausnahme von Guinea, und dort unter Bedingungen, die einen im allgemeinen konstruktiven ökonomischen und politischen Einfluß Frankreichs verlängerten). 1960 wurde Belgisch-Kongo seinem Schicksal überlassen, das sich als tragisch herausstellen sollte, ebenso wie dasjenige des früheren Britisch-Uganda unter dem hervorragenden »Kaiser« Bokassa und des von den Amerikanern geförderten (und beherrschten) Liberia. England unterdrückte zwar den 1952 beginnenden Mau-Mau-Aufstand in Kenia, zog jedoch Anfang der sechziger Jahre den Schluß, daß es politisch nützlicher wäre, Kenia und den anderen ostafrikanischen Kolonien die Unabhängigkeit zu geben. Auf andere englische Protektorate und Vasallenstaaten »östlich von Suez« verzichteten die Labour-Regierungen Ende der sechziger Jahre (meist aus Gründen des Budgets und anderen internen politischen Motiven). England hatte zwar Mitte der fünfziger Jahre in Malaysia einen Krieg gegen kommunistische und ethnische chinesische Guerillas gewonnen, gab jedoch 1960 diesem Land (wie auch Singapur) die Unabhängigkeit.

Um die Mitte der sechziger Jahre hatte mit Ausnahme Portugals keine europäische Macht mehr den Mut zum Kolonialismus, nicht einmal an Orten, wo dessen Beendigung bedeutete, daß die Bevölkerung der Ausbeutung durch grausame und einfältige Despoten oder völkermörderischen Kämpfen zwischen Stämmen und Ethnien überlassen wurde, die zu Hungersnot und Anarchie führten. Portugal kämpfte bis 1975 um den Erhalt von Angola als Kolonie, bis der Krieg schließlich im Heimatland einen radikalen militärischen Aufstand auslöste, fast genau so, wie Frankreichs Kampf in Algerien schließlich zu gewalttätigen Aufständen innerhalb Frankreichs selbst geführt hatte. Eine vergleichbare Demütigung erlebten die USA mit ihrer Niederlage in Vietnam, auf die 1979 der Zusammenbruch der Pahlevi-Dynastie in dem von den Amerikanern geförderten Iran folgte, als eine radikalnationalistische und integristische Muslimbewegung den Schah zur Flucht zwang und amerikanische Diplomaten als Geiseln nahm: gleichsam eine sanfte Vergeltung der asiatischen und afrikanischen Opfer des Kolonialismus.

7 Amerikanischer Nationalismus

Die amerikanische Nation ist anders als die anderen Nationen. Ihr Nationalismus ist der einer ideologischen Nation. Ihre Geschichte ist eine Geschichte für sich. Sie läßt keinen Vergleich mit anderen zu, und deshalb ist sie von allen großen Nationen die nationalistischste. Nicht nur Politiker und Prominente, sondern auch die gewöhnlichen Menschen behaupten ständig die Überlegenheit der amerikanischen Nation gegenüber allen anderen, als ob der Vorzug ihrer Verfassung der Beweis eines dauerhaften nationalen Erfolges wäre. Da der entsprechende Beweis schwächer wurde – die Führungsposition, die das Land tatsächlich einmal innegehabt hatte, ging in den letzten Jahren fast in allen Punkten verloren, außer der wirtschaftlichen Gesamtleistung und der militärischen Macht –, sind die nationalistischen Ansprüche lauter geworden.[1] Trotzdem ist dieser Nationalismus der USA eine relativ späte Entwicklung der letzten anderthalb Jahrhunderte – in einem Land, dessen Menschen ihre Loyalität gegenüber den einzelnen Staaten erklärten und größtenteils durch die Verpflichtung auf einen Regierungsgrundsatz national geeint wurden.

Der starke Einfluß, den die USA im 19. und 20. Jahrhundert auf die Entwicklung der politischen Gesellschaft an anderen Orten ausübten, resultiert daraus, daß diese Nation – ebenso wie die späteren lateinamerikanischen Republiken – eine Schöpfung aus politischen Ideen war. Die USA waren nie eine Gesellschaft, die bereits fertig »da« war, sondern eine bewußt geschaffene. Ihre Bevölkerung bestand (besteht) ausschließlich aus Einwanderern, zusammen mit jenen Menschen, die man heute als »Native Americans«, als »gebürtige Amerikaner« bezeichnet und die in Wirklichkeit asiatischer Herkunft sind. Wie die meisten eingeborenen Völker, die Opfer der europäischen Expansion wurden, sind auch die amerikanischen »Indianer« zwar nie ganz der ihnen auferlegten Zivilisation assimiliert worden, aber auch sie waren zu schwach, um die Eindringlinge zu zwingen, sich kulturell ihnen anzupassen.

Der Existenzgrund für die USA ist das Prinzip und die Praxis der Selbstregierung [self-government], wie sie in der Unabhängigkeitserklärung und in der Verfassung festgelegt sind. Darin unterscheiden sich die USA grundlegend von den Staaten, die ihnen vorhergingen. Ihre englischsprachigen kolonialen Brudernationen, Kanada, Australien und Neuseeland, haben keine ideologische Grundlage.[2] Sie existieren, weil ihre Existenz gemacht wurde; ihre Existenz beruht nicht auf einer Entscheidung (auch wenn sie künftig vielleicht eine ideologische Unabhängigkeit erklären werden: In Australien gibt es eine republikanische Bewegung, während Kanada weiterhin nach einer endgültigen Definition seiner Identität sucht). Weil es sich um einen Akt der Grundsatzerklärung und der Ideologie handelte, hatte die Amerikanische Revolution einen großen Einfluß auf die nachfolgende Französische Revolution, die wiederum den wichtigsten Einfluß auf die lateinamerikanischen Revolutionen des 19. Jahrhunderts und auf die dortige Gründung von Republiken ausübte.

Im spanischen Amerika war die republikanische Bewegung – die »Befreiungs«-Bewegung – nationenübergreifend [transnational], während die tatsächliche politische Abgrenzung der neuen Republiken größtenteils nach den Grenzlinien verlief, die ursprünglich die großen spanischen Kolonialgouverneursämter definiert hatten, so daß es von Anfang an das Problem gab, ob die dadurch geschaffenen Nationen »echte Nationalitäten« seien oder nicht. Dies war und ist der Fall in Mittelamerika, das ursprünglich Teil einer einzigen spanischen Militärverwaltung [captaincy-general] gewesen war. Die mittelamerikanischen Staaten wurden anschließend dem kurzlebigen mexikanischen Reich von 1822-1823 hinzugefügt. Später waren sie wiederholten Interventionen der USA ausgesetzt, die bis in die Präsidentschaftszeit von Reagan und Bush fortgeführt wurden (die Interventionen in Nicaragua und El Salavador, die Affäre »Contras«, die Invasion in Panama). Panama, El Salvador, Guatemala, Honduras und Costa Rica kann man wohl kaum als völlig autonome Nationen ansehen, während Mexiko, Brasilien und Argentinien dies unverkennbar sind. Ausgeprägt »nationalistisch« sind die Mittelamerikaner gegenüber den USA jedoch nur in einem paradoxen Sinne: aufgrund ihrer Verletzbarkeit gegenüber den Interventionen und dem Einfluß der USA. Ihr Nationalismus geht nicht daraus hervor, daß sie von der nationalen Authentizität, Überlegenheit oder Einmaligkeit überzeugt sind, sondern vielmehr aus einer Schwäche – aus dem Mangel an einer festen nationalen Identität.

Die Wirkung der USA auf Europa und Lateinamerika im 19. Jahrhundert ging hauptsächlich auf den vom amerikanischen Volk geführten Beweis zurück, daß der Gleichheitsgrundsatz verwirklicht und die Demokratie erfolgreich eingerichtet werden konnte, wie Tocqueville 1848 schrieb.

> »Geht es nicht mehr um die Frage, ob wir in Frankreich das Königtum oder die Republik haben werden, so müssen wir noch lernen, ob uns eine unruhige oder eine ruhige Republik beschieden sein wird, eine Republik, die geordnet oder unge-

ordnet, friedlich oder kriegerisch, freiheitlich oder unterdrückend sein wird, eine, die die geheiligten Rechte des Eigentums und der Familie bedroht oder sie achtet und befestigt. Eine erschreckende Frage, deren Lösung nicht bloß für Frankreich, sondern für die ganze Kulturwelt bedeutungsvoll ist. Retten wir uns selbst, so retten wir gleichzeitig alle unsere Nachbarvölker. Gehen wir unter, so ziehen wir sie alle mit ins Verderben. Je nachdem ob wir die demokratische Freiheit oder die demokratische Tyrannei bekommen, wird die Welt ein anderes Schicksal erfahren (...).

Nun hat Amerika diese Frage, die wir uns eben erst gestellt haben, vor mehr als sechzig Jahren gelöst. Seit sechzig Jahren besteht dort ohne Einschränkung der Grundsatz der Volkssouveränität, den wir gestern bei uns eingeführt haben. Er wird dort ganz unmittelbar, in unumschränkter, unbedingter Weise angewendet. Seit sechzig Jahren nimmt das Volk, das alle seine Gesetze aus ihm ableitet, an Zahl, Land und Reichtum beständig zu; und es ist, was Beachtung verdient, während dieser Zeit nicht nur das blühendste, sondern auch das meist gefestigte Volk gewesen. Derweil alle Nationen Europas vom Krieg verwüstet wurden oder sich in Bürgerzwisten zerrissen, lebte das amerikanische Volk als einziges der Kulturwelt in Frieden. Fast ganz Europa wurde durch Revolutionen erschüttert; Amerika hatte nicht einmal Aufstände; die Republik brachte dort keine Unruhe, sondern Bewahrung aller Rechte, das persönliche Eigentum war besser geschützt als in irgendeinem anderen Lande der Welt, die Anarchie blieb dort ebenso unbekannt wie die Despotie.

Wo denn sonst könnten wir größere Hoffnungen und größere Lehren finden als dort?«[3]

Die amerikanische Nation war aus Zufall entstanden, und viele Jahre lang war ihre Eigenschaft als Einzelnation in Frage gestellt. Die Bevölkerung einer Überseekolonie, die sich neiderfüllt einem fernen Monarchen und einer fernen Souveränität unterworfen sah, hatte sich der Besteuerung widersetzt, da sie in der Regierung, die die Steuern festlegte, keine Vertretung hatte. Daraus entstand eine Rebellion mit einer auf Grundsätzen beruhenden Rechtfertigung, welche die großen politischen Ideen des Zeitalters, nämlich die der Aufklärung, zum Ausdruck brachte: daß alle Menschen gleich seien und daß der Zweck der Regierung darin bestehe, die »unveräußerlichen« Rechte der Menschen dadurch zu sichern, daß sie in ihrem Regime die Zustimmung aller Regierten bekommt. Wie Herbert Levi von der Columbia University zu Beginn unseres Jahrhunderts schrieb, war diese Rebellion jedoch »offensichtlich ein Akt der äußersten Verwegenheit. Um sie zu unterstützen, bildeten die Menschen keineswegs eine Einheit, vielmehr herrschte in mehreren Staaten eine weitverbreitete Gleichgültigkeit [gegenüber der Unabhängigkeitserklärung] oder gar eine aktive Sympathie für die Engländer vor. In New York, South Carolina und Georgia entstand bald der Zustand eines Bürgerkrieges.« Die amerikanische Idee war zu ihrer Zeit radikal, und sie hat bis heute radikale Bedeutungen bewahrt, von denen einige selbst in den USA noch nicht ganz erfaßt worden sind.

So grundlegend diese Erfahrung für den zeitgenössischen Westen auch war, sie hielt die amerikanische Nation doch von der uneingeschränkten Beteiligung an einer umfassenderen internationalen Geschichte nach 1783 fern, da die USA in einem fundamentalen Sinne von Anfang an vollendet waren. Nichts von dem, was später folgte, wurde so angesehen, als ob es die durch die Ratifizierung der Verfassung geschaffene Ordnung tatsächlich hätte erweitern oder verändern können. Die

Verfassung selbst mußte nur noch verteidigt und ausgelegt werden; die Nation, die sie steuerte, galt es gegen innere Teilung und äußere Bedrohung zu verteidigen. Deshalb ging mit der enormen Veränderung in Gesellschaft und Wirtschaft immer auch ein tiefreichender und immer mehr zur Unbeweglichkeit neigender politischer Konservativismus einher.

Die Bedingungen aus den Anfängen im 18. Jahrhundert sind zwar schon lange verschwunden, aber die Idee und die Ideale leben weiter, und sie waren durch ihre Unabdingbarkeit für das Bestehen der USA vor jeder späteren Überprüfung gefeit. Was ursprünglich eine aufklärerische, nordeuropäische Gesellschaft von weißen protestantischen Christen mit einer formalen Bindung an eine historisch identifizierbare Reihe intellektueller wie auch politischer Werte war, ist etwas ganz anderes geworden, und zwar nicht nur aufgrund der verflossenen historischen Zeit, sondern immer mehr aufgrund von getroffenen Entscheidungen: zugunsten der säkularisierenden und materialistischen Einstellung, einer Erprobung der Werte auf dem Markt, einer Erziehung ohne Direktiven, der Einwanderung aus nichteuropäischen Ländern und in allerjüngster Zeit der (ansatzweisen) Bemühung, ein multikulturelles und multirassisches Sozialsystem zu übernehmen – und dies waren ausnahmslos ideologische Entscheidungen. Diese grundlegende ideologische Bindung bleibt auch losgelöst von der Kultur ihrer Herkunft bestehen – eine alles andere als beruhigende Tatsache, wenn man an die Zukunft denkt.

Am Anfang waren die USA weniger eine Nation als vielmehr ein unsicherer Bund zwischen weit auseinanderliegenden Siedlungen, die sich um ihre lokalen Angelegenheiten kümmerten und dazu noch mit dem großen regionalen/moralischen Fluch der Sklaverei belastet waren. Um 1800 gab es in den USA laut Statistik 5 308 483 Personen, davon waren ein Fünftel schwarze

Sklaven. Ihnen wurde dann entsprechend der Kongreßvertretung der Staaten, in denen sie lebten, der groteske Status von drei Fünfteln eines freien Menschen verliehen. Männliche, weiße und freie Erwachsene gab es etwa eine Million, und sie waren es auch, die die Geschäfte der Republik führten. Die meisten Amerikaner lebten an der Atlantikküste. Im Landesinneren hatten jenseits des Allegheny-Gebirges etwa eine halbe Million Menschen die Wildnis besiedelt und die Grenzen vorangetrieben, wobei sie auf immer noch mächtige indianische Konföderationen stießen: sich zurückziehende, aber intakte Gesellschaften, die sich im Norden mit den Anglo-Kanadiern und im Süden mit den spanischen Gouverneuren Westfloridas und Louisianas verbündet hatten.

Henry Adams schrieb (in seiner klassischen Geschichte der Regierungszeit Jeffersons und Madisons): »Bis gegen Ende des 18. Jahrhunderts hatte sich nichts ereignet, was den Glauben gestützt hätte, daß auch nur die materiellen Schwierigkeiten Amerikas sich beheben ließen.« Der Amerikaner mochte sich zwar mit seinen nationalen Silber-, Kupfer-, Eisen- und Goldvorräten brüsten – mit den Feldern im Westen, die kultiviert werden sollten, und mit den Städten, die es zu bauen galt, aber wie Adams sagt, konnte man es einem Ausländer verzeihen, wenn er zur Antwort gab: »Gold! Städte! Getreidefelder! Kontinente! Nichts davon! Ich sehe nichts als ungeheure Einöden, wo dahinsiechende Männer und Frauen entweder vor Heimweh sterben oder von Wilden skalpiert werden! Tausend Meilen lange Gebirgszüge, zu denen es überhaupt keinen Zugang gibt und wo nichts zu finden ist, selbst wenn man hinkommt! Sümpfe und Wälder, die an ihren eigenen verfaulten Überresten ersticken (...).«

Das große republikanische Experiment wurde zwar mit der Ratifikation der Verfassung gestartet, aber selbst Thomas Jefferson, der dritte Präsident, war unsicher, ob denn die neue Nation als Einzelnation überleben könne, und ebensowenig war er restlos davon überzeugt, daß sie überleben sollte. »Ob wir eine Konföderation bleiben oder uns in Atlantik-und Mississippi-Konföderationen verwandeln, ist, wie ich glaube, für das Glück der Beteiligten nicht so wichtig.« Nach seiner Auffassung beruhte die Rechtsgrundlage des Staatenbündnisses darauf, daß die Staaten die Macht hatten, sich nach eigenem Willen zurückzuziehen.

Die Freiheit sah man weitgehend vom Bestehen einer Elite abhängig, und konservative Amerikaner glaubten, sie könnte durch die Demokratie, wie sie in den Ansichten Thomas Jeffersons zum Ausdruck kam, Schaden nehmen. Die Französische Revolution wurde als Beweis für die These genommen, daß Demokratie zur Tyrannei führe. Fisher Ames aus Boston schrieb 1803 : »Unser Land ist zu groß für eine Union, zu selbstsüchtig für den Patriotismus, zu demokratisch für die Freiheit. Was aus ihm werden soll, weiß derjenige am besten, der es geschaffen hat. Das Land wird vom eigenen Laster regiert werden, indem es sich seine Narrheit zunutze macht. Das ist die Bestimmung der Demokratien.« George Cabot – von der Familie Cabot, mit der die Lowells sprachen, die selbst wiederum nur zu Gott sprachen – sagte, der Irrtum sei selbst in Neu-England unauslöschbar, wo es »mehr Klugheit und Tugendhaftigkeit gibt als in jedem anderen Teil der Vereinigten Staaten (...). Ich halte die Demokratie in ihrer natürlichen Wirkungsweise für die Regierung der Schlechtesten.« Nur wenn die Regierungsmacht auf die besitzenden Klassen beschränkt werde, gebe es die Möglichkeit, die Gefühlsbezogenheit des Volkes, die Unwissenheit und die Kriminalität einzudämmen – zumindest dachte man so.

Die Wahl Jeffersons im Jahre 1800 wurde deshalb als ein Sieg für die Revolution angesehen. Jefferson selbst war überzeugt, sich einem Versuch entgegengestellt zu haben, in den USA die Monarchie wieder einzuführen. 1818 schrieb er im Rückblick: »(...) eine kurze Übersicht über die Fakten wird zeigen, daß der damalige Streit um die Prinzipien ging und zwar zwischen den Befürwortern einer republikanischen Regierung und denen einer monarchistischen Regierung, und daß unsere Regierung schon zu diesem frühen Zeitpunkt etwas ganz anderes geworden wäre als das, was der erfolgreiche Ausgang des Streits aus ihr gemacht hat, wenn die Republikaner nicht solche Anstrengungen unternommen hätten.« Das Problem war nach wie vor die nationale Einheit, die Schaffung einer echten Nation. Er fuhr fort:

> »Das Bündnis zwischen den Staaten unter den alten Konföderationsartikeln, zum Zwecke der gemeinsamen Verteidigung gegen die Aggression von „Great Brittin" [sic; Großbritannien], wurde, wie es bei Bündnisverträgen allgemein der Fall ist, als unzulänglich empfunden, um eine Übereinstimmung zwischen den wechselseitigen Forderungen zu erzielen: wenn diese einmal erfüllt waren, dann erschöpfte sich die Bindung von selbst und jeder Staat wurde souverän und in allen Belangen selbständig. Dabei konnte freilich nichts anders herauskommen, als daß diese separaten Unabhängigkeiten genau wie die Kleinstaaten des alten Griechenlands ewig Krieg gegeneinander führten und sich langfristig in nichts anderes verwandelten als in reine Partisanen und Satelliten der führenden Mächte Europas. Natürlich waren die Meinungen je nach den Verfassungen und je nach Gewohnheiten und Umständen der Individuen geteilt darüber, ob alle Staaten zu einer einzigen Regierung konsolidiert werden oder ob sie bezüglich ihrer inneren Angelegenheiten unabhängig sein sollten, und ob diese

> Nationalregierung eine Monarchie oder eine Republik sein sollte.«

Der Krieg von 1812 rückte die USA einer Einzelnation zwar näher, aber er brachte noch keine vollständig gefestigte Nation hervor. Es war im Grunde eine Angelegenheit, die von den überseeischen Verzweigungen des britischen Kampfes gegen das revolutionäre und napoleonische Frankreich ausgelöst worden war. Als es zum Krieg kam, hegten einige amerikanische Expansionisten die Vorstellung, Kanada auf einen Schlag einzunehmen, wenn England anderweitig abgelenkt war. Doch die Schlachten erwiesen sich für die USA, deren Kapitol und Weißes Haus von einer britischen Expeditionstruppe in Brand gesteckt wurden, größtenteils als Fiasko. Die amerikanischen Invasionstruppen in Kanada wurden bei der Schlacht von Detroit von einer kleineren kanadischen Truppe geschlagen. Aus einer Bevölkerung von sieben Millionen meldeten sich nicht mehr als zehntausend Amerikaner freiwillig zum Kampf. Die Miliz leistete Dienst nach eigenem Gutdünken, ging nach Hause, wenn es ihr beliebte, und weigerte sich im Osten häufig, überhaupt zu kämpfen. In Niagara wurde ein weiterer amerikanischer Angriff gegen Kanada gestoppt, weil die New Yorker Miliz sich weigerte, die Grenze zu überschreiten. Nur dort sowie in Washington und an den Grenzen Ohios und Indianas wurde das Alltagsleben der Amerikaner empfindlich gestört.

Das Interesse der Mehrheit lag darin, einen Staat oder eine Region auf Kosten anderer zu stärken. Der in Virginia geborene Felix Grundy, der 1811 ausdrücklich als Befürworter des Krieges in den Kongreß gewählt wurde, gab als seine Ambition aus, nicht nur die Briten vom Kontinent zu verjagen und die Kanadier als »Adoptivgeschwister aufzunehmen«, sondern dadurch auch die Macht der Nordstaaten zu schwächen und die des Südens zu stärken. »Wird dieser Krieg erfolgreich ausgefochten (...), dann wird er wohltuende politische Wirkungen haben; er wird das Gleichgewicht der Regierung wahren. Wenn Louisiana vollständig bevölkert sein wird, dann werden die Nordstaaten ihre Macht verlieren; sie werden vom Gutdünken der anderen abhängig sein; sie können nach Lust und Laune unterdrückt werden, und dann könnte diese Union in Gefahr geraten. Ich halte es deshalb für notwendig, nicht nur Florida dem Süden, sondern auch Kanada dem Norden dieses Imperiums hinzuzufügen.« Von der Idee einer föderativen Union zwischen den Staaten war die politische Schicht, deren Loyalitäten vorwiegend auf die Region beschränkt blieben, noch nicht völlig überzeugt. Als Andrew Jackson, dessen Partei zuvor das Bollwerk der Staatssouveränität gewesen war, in seiner ersten Amtszeit (1829-1833) sagte, »Entzweiung [disunion] durch Waffengewalt ist Verrat«, beschuldigte man ihn des »Cäsarismus«.

Der Bürgerkrieg beendete den Zeitabschnitt, in dem die USA ein Bund von einzelnen Staaten mit autonomer und konkurrierender Macht blieben, und verwandelte sie in eine zentral regierte, föderalistische Union – in eine Nation. Der Süden hatte zwar sein eigenes, schicksalshaftes Motiv, sich von der Erhaltung der Sklaverei loszusagen, auch wenn dies nicht sein einziges Motiv war, denn er glaubte, sich im Rahmen der ursprünglichen Vereinbarung zwischen den Kolonien zu bewegen, den er für eine freiwillige Verbindung von Staaten mit jeweils gleicher und unabhängiger Macht hielt. Nach der Wahl Abraham Lincolns zum Präsidenten im Januar 1861 und der anschließenden Sezession von South Carolina, Mississippi, Florida und Alabama, sagte Jefferson Davis aus Mississippi – er wurde später zwar Präsident der Konföderation, hatte allerdings lange daran gezweifelt, ob die Sezession des Südens eine kluge Entscheidung war – im Senat:

> »Unter diesen Umständen sind meine Funktionen hier natürlich beendet (...). Wir marschieren ja doch nur in den Fußstapfen unserer Väter, wenn wir unsere Unabhängigkeit erklären und uns einer großen Gefahr ausliefern (...), nicht aus Feindschaft gegenüber anderen, nicht um irgendeinem Teil des Landes zu schaden und auch nicht um des eigenen Profits willen, sondern einzig und allein aus dem erhabenen und feierlichen Beweggrund, die Rechte, die wir geerbt haben, zu verteidigen und zu schützen, und die ungeschmälert unseren Kindern weiterzugeben unsere Pflicht ist. (...) Ich verlasse diesen Ort, ungeachtet der Kränkungen, die mir hier zugefügt wurden. Ich nehme keine bösen Erinnerungen mit. (...) Herr Präsident, meine Herren Senatoren, nachdem ich verkündet habe, was der Anlaß mir zu gebieten schien, bleibt mir nur noch, Ihnen ein letztes Adieu zu sagen.«

Natürlich gingen die Südstaaten nicht in Frieden. Abraham Lincoln, der in die republikanische Nominierung mehr oder weniger hineingeschlittert war, gewann die Präsidentschaftswahl von 1860 – mit Hilfe einer Mehrheit und gegen drei Mitbewerber – aufgrund der Opposition gegen die Sklaverei und der Erhaltung der Union. In seiner ersten Debatte mit Stephen A. Douglas im Oktober 1854, vier Jahre vor den großen Debatten zwischen Lincoln und Douglas anläßlich der Senatswahlen von 1858, hatte Lincoln gesagt:

> »Die Lehre von der Selbstregierung [self-government; Selbstverwaltung] ist richtig, absolut und für alle Zeit richtig; doch so wie sie hier versucht wird, findet sie keine richtige Anwendung. Vielleicht sollte ich eher sagen, ob sie eine gerechte Anwendung finde, hänge davon ab, ob ein Neger ein Mensch ist oder nicht. Ist er kein Mensch, dann

> kann derjenige, der ein Mensch ist, im Sinne der Selbstregierung mit ihm machen, was er will. Wenn aber der Neger ein Mensch ist, ist es dann nicht gleichermaßen eine völlige Zerstörung der Selbstregierung, wenn man sagt, er solle sich nicht ebenfalls selbst regieren? Wenn der weiße Mensch sich selbst regiert, ist dies Selbstregierung; wenn er aber sowohl sich selbst als auch einen anderen regiert, dann ist dies mehr als Selbstregierung; das ist Despotismus. Wenn der Neger ein Mensch ist, dann lehrt mich doch mein alter Glaube: „Alle Menschen sind von Natur aus gleich", und daß es kein moralisches Recht für einen Menschen gibt, einen anderen Menschen zum Sklaven zu machen.«

Für den Norden lag der Zweck des Krieges darin, die Sezession der Südstaaten zu verhindern, d.h. deren »nationale« Existenz zu vernichten und ihnen gegenüber die Oberhoheit des Bündnisses durchzusetzen. Dies wurde erfolgreich durchgeführt. Das Ergebnis legte eine amerikanische Nation fest – die Nation, wie Lincoln sie sah. Aufschlußreich sind seine frühen Reden in Washington. James McPherson hat darauf hingewiesen, daß Lincoln 1861 in seiner ersten Botschaft an den Kongreß den Ausdruck *the Union* zweiunddreißig Mal, *the Nation* drei Mal gebrauchte. 1863 benutzte er in seiner Rede von Gettysberg *Nation* fünf Mal und *Union* überhaupt nicht. 1865 sagte er in seiner zweiten Antrittsrede, der Krieg sei aus dem einseitigen Versuch heraus entstanden, die Union aufzulösen, während die andere Seite versucht habe, die Nation zu bewahren.

Gore Vidal zufolge verdient die dadurch zustandegekommene geeinte Nation eine etwas weniger gefühlvolle Betrachtung, als man ihr gewöhnlich zuteil werden läßt. »In einem gewissen Sinne haben wir drei Republiken gehabt. Die erste, eine lockere Konföderation früherer britischer Kolonien, dauerte von 1776-1789, als der erste Kongreß unter der Verfassung zusammentrat. Die zweite Republik endete am 9. April 1865 mit der Kapitulation des Südens. In der Folge wurde Lincolns dritte Republik (zwangsläufig?) in den nationalen Sicherheitsstaat umgewandelt, in den wir vierzig Jahre lang eingesperrt wurden.«

Die Alternative ist eine Überlegung wert. Auch wenn man die Konföderation in Frieden hätte ziehen lassen, scheint es kaum vorstellbar, daß die Sklaverei bis ins 20. Jahrhundert hätte überleben können. Der Süden selbst hätte sie abschaffen müssen (der moralische Beweggrund dafür wäre durch die unumgängliche Mechanisierung der Landwirtschaft im Süden noch verstärkt worden). Daraus wäre vielleicht etwas Besseres hervorgegangen als das, was dann tatsächlich geschah: die erbitterten Kämpfe des Wiederaufbaus, mit seinen Taugenichtsen [scalawags] und politischen Abenteurern [carpetbaggers[4]], gefolgt von der neuerlichen Unterdrückung der Schwarzen durch die »Jim Crow«-Mechanismen.[5] Sie hielt an bis zur Aufhebung der Rassentrennung in der Armee Ende der vierziger Jahre und zur Bürgerrechtsgesetzgebung der sechziger Jahre. Damit wurde der schwarzen Bevölkerung der USA endlich die Rechtsgleichheit mit den Weißen gewährt.

Hätte man der Konföderation freien Lauf gelassen, dann wäre das politische – oder geopolitische – Ergebnis ein Nordamerika gewesen, das aus zwei mittleren Nationen und einer großen, aber nicht riesenhaften Nation bestanden hätte. Ich neige zu der Ansicht, daß dies wohl eine bessere Lösung gewesen wäre. Die Nordamerikaner wären heute mit sich und mit der Welt in besserem Einverständnis. Doch es sollte nicht sein: Lincoln, Grant, Sherman und die Industrieproduktion des Nordens entschieden anders. Entgegen der üblichen Losung werden durch Kriege eben doch Dinge geregelt.

Nachdem der Norden seinen Willen durchgesetzt

hatte, überlebte in der Politik des Südens die Rhetorik der »einzelstaatlichen Rechte« auf eine niederträchtige Weise bis in die sechziger Jahre: als kodifizierte Verteidigung einer fortwährenden Institutionalisierung der Rassentrennung und Rassendiskriminierung, die den Ergebnissen des Krieges widersprach. Die tatsächlichen »Rechte« der Staaten waren mit der militärischen Niederlage untergegangen. Die gesetzlichen Überprüfungen, die anschließend von der überwältigenden Macht der föderativen Regierung durchgeführt wurden, dienten lediglich dazu, die Niederlage zu bestätigen. In den USA gab keine »souveränen« Staaten mehr von der Art, wie sie vor 1861 existiert hatten. Jefferson Davis konnte damals sagen: »Selbst wenn ich daran gedacht hätte, daß Mississippi ohne eine hinlängliche Provokation handelte (...), wäre ich, nach meiner Theorie der Regierung und aufgrund meiner Bindung an den Staat, dessen Bürger ich bin, durch sein Handeln dennoch gebunden gewesen.« Robert E. Lee, der weder der Sklaverei noch der Sezession gewogen war, lehnte aus Loyalität zu seinem Staat Virginia das Kommando über die Unionsarmee dennoch ab.

Vor 1865 war der Nationalismus in den USA an die einzelnen Staaten gebunden, vor allem an jene, wo die Agrarwirtschaft des Südens und eine vorwiegend englische und »schottisch-irische« calvinistische (arminianisch-methodistische[6]) Religion eine eigenständige amerikanische Kultur hervorgebracht hatte, die von der nichtbritisch-keltischen Einwanderung an anderen Orten relativ unbehelligt blieb. Die Niederlage und die Demütigungen der weißen Bevölkerung im Wiederaufbau verstärkten diesen Nationalismus des Südens noch und führten zu einer verbitterten Mythenbildung, die zwar fast das ganze darauffolgende Jahrhundert fortdauerte, aber keine politisch entscheidende Wirkung mehr annahm. Durch den Krieg von 1861-1865 war der

Süden zerschlagen worden; eine Erfahrung, die ein Bewußtsein des Scheiterns und der Tragödie zurückließ, welches das übrige Land nie kennengelernt hatte.

Es entstand sogar eine Gemeinschaft von Verbannten, eine Diaspora der Ungebesserten, die sich weigerten, unter der »Yankee-Herrschaft« zu leben. Einige von ihnen trieb es noch weiter südlich, bis nach Kuba und Mittelamerika. Die Wohlhabenden gingen nach London oder Paris. Der zeitgenössische französisch-amerikanische Romancier und Tagebuchschreiber Julien Green, der Sohn einer ausgebürgerten Familie aus Savannah, schreibt über seine Mutter: »Sie machte ihre Söhne und Töchter zu Kindern einer Nation, die zwar nicht mehr existierte, die aber in ihrem Herzen weiterlebte. Sie warf den Schatten einer Tragödie über uns, die für sie selbst die heitersten Tage verdunkelte. Wir waren auf ewig die zwar Besiegten, aber Unversöhnten – Rebellen, um ein Wort zu gebrauchen, das ihr teuer war.« An der Wand des Salons in ihrer Wohnung in der Rue de Passy in Paris hing das Banner der Konföderation in einem Goldrahmen – »Deine Flagge ... Halte sie im Gedächtnis. Die, und keine andere.«

Sie hätte ebensogut eine Polin aus der Zeit der Teilungen oder jemand aus einer Diaspora des Totalitarismus sein können, oder eine Weißrussin oder eine Schottin in Übersee, Anhängerin eines glücklosen Königs. Die gefräßige Normierungs- und Nivellierungsmaschinerie der modernen amerikanischen Massenzivilisation hat inzwischen den größten Teil der Eigentümlichkeiten ihres Virginia und ihres Georgia hinweggefegt, und nach 1940 und 1950 selbst die des Südens im umfassenderen Sinne – einst gewalttätige und evangeliumsgläubige, heute zum größten Teil verschwundene Schnapstrinker, die zum Bier, zum Geldscheffeln und zu einem vulgären Patriotismus übergegangen sind. Die regionale Kultur ist verschwunden und mit ihr die verschrobene Romantik und die aggressive Verteidigung der Ehre. Und was bleibt? Faulkners Verbenenduft? Der Duft der Frühlingsgardenien im Haar eines Schulmädchens? Es überlebt eine Nationalliteratur – eine Erinnerung.

Der regionale »Nationalismus«, der einst stark genug war, den Süden zur Rebellion zu treiben und die Vereinigten Staaten im ersten großen industrialisierten Krieg erschüttern zu lassen (dessen Schrecken in den Schlachten von Wilderness und von Shermans rücksichtslos hartem Marsch durch Georgia diejenigen von 1914-18 vorwegnahmen), war um 1960 gebändigt. Die Südstaatler waren nunmehr die Lautesten, wenn es darum ging, den Anspruch der geeinten Nation zu verkünden, die »Nummer Eins« in der Welt zu sein – eben jene Behauptung, die Amerikas unruhigen Weg durch die Niederlage in Vietnam, den Terrorismus im mittleren Osten, die Invasionen und Interventionen in Mittelamerika und die Konfrontationen mit dem radikalen Islam in den siebziger und achtziger Jahren kennzeichnete.

Der Nationalismus der neuen USA nach dem Bürgerkrieg wurde gespeist durch die große Einwanderung in der Mitte des 19. Jahrhunderts und später. Die Einwanderer kamen in eine amerikanische Nation, in die sich öffnenden nordwestlichen und westlichen Gebiete, und nicht in einzelne Staaten, über die sie vor ihrer Ankunft so gut wie gar nichts wußten. 1842 waren es hunderttausend Einwanderer, 1847 eine Viertelmillion, 1850 beinahe eine halbe Million und zweieinviertel Millionen zwischen 1847 und 1854. Die neuen Eisenbahnlinien öffneten nicht nur das Land westlich des Mississippi und des Missouri, sondern vermittelten dem Land auch die Vorstellung, ein Kontinent zu sein. Nebraska, Kansas, das Innere von Iowa, Minnesota und die Dakotas wurden in den Jahren nach dem Bürgerkrieg besiedelt. Die vom Bund finanziell unterstützte transkontinentale Eisenbahnlinie wurde 1869 beendet; der »Golden Spike«, der goldene Nagel, der in der Nähe von Ogden in Utah am 10. Mai eingeschlagen wurde, verband Council Bluffs (Iowa) am Missouri mit Sacramento und San Francisco. In den achtziger Jahren öffneten die Linien der Northern Pacific und der Great Northern Railways den Nordwesten; die Santa Fe Railways und die Denver & Rio Grande Railways den Südwesten. Der Westen des amerikanischen Mythos, der offenen, unkultivierten Gebiete und der Viehweiden und der territorialen Kriege, dauerte von den frühen siebziger Jahren bis in die Mitte der achtziger Jahre. Die erste Anwendung des Ausdrucks *manifest destiny* [offenkundige Schicksalsbestimmung] im Kongreß geschah im Zusammenhang mit der Besiedlung von Oregon: wie der Historiker Frederick Jackson Turner sagte, ein Ausdruck für den Glauben des amerikanischen Volkes an sein Schicksal und sein »Recht«, sich »über den ganzen Kontinent auszubreiten«.

Der Gedanke der Kontinentalherrschaft lag auch dem Ultimatum von 1866 an Frankreich zugrunde, das den Rückzug der Franzosen aus Mexiko forderte. Die Besorgnis um ein pazifisches Schicksal der USA gab es schon damals; sie ging zum Teil auf Befürchtungen zurück, die durch die chinesische Einwanderung nach Kalifornien entstanden. Die ersten Forderungen nach einem mittelamerikanischen Kanal zur Verbindung zwischen dem Atlantik und dem Pazifik kamen in den sechziger Jahren auf. Der Staat Panama wurde 1903 von den USA erfunden, um unter amerikanischer Hoheit in diesem neuen und angeblich souveränen Territorium den Bau eines Kanals zu ermöglichen. Der Kanaldurchstich erfolgte 1914, 1920 wurde der Kanal seiner Bestimmung übergeben. Die Besorgnisse um den Pazifikraum führten außerdem zur Besetzung und Annexion der Midway-Inseln 1867 sowie zum Erwerb von Häfen zur Kohleversorgung für die amerikanische Kriegsflotte auf den Inseln Samoa und Hawaii.

1886 hielt Captain Alfred Thayer Mahan eine Reihe von Vorlesungen vor Offizieren an dem neuen Naval War College in Newport, Rhode Island, die vier Jahre später unter dem Titel *The Influence of Sea Power upon History* [Der Einfluß der Seemacht auf die Geschichte] veröffentlicht wurden: ein Buch, das auf die Umwandlung der USA von einer kontinentalen Macht in ein Pazifikimperium einen gewaltigen Einfluß ausübte. Mahan führte aus, die nationale Sicherheit beruhe nicht mehr auf der Verteidigung des Kontinents und der Isolation, sondern auf dem Besitz von Kolonien und dem Schutz der Schiffsrouten, auf denen der internationale Handel betrieben werde. »Da das wichtige und vorherrschende Interesse der Welt heute der Handel ist, läßt sich nachweisen, daß infolge der damit verbundenen Expansion der Überseehandel, politische Erwerbungen in Übersee und Schiffshandelswege heutzutage die Hauptziele der Außenpolitik zwischen den Nationen sind. Das Mittel zur Aufrechterhaltung einer auf diese Ziele gerichteten Politik ist die Kriegsmarine (...).« Ferner sagte er, die nationale Expansion erfolge nicht etwa aufgrund einer »vorsätzlichen List unsererseits«, sondern sie sei »natürlich, notwendig und unaufhaltsam«.

Mahan verkörperte den wichtigsten intellektuellen Einfluß auf die Entwicklung des neuen amerikanischen Willens zum Imperium. Dieser Wille brach 1898 über das spanische Imperium herein, zerstörte es über Nacht und verhängte durch die Einnahme von Spaniens wichtigsten Besitzungen in der Karibik und im Pazifik – Kuba, Puerto Rico, die Insel Wake und die Philippinen – die in der Geschichte Spaniens so bezeichnete »Katastrophe«. Hawaii wurde ebenfalls annektiert. Präsident William McKinley, der in seiner

Antrittsrede ein Jahr zuvor gesagt hatte: »Wir wollen keinen Eroberungskrieg; wir müssen der Versuchung einer territorialen Aggression entgehen«, befaßte sich 1898 mit dem Problem des Status der Philippinen. Seinem eigenen Bericht zufolge kniete er nieder und flehte um Rat; in den frühen Morgenstunden hörte er die Stimme Gottes, die ihn unterwies, die Philippinen zu annektieren. Als es dann um Hawaii ging, zog McKinley den Schluß: »Wir brauchen Hawaii genau so sehr und noch ein ganzes Stück mehr, als wir früher Kalifornien brauchten. Das ist ein offenkundiges Schicksal.«

Der neue amerikanische Imperialismus hatte noch eine andere, einfachere Ursache. Nach dem Bürgerkrieg erlebte das Land einen gewaltigen wirtschaftlichen Aufschwung. Die Industrie überflügelte rasch diejenige Westeuropas. Die bäuerlichen und stoischen Werte des Zeitalters von Jefferson und Washington fanden kaum noch Anklang. Das Amerika des »Gilded Age«, des Goldenen Zeitalters, wollte seinen Platz an der Sonne und war bereit, ihn zu kaufen, so wie die Töchter seiner Handels- und Industriebarone in England und auf dem europäischen Festland Adelstitel kauften. Die vorherrschende Geschichtsphilosophie war der Sozialdarwinismus, dessen Hauptthesen in Theodore Roosevelts Aussagen offen zutage liegen: »Die [nationale] Expansion [in Europa] hat in jedem Einzelfall stattgefunden, weil die Rasse eine große Rasse war. Sie war ein Zeichen und ein Beweis für die Größe der expandierenden Nation, und außerdem müssen wir berücksichtigen, daß sie für die Menschheit jedesmal eine gar nicht zu berechnende Wohltat war (...) Wenn große Nationen sich vor der Expansion fürchten oder vor der Expansion zurückschrecken, dann deshalb, weil es mit ihrer Größe zu Ende geht. Befinden wir uns denn in der Blüte unserer tatkräftigen Jugendzeit, am Anfang unseres glorreichen Mannesalters, um uns unter Erschöpften niederzulassen und unseren Platz bei den Schwachen und den Feiglingen einzunehmen? Tausendmal Nein!« Es war Spaniens Unglück, daß seine dürftig verteidigten Kolonien in Reichweite lagen.

Roosevelts Erfolg ist weniger der eines politischen Reformers als der eines Predigers von männlichen und militärischen Tugenden, die er vom Materialismus einer sich ausdehnenden Kommerzgesellschaft bedroht sah. Nach seiner Auffassung betrachteten die »kommerziellen Schichten Amerikas alles nur zu gerne unter dem Gesichtspunkt 'Zahlt es sich aus?', und mancher Kaufmann nimmt an der Politik deshalb keinen Anteil, weil er kurzsichtig genug ist, zu glauben, es werde sich für ihn eher lohnen, wenn er nur darauf warte, Geld zu verdienen (...). Leider ist es überdies wahr, daß bei den gebildeten Menschen und Hochschulabsolventen die allgemeine Tendenz besteht, die gröberen und männlicheren Tugenden zu verachten (...).« Er war genau der richtige Mann für das amerikanische Zeitalter des Imperialismus. Richard Hofstadter beschreibt seine Eigenschaften so: »(...) romantischer Nationalismus, Verachtung materialistischer Ziele, Anbetung der Stärke und Kult der persönlichen Führung, Appell an die vermittelnden Elemente in der Gesellschaft, die Idee, über den Klassen und Klasseninteressen zu stehen, ein Grandiositätsgefühl für das Schicksalhafte und sogar eine Spur von Rassismus«. (Als Hofstadter dies 1949 niederschrieb, setzte er diese Eigenschaften mit denen des »recent authoritarianism«, der neuerlichen autoritären Haltung, gleich, auch wenn sie einem in erster Linie als die Eigenschaften erscheinen, die Winston Churchill und Charles de Gaulle besaßen.)

Der Imperialismus der neuen amerikanischen Nation gab sich nie als das zu erkennen, was er war, da Kuba und die Philippinen angeblich erobert wurden, um ihre Bewohner (unsere »little brown brothers«, unsere »kleinen braunen Brüder«, wie der zeitgenössische Ausdruck lautete), zu befreien, obwohl diese Einwohner rasch ihren Wunsch äußerten, sowohl von den USA als auch von Spanien frei zu sein. Die amerikanischen Beziehungen zu Kuba sind seither ständig durch Washingtons Beteuerungen gekennzeichnet, alles, was Washington bei seinen fortwährenden Interventionen mache, geschehe im Grunde nur zum Besten der Kubaner und sei völlig frei von eigennützigen Interessen (diese Haltung setzt sich auch heute noch fort). Über die Philippinen sagte Elihu Root, Kriegsminister von 1889 bis 1904, später Außenminister der ersten Roosevelt-Regierung und Empfänger des Friedens-Nobelpreises: »Eine Regierung beruht nicht auf Konsens. Die unveränderlichen Gesetze der Gerechtigkeit und der Menschlichkeit verlangen, daß ein Volk eine Regierung hat, daß die Schwachen geschützt werden, daß Grausamkeit und Willkür verhindert werden, ob nun Konsens besteht oder nicht (...). Ein philippinisches Volk gibt es nicht.« Es bedurfte eines dreijährigen Krieges, um die philippinischen Inseln zu befrieden. Dabei starben eine Viertelmillion Menschen, von denen nur fünftausend amerikanische Soldaten waren. Der Widerstand der Muslime von Mindanao und dem Archipel Sulu – der »Moros« – setzte sich bis 1916 fort. Danach versprach man den Filipinos die baldige Unabhängigkeit – die sie dann im Jahre 1946 erhielten. Heuchelei war immer schon die Tugend des amerikanischen Imperialismus gewesen.

Der Moralismus in der amerikanischen Sichtweise machte es leichter, den nationalen Expansionismus der imperialistischen Zeit durch einen reformerischen Internationalismus zu ersetzen. Der Sozialdarwinismus war eine unnachgiebige Doktrin, und die Zahl derer, die durch ihn verloren und gedemütigt wurden, ist ebenso groß wie die Zahl seiner Sieger. Woodrow Wilsons liberaler Internationalismus lieferte einen Ausdruck für jene Form des amerikanischen Nationalismus, die man exakter als nationalen Exzeptionalismus – die Auffassung von der Ausnahmestellung als Nation – beschreibt. Damit wird behauptet, daß die amerikanischen Tugenden nirgendwo eine Entsprechung finden und daß sie die Form einer vollkommeneren Gesellschaft repräsentieren, die die übrige Welt zu erreichen trachtet.

Die amerikanische Außenpolitik unter Wilson und dann wieder nach dem Zweiten Weltkrieg verkörperte den Versuch, die Werte und Institutionen der USA auf die internationale Gesellschaft auszudehnen. Dazu gehörte die Verpflichtung auf eine föderative politische Organisation, die seit dem Bürgerkrieg im Land vorherrschte. Daher die verstörte amerikanische Reaktion auf jede grundsätzliche Verteidigung des Nationalismus anderswo (wie etwa durch de Gaulle).[7]

Die direkte Quelle des amerikanischen Exzeptionalismus war eine andere intellektuelle Tendenz des 19. Jahrhunderts, nämlich die als »Social Gospel«[8] bezeichnete Denkrichtung im amerikanischen Protestantismus. Sie besagte, daß der Mensch das Böse nach und nach überwinde, wenn die menschliche Natur sich bessere, und sie implizierte, daß in den USA, dank der Verdienste ihrer politischen Institutionen, die menschliche Natur in einem rascheren Tempo verbessert werde als anderswo. Deshalb gebe es geradezu eine amerikanische Pflicht, die Wohltaten dieses Systems zu verbreiten.

Aus Frances FitzGeralds Untersuchung über den Einfluß der millenarischen oder prä-millenarischen Theologie (»wir leben in den letzten Tagen«) auf die amerikanische Politik geht hervor, daß die millenarische Auffassung in den Jahren des Kalten Krieges zwar sehr wichtig werden sollte (»wir stehen dem absolut

Bösen gegenüber; wenn wir uns hier [in Vietnam, in Nicaragua usw.] nicht durchsetzen, dann wird unsere Abwehr der Unordnung und des Bösen überall zusammenbrechen«), daß aber die Zeit von 1916 bis zum Kalten Krieg vom politischen Gnostizismus des »Social Gospel« beherrscht wurde. Natürlich hat er auch heute noch seinen Einfluß beibehalten. Obwohl er »ebensosehr eine Minderheitenposition war wie der Prä-Millenarismus bei den Protestanten [im Amerika des 19. Jahrhunderts] (...), war die allgemeine Richtung dieses Denkens doch weit verbreitet. Woodrow Wilson begab sich an die Pariser Konferenz mit der Gnostischen Vision, daß die USA der Welt durch einen Willensakt Frieden, Freiheit und Gerechtigkeit bringen könnten. Während und nach dem Zweiten Weltkrieg blähte genau diese Vision die rhetorischen Segel einer Vielzahl von öffentlichen Figuren, von Roosevelt bis Wendell Willkie und Henry Luce.«

Es handelt sich hier um eine Vision, die seitdem im amerikanischen politischen Diskurs ständig verkündet wird. Die Aufstellung eines Nachbaus der amerikanischen Freiheitsstatue auf dem Tiananmen-Platz in Peking im Jahre 1989 wurde in den USA für eine weitere Bestätigung dafür gehalten, daß die Sache Amerikas »die Sache der ganzen Menschheit« ist, wie Tom Paine es in *Common Sense* [1776] ausdrückte. Während der Regierungszeit von Reagan und Bush wurde generell behauptet, der Wunsch der ganzen übrigen Welt, die USA nachzuahmen, zeige sich in der großen Nachfrage, in die USA auszuwandern. Damit wurde übersehen, daß das Hauptmotiv für die Auswanderung die Armut und die politische Unterdrückung im Lande der Emigranten ist, und daß die Entscheidung über das Auswanderungsziel gewöhnlich danach getroffen wird, wohin die Menschen gehen können und von wem sie aufgenommen werden. Die amerikanische Siegerhaltung in der Zeit des Gnostizismus stand in einem merklichen Gegensatz zur Bescheidenheit einer früheren Zeit, als Lincoln bescheiden dafür betete, die Nation möge ihren Weg finden, indem sie den Willen Gottes erfülle.

In den ersten beiden Jahren des Ersten Weltkriegs dachten die USA ausschließlich daran, über dem Kampf zu stehen, moralisch anders zu sein, »der große Neutrale«, der Bewahrer vernünftiger und gerechter Werte der Friedenszeit und Verfechter des »Friedens ohne Sieg«. Der *Wabash Plain Dealer* behauptete 1914: »Noch nie haben wir die Weitsicht unserer Vorväter, aus Europa auszuwandern, so sehr geschätzt wie heute.« Diese Überzeugung von der moralischen Überlegenheit und der Distanz Amerikas wurde allerdings 1917 in eine Kampagne umgewandelt, um die »militärischen Herren Deutschlands« mittels eines Krieges zu vernichten, der schlechthin alle Kriege beenden sollte. Die USA galten nun nicht mehr nur als die einzigen, die höhere Beweggründe hatten als alle ihre Verbündeten, sondern man schrieb ihnen auch noch den Auftrag zu, Europa zu reformieren. Dies war verantwortlich für die Tragödie, die dann folgte. Richard Hofstadter schreibt über Wilson, der sich zur Friedenskonferenz von Versailles begab:

> »(...) was er wirklich wollte, war nicht nur ein 'Frieden ohne Sieg', sondern einen Sieg, dem sich ein siegloser Frieden anschließen sollte. Er wollte, daß die Alliierten und Deutschland als Sieger und als Besiegte an den Konferenztisch kämen und sich als verhandelnde Parteien hinsetzten. Die Ereignisse legten ihm alsbald die Unmöglichkeit eines solchen Verfahrens nahe. Zu einem der amerikanischen Experten, die ihn nach Paris begleiteten, sagte er: 'Wir sind an der Friedenskonferenz die einzigen Leute ohne eigenes Interesse, und die Men-

> schen mit denen wir zu verhandeln bereit sind, repräsentieren gar nicht ihr eigenes Volk.' Die zweite Äußerung war in gewisser Hinsicht eine unglückliche Wahnvorstellung, aber die erste war zutreffend: zum Teil dank des zurückhaltenden Einflusses von Wilson waren die USA die einzige Siegernation ohne jeden Anspruch auf Gebiete, Entschädigungen oder Beute (...). Die Konferenz war eine Angelegenheit dreier Parteien – Sieger, Besiegte und Wilson.«

In Wilsons Glauben, daß die anderen nationalen Führer bei dieser Konferenz nicht ihr eigenes Volk repräsentierten, kam seine Überzeugung zum Ausdruck, daß er selbst, als Amerikas Führer, es war, der sie vertrat, da die grundlegenden Werte und die allgemeinen Interessen der Menschheit genau diejenigen waren, die in den USA – deren Zustand die anderen Länder logischerweise anstrebten – bereits erreicht oder verwirklicht worden waren.

Dies war der höhere amerikanische Nationalismus der Wilson-Ära, der seit dem Zweiten Weltkrieg wieder ungebrochen vorherrscht. Sowohl der Völkerbund als auch die UNO verkörpern Programme zur Reorganisation der internationalen Gesellschaft gemäß den Werten der USA. George Kennan faßte Wilsons Bestreben wie folgt zusammen: der Völkerbund »sollte das Bewußtsein und die Macht der Menschheit gegen Aggression mobilisieren. Die autokratische Regierungsform sollte abgeschafft werden. Die Völker sollten selbst die Souveränität wählen, unter der sie leben wollten. Polen sollte ebenso wie die übrigen, unruhigen Völker des österreichisch-ungarischen Imperiums seine Unabhängigkeit erlangen. Diesmal sollte die Diplomatie offen und nicht geheim sein; Völker, nicht Regierungen sollten nunmehr den Lauf der Dinge bestimmen. Die Rüstung sollte durch wechselseitige Übereinkunft reduziert werden. Der Frieden sollte gerecht sein und sicher.« Die tatsächlichen Folgen waren anders.

Der höhere Nationalismus wurde vom Wiederaufleben eines niederen Nationalismus begleitet. Das Trauma des Weltkrieges und zweifellos auch das Trauma, daß es für Amerika wie ein Verrat wirkte, als die Russische Revolution sich in die Bolschewistische Revolution verwandelte, löste in den Monaten nach dem Waffenstillstand eine Welle von Nativismus, Chauvinismus und Rassismus aus. Damit verbunden war der Glaube, daß das Land von ausländischem Kommunismus und Anarchismus bedroht sei. Die Beziehung des amerikanischen Volkes zur Revolution war immer schon schwierig und zweideutig gewesen, und der bolschewistische Streich in Moskau wirkte auf die amerikanischen Vorurteile wie ein Schock. Im 18. Jahrhundert hatte es eine ernsthafte Auseinandersetzung darüber gegeben, ob das Land in den Krieg ziehen sollte, um die Französische Revolution zu unterstützen, die anfänglich für eine Nachahmung der Amerikanischen Revolution gehalten wurde. Später pries die Regierung unter John Adams die Revolution in Haiti und Toussaint L'Ouverture, schloß einen Vertrag mit ihm und lieferte ihm Waffen und Ausrüstung für seine Armee. Ebenso wie im Falle Frankreichs erlosch das Interesse, als deutlich wurde, daß die tatsächlichen Vorgänge mit der amerikanischen Erfahrung wenig zu tun hatten.

1917 wurde die Februarrevolution in ähnlicher Weise willkommen geheißen. Sieben Tage nach der Abdankung des Zaren erkannten die USA die neue russische Regierung Alexander Kerenskis an. Sie waren die ersten. Präsident Wilson erklärte, Rußland sei nun ein »geeigneter Partner für einen Bund der Ehre«, und der amerikanische Botschafter in Sankt Petersburg sagte, er erwarte von der Revolution, daß sie »eine Republik hervorbringe, und zwar mit einer Regierung, die auf korrekten Grundsätzen beruhe«. Dann aber ergriffen die Bolschewisten die Macht und erklärten, ihre Revolution habe überhaupt nichts mit dem bisher Vorgefallenen zu tun, sondern sei ein völlig neuer Aufbruch in der Weltgeschichte. Diesmal waren die USA als Großmacht die letzten, die die neue Regierung anerkannten. Wie Gordon S. Wood schrieb, hing die amerikanische Feindschaft gegenüber den Bolschewisten sehr eng damit zusammen, daß die Sowjetunion »mit nichts Geringerem drohten, als die USA aus ihrer Vorreiterrolle in der Geschichte zu verdrängen. Nun erhoben die Russen und nicht mehr die Amerikaner den Anspruch, den Weg in die Zukunft zu weisen (noch erschreckender war, daß es in den zwanziger und dreißiger Jahren einige Amerikaner gab, die diesem Anspruch zustimmten).

Die Antwort auf dieses Problem war die Entscheidung, daß die bolschewistische Revolution eine falsche Revolution war, die sich zu Unrecht als eine echte demokratische Revolution ausgab: sie sei das Werk einer eigennützigen verschwörerischen Minderheit, die sich mittels Propaganda und Subversion durchsetzte – was freilich stimmte. Dasselbe wurde später von den Revolutionen in China, Kuba und Vietnam gesagt sowie von den meisten anderen Bewegungen in der Dritten Welt, die sich im Namen der Proletarischen Revolution oder mit Hilfe der Sowjetunion, Kubas oder Chinas gegen die etablierten Mächte erhoben. Die USA isolierten sich jedoch mit ihrer Behauptung, sie allein stünden für wahre revolutionäre Werte ein, immer mehr.

Der nativistische Nationalismus, der nach dem Ertsen Weltkrieg eine Zeitlang überwog, drückte mehr als nur die Enttäuschung darüber aus, daß die amerikanische internationalistische Reform gescheitert war. In den USA hatte es bei denen, die bereits Amerikaner waren, gegenüber den Neuankömmlingen immer schon eine Strömung des unverblümten Nativismus und des Ausschließungsdenkens gegeben. Der Historiker John Lukacs beschrieb die Ereignisse nach 1920 als Verwandlung des »Amerikanismus« »aus einer Ideologie des Werdens [Assimilation der Einwanderer] in eine Ideologie des Seins«. Was in früheren Zeiten Patriotismus gewesen war, wurde nun zur Ausschließung und zur rhetorischen Aggression. Die Gewohnheit, bei Sport- und Schulveranstaltungen die Nationalhymne zu spielen, die Lukacs als »militärische Verzierung und Einrahmung von Schulparaden« bezeichnet, und das Aufsagen des Treuegelöbnisses in den Schulen waren samt und sonders Neuerungen der Zeit nach 1919, genau so wie die Radikalen- und Anarchistenhetze der sogenannten »Palmer raids« [Palmer-Razzien]. A. Mitchell Palmer (kaum zu glauben daß er unter dem Namen »the fighting Quaker«, »der kämpfende Quäker« bekannt wurde) war Wilsons Justizminister. Da er überzeugt war, die bolschewistisch/anarchistische Revolution – im Kopf des Justizministers mit der Gewerkschaftsbewegung gekoppelt – stehe unmittelbar bevor, wandte er Silvester 1920 das aus der Kriegszeit stammende Gesetz gegen Aufruhr an, um Tausende von Personen, die man radikaler oder revolutionärer Aktivitäten verdächtigte, zwecks beschleunigter Ausweisung festnehmen zu lassen. Sechstausend von ihnen wurden schließlich verhaftet. Zwar mußten die meisten Anklagen aus Mangel an Beweisen fallengelassen werden, doch sollte die scharfe Ausländerfeindlichkeit, die in Palmers Aktionen zum Ausdruck kam, den Rest des Jahrzehnts kennzeichnen. Gewerkschaftsorganisationen wurden angefochten, Schulbücher wurden zensuriert, und rassistische, antisemitische und antikatholische Kampagnen kamen auf.

Das Einwanderungsgesetz von 1924 schränkte die Gesamtzahl der Einwanderer auf 150 000 pro Jahr ein und legte nationale Quoten fest, die an die bestehende Zusammensetzung der Nationalitäten in den USA gekoppelt waren. Der wiederbelebte Ku Klux Klan (eine

Nachahmung des KKK aus der Phase des Wiederaufbaus) hatte 1920 einige hundert Mitglieder, 1924 bereits viereinhalb Millionen. Eine Zeitlang wurde er in Oregon, Oklahoma, Texas, Arkansas, Indiana, Ohio und Kalifornien zur beherrschenden politischen Macht. Sein Zweck bestand darin, »weiße männliche Personen, gebürtige christliche Bürger der USA, die keinerlei Bindung an irgendeine Regierung, Nation, Institution, Sekte, Führer, Person oder Volk des Auslands haben (...), zu vereinen, um für alle Zeit die Überlegenheit der Weißen aufrechtzuhalten (...) und die herausragenden Institutionen, Rechte, Privilegien, Grundsätze, Traditionen und Ideale eines reinen Amerikanismus zu bewahren, zu schützen und aufrechtzuhalten.«

Dieser nativistische und populistische Fremdenhaß in der Zeit nach dem Ersten Weltkrieg ähnelte dem McCarthyismus der fünfziger Jahre, als das Land erneut von einer Jagd nach angeblichen Subversiven erschüttert wurde (oftmals eine Ablenkung von echten Subversiven, von denen es in der noch nicht völlig erloschenen Glut der westlich-liberalen Begeisterung für die Russische Revolution noch einige gab: gewöhnlich arme Idealisten, wie die schließlich auf dem elektrischen Stuhl hingerichteten Sowjetspione Ethel und Julius Rosenberg). Allerdings gab es einen Unterschied. Der nativistische Nationalismus von früher florierte bei den angelsächsisch-keltischen Protestanten der Arbeiterklasse, im Grundbestand des Landes, der sich von der katholischen und jüdischen süd- und osteuropäischen Einwanderung bedroht fühlte. Der MacCarthyismus war ein Phänomen bei den vor kurzem assimilierten Einwanderern, meist Katholiken, die beweisen wollten, daß die Reinheit ihres »Amerikanismus« dem der zwar alt-etablierten, aber liberalen und kosmopolitischen anglophilen Protestanten überlegen war. Das Außenministerium – dem man zuschrieb, »China verloren« zu haben und auch für andere Unnanehmlichkeiten der Nachkriegszeit verantwortlich zu sein –, war neben den etablierten Institutionen der Privatschulen und der Presse im Osten sowie dem öffentlichen Dienst ein Hauptziel der Angriffe des McCarthyismus. Die ideologische Eigenart der amerikanischen Staatsbürgerschaft zeigte sich erneut in der Behauptung, diese Individuen und Gruppen ergingen sich in »unamerikanischen« Aktivitäten. Unfranzösische oder unschwedische Aktivitäten sind undenkbar, da *Frenchness* und *Swedishness* [Französisch-sein, Schwedisch-sein] Zustände und keine politischen Verpflichtungen sind.

Diese Art des ausschließenden Nationalismus war in den zwanziger und fünfziger Jahren nichts Neues. Die USA hatten in der Mitte des 19. Jahrhunderts ihre »Know-Nothing«-Bewegung[9], die gegen die Einwanderer und gegen die Katholiken gerichtet war (ihre Angehörigen pflegten bei Nachfragen über die Führer und das genaue Programm ihrer Bewegung stets mit »Ich weiß nichts« zu antworten). Gegen Ende des 19. Jahrhunderts gab es eine starke anti-orientalische Agitation (die zum Einwanderungsgesetz von 1882 führte, das Einwanderer aus Ostasien fernhielt). Dies alles verkörperte eine Verteidigungshaltung der amerikanischen Nation und ihres Status in einer internationalen Gesellschaft, die nach wie vor von den großen europäischen Mächten, vom intellektuellen Leben Europas und von europäischen Sitten beherrscht wurde.

Die Zeit des defensiven Nationalismus der USA endete mit dem Zweiten Weltkrieg. Was nun folgte, war ein anderes Phänomen, das weder isolationistisch noch xenophob, sondern liberal und internationalistisch und in steigendem Maße auch ideologisch ausgerichtet war. Einige Leute sahen die neue totalitaristische Herausforderung in einem metaphysischen Begriffsrahmen. Der großartige, wenn auch großartig irrende James Burnham, ein früherer Trotzkist und späterer intellektueller Ahnherr des amerikanischen Neokonservativismus, schrieb in der Winterausgabe der *Partisan Review* 1944-1945, daß die Sowjetmacht,

> »ebenso wie die Wirklichkeit des Einen im Neuplatonismus (...) nach außen fließt, im Westen nach Europa, im Osten nach dem Nahen Osten, wobei sie bereits an die Ufer des Atlantiks, des Gelben und des Chinesischen Meeres, des Mittelmeeres und des Persischen Golfes schlägt. Ebenso wie das ungeschiedene Eine in seinem Fortgang die Stadien des Geistes, der Seele und der Materie durchläuft und dann durch seine verhängnisvolle Wiederkehr zu sich selbst zurückkehrt, so schreitet die Sowjetmacht im Ausgang von dem völlig totalitären Mittelpunkt nach außen: durch Absorption (die baltischen Staaten, Bessarabien, Bukowina, Ostpolen), durch Vorherrschaft (Finnland, die Balkanländer, die Mongolei, Nordchina und morgen Deutschland), durch richtungsgebenden Einfluß (Italien, Frankreich, Türkei, Iran, Mittel- und Südchina), bis sie im MH ON [Nichtsein, Nichts] zerstreut ist, in der äußeren materiellen Sphäre vorübergehender Beschwichtigung und Infiltration, jenseits der eurasischen Grenzen (England, die Vereinigten Staaten).«

Eine metaphysische Herausforderung paßte den Amerikanern der vierziger Jahre und danach sehr gut. Es ging um die Freiheit gegen das Böse. Die metaphysische Sprache hielt sich in den Reden der Präsidenten unangefochten durch die Regierungszeiten Ronald Reagans und George Bushs hindurch.

Die Zeit seit den fünfziger Jahren bis zum Ende des Kalten Krieges erlebte einen jähen Verfall im Einfluß der religiösen Hauptströmung sowie eine wachsende

Zahl von Einwanderern aus Asien, denen die Konventionen und Symbole der traditionellen amerikanischen Nationalstaatlichkeit fremd waren, so daß Lukacs feststellt, »daß der Nationalismus mit seinen Symbolen und seiner zweckbedingten Rhetorik vielleicht die einzige Religion ist, die den Massen der ansonsten zusammenhangslosen Amerikaner noch gemeinsam ist«. Der Zweite Weltkrieg hatte beim Volk eine starke Entwurzelung bewirkt, und die wirtschaftliche Umwandlung des Landes nach dem Krieg brachte es mit sich, daß die regionalen Identitäten des Landes verloren gingen, die für seine geschichtliche Entwicklung entscheidend gewesen waren, weil sie die Amerikaner an bestimmten Orten und in einer unerschütterlichen Gelassenheit im Hinblick auf die Ereignisse anderswo verankert hatten. Noch in den vierziger Jahren existierte der Süden als eine Region, als ausgeprägte Kultur mit einer kraftvollen und originellen Literatur, und war in mancher Hinsicht noch eine Nation für sich. Beendet wurde dies durch den physischen und sozialen Wandel und durch die von Krieg und Nachkriegswirtschaft aufgezwungene Mobilisierung und Mobilität. Die rivalisierende regionale Zivilisation Neuenglands, für die Henry Adams repräsentativ war – »ich gehöre der Klasse von Menschen an, die großes Vertrauen in dieses Land haben und die glauben, daß es in einem anderen Jahrhundert, wenn die Reihe an ihm ist, das letzte Wort der Zivilisation zu sagen haben wird« –, war schon lange vor dem Ersten Weltkrieg verwelkt. Die ausgeprägte Hochkultur Neuenglands war von einem grimmigen Calvinismus zum Unitarierglauben, zum Transzendentalismus und zu einer farblosen Christlichen Wissenschaft verblaßt. Die Literatur Neuenglands war nach der Auswanderung von Henry James und dem Tod von Henry Adams an ihr Ende gelangt. Im Amerika der fünfziger Jahre setzte sich nur der Oststaatler Edmund Wilson aus New Jersey und dem Staat New York mit einer bedeutenden literarischen und intellektuellen Arbeit durch, die außerhalb der unglaubwürdig wirkenden und auf sich selbst bezogenen akademischen Welt geleistet wurde. Als intellektuelles und literarisches Phänomen war der Regionalismus des Mittleren Westens eine kurzlebige Angelegenheit – Willa Cather, Theodore Dreiser, Harriet Monroe, *Poetry*[10], *The Midland.* Die bedeutenderen literarischen Figuren des Mittleren Westens von damals und später zogen weg, um unter kosmopolitischeren Bedingungen zu leben, von denen sie dann enttäuscht wurden.

Die regierende Schicht von Neu England-New York, die die Finanz- und Industrieinstitutionen der USA seit dem Bürgerkrieg bis zur Regierung Richard Nixons beherrschte, wurde als politische Klasse durch die Vietnam-Katastrophe – die sie hauptsächlich zu verantworten hatte – vernichtet. Ihre Angehörigen, die in den Regierungen Kennedys und Johnsons (und in denen der Vorgänger) führende Positionen innehatten, waren zu der Überzeugung gelangt, daß der vietnamesische, chinesische, kubanische und sowjetische Kommunismus mit dem Radikalismus der Dritten Welt gekoppelt war. Sie waren im Unterschied zu ihren Vätern (bei einigen traf dies buchstäblich zu) entschlossen, weder den Totalitarismus zu beschwichtigen noch einen Verbündeten zu opfern, wie dies in München geschehen war. Weil sie in den sechziger Jahren die geschichtliche Besonderheit Vietnams verkannten und bereitwillig ein ideologisiertes Weltbild übernahmen, wurden die USA in eine Krise gesteuert, von der man mit Recht sagen kann, daß sie sich davon noch nicht wieder erholt haben. Clinton wurde 1993 zum Präsidenten gewählt, obwohl er ein Gegner des Vietnam-Krieges gewesen war. George Bush war der letzte Vertreter des sogenannten Eastern Establishment, der in Washington die oberste Macht innehatte: ein fieberhafter Erbe des Vermächtnisses der Adams, Lodge und Quincy; Opfer einer neuen Gesellschaft, in welcher der Markt die Werte bestimmt, auch wenn er sich selbst als Texaner auszugeben versuchte.

Das alte Amerika war das Amerika der ursprünglichen Staaten und der Öffnung des Westens. Im Amerika der Einwanderer ging es darum, (nicht immer erfolgreich) neue Wurzeln zu schlagen in städtischen Gettos sowie in der Umgebung und den Städten der Zentralstaaten und des Mittleren Westens. Hier entstanden Schwedenstädte und Klein-Böhmen ebenso wie ein Deutsches Milwaukee, ein Holländisches Pella in Iowa, Siedlungen der Mennoniten und solche von pietistischen Sozialisten (die in Amana, Iowa sich mit der Herstellung von Waschmaschinen zu befassen begannen). Es gab deutsche und schwedische Siedlungen mit Lutherseminaren, Prioreien und Abteien deutscher Benediktiner – und sogar Trappisten –, irische Klosterschulen, exilierte französische Religionseinrichtungen (aus denen die University of Notre Dame du Lac hervorging, die sich dann erst in Amerika in die »Fighting Irish«, die »Kämpfenden Iren« verwandeln konnte). Sie schufen ein kompliziertes, überwiegend religiös gefärbtes Amerika, das sich der Assimilation und der Vereinfachung hingab. Es war das Amerika des Amerikanischen Traums, das heute ruhmreich untergegangen ist und nur noch auf Zelluloid aufbewahrt wird in jenen Filmen aus den dreißiger und vierziger Jahren, die selber Träume von Amerika waren, hergestellt von eingewanderten Juden, wie man sagte, in einem Hollywood, das auch ein amerikanischer Traum war und heute ebenfalls untergegangen ist.

Die Vereinigten Staaten von heute wurden durch den Krieg in Vietnam eingeleitet, der ein Produkt des liberalen Optimismus und des Glaubens an die universale Bedeutung der demokratischen Werte Amerikas war. Gerechtfertigt wurde er mit der These, die kommunistische Bewegung in Südvietnam sei der Agent einer vorsätzlichen und provozierenden Politik der internationalen Aggression Chinas, mit der die Weltmacht aus dem Gleichgewicht gebracht werden sollte, indem der Radikalismus der Dritten Welt, die »ländliche Welt«, gegen die »städtische Welt« der westlichen demokratischen Mächte mobilisiert wurde.

Die amerikanische Regierung hatte ein uneingeschränktes und klares Vertrauen in ihre übernommene Mission, in Asien die Demokratie als Rivalen des Kommunismus einzurichten, und in Washington konnten sich nur wenige vorstellen, daß die Vereinigten Staaten nicht siegen würden. Dieser Eingriff in die nationale Revolution Vietnams hatte offensichtliche Ähnlichkeiten mit den imperialistischen Eingriffen der USA von 1898 in die Kolonialaufstände auf Kuba und den Philippinen. Ihr Ziel war das gleiche wie bei Wilsons Kreuzzug von 1917-1919. In ihm kam das gleiche Vertrauen in die Bedeutung der amerikanischen Demokratie für ein aufständisches Asien zum Ausdruck, das Franklin Roosevelts Förderung des China der Kuomingtang als einer der »Großen Vier« des 2. Weltkriegs bestimmte: mit einem 1945 gewährten permanenten Sitz im UNO-Sicherheitsrat samt Vetorecht.

Die Intervention in Vietnam war Ausdruck des höchsten nationalen Vertrauens Amerikas auf dem Höhepunkt einer Zeit, als die USA nicht nur die stärkste Wirtschafts- und Militärmacht der Welt verkörperten, sondern auch der anerkannte »Anführer der freien Welt« waren. Der Präsident war nach amerikanischem Glauben, ohne sein Amt als Präsident der USA aufzugeben, zum Präsidenten der internationalen Demokratie und noch mehr geworden. Die westeuropäischen Nationen und Japan fügten sich dem nicht nur, sondern lösten wichtige eigene politische Probleme, indem sie amerikanische Satelliten wurden. Die amerikanische Politik wurde auch ihre Politik; der Widerstand gegen diese Entwicklung war erstaunlich gering. (Nur Charles de Gaulle machte Schwierigkeiten, doch auch seine Position hing von der Nutzung des sowjetisch-amerikanischen Gleichgewichts ab.) Die Freie Welt war für die USA nichts Äußerliches mehr, sondern eine Erweiterung oder Ausstrahlung der amerikanischen Nation. Der amerikanische Nationalismus war somit zu einem internationalistischen Patriotismus geworden; zumindest sahen es die Amerikaner so.

Der Krieg allerdings scheiterte. Vietnam war eine Niederlage. Zur allgemeinen Verwirrung sahen sich die Amerikaner nicht nur in der Verfolgung ihrer militärischen Ziele enttäuscht, sondern entdeckten auch, daß sie keineswegs unverkennbar auf der Seite der Tugend standen. Der Krieg, den die Vereinigten Staaten führten, wurde immer mehr von Scheußlichkeiten und Terror beschmutzt, so daß innerhalb der Armee eine Art stumme Meuterei erfolgte und im Lande eine politische Abscheu vor dem Geschehen zutagetrat, die stark und nachhaltig genug war, um zwei Präsidenten zu Fall zu bringen und die politische Gesellschaft Amerikas zu spalten und zu verbittern.

Der nationale Selbstzweifel, der die Vereinigten Staates seit dem Vietnamkrieg prägte, war die Befürchtung, Substantielles verschwendet und das moralische Erbe verraten zu haben. Damit ging ein offenkundiger Verlust jener Fähigkeit oder Bereitschaft (was zweifellos dasselbe ist) einher, gemeinsam zu arbeiten und gemeinsam zu opfern, was früher die besten Eigenschaften des amerikanischen Volkes gewesen waren. Reagans Präsidentschaft war das Zwischenspiel einer falschen Erneuerung, in der der Nationalismus des Landes beinahe zur Raserei wurde, als die reale Bedrohung des USA plötzlich stark abnahm. Die Sowjetunion war keine ernstzunehmende Kraft mehr; der paralysierte Leonid Breschnew eine wandelnde Metapher für den

Zustand seines Landes, das sich in den späten Jahren der Reagan-Regierung in die verzweifelte Anstrengung einer Reform gestürzt hatte, welche den Zusammenbruch nur noch beschleunigen sollte. Dennoch behandelten die USA die Sowjetunion mit einer übersteigerten Furcht und strebten nach Ersatz-»Siegen« über Grenada, Libyen und Panama – von Feiern der amerikanischen Macht begleitet, die in ihrem Siegergehabe derart übertrieben waren, daß sie einen lautstarken Beweis für die inneren Zweifel der Nation lieferten. In Wirklichkeit wollte die militärische Führung Amerikas gar keine Herausforderung mehr ohne ein gesichertes Ergebnis, und gleichzeitig wußte das amerikanische Volk, daß das Alltagsleben schlechter und nicht besser wurde.

Die Ära endete damit, daß das Land tief verschuldet war, die Industrie ins Wanken geriet, der Lebensstandard sank und die Aussicht auf eine Zukunft bevorstand, in der die Kinder schlechter als ihre Eltern leben würden – also mit einem Widerspruch zum vorrangigen und alles bestimmenden nationalen Optimismus. David Rieff schrieb, das Land entwickle sich so, daß in ihm trotz möglicher Aufstände der Armen (wie bei den Ausschreitungen in Los Angeles im Jahre 1992) »die Mittelschicht etwas weit Radikaleres getan hat: Sie hat sich abgesetzt, und es ist schwer zu sehen, wenn man einmal von einem Systemzusammenbruch der kapitalistischen Wirtschaft im Ganzen absieht, wie sich zwischen den High Tech-Spartanern und den verelendeten Heloten irgendeine Wiedervereinigung herbeiführen läßt.« George Bush zahlte 1992 bei den Präsidentschaftswahlen dafür den politischen Preis, als William Jefferson Clinton die Verantwortung für den Versuch unternahm, den Verfall rückgängig zu machen.

Der alte, expansive Nationalismus der Vereinigten Staaten seit 1898 bis zum Höhepunkt des Kalten Krieges beruhte auf dem Glauben – und dessen Erfüllung – an den »Einen unter Vielen«: an die Nation, die kein Volk war, sondern eine verwirklichte Idee. »Ich glaube, es ist die schönste Geschichte der Welt«, schrieb Scott Fitzgerald in einem Brief gegen Ende seines Lebens. »Es ist die Geschichte aller Hoffnung – nicht nur des amerikanischen Traums, sondern des Traums aller Menschen, und wenn ich an ihrem Ende ankam, dann ist auch dies ein Ort in der Reihe der Pioniere.« Die Nation der neunziger Jahre – mit ihrem Narzißmus, ihrer Besessenheit von materiellen Belohnungen, ihrem sinkenden Bildungsniveau, ihren neuen Einwanderern und der immer noch ungelösten Erbschaft der Sklaverei, die sich in den schwarzen Gettos ebenso zeigt wie in der Rhetorik und Realität des Rassenhasses – ist jedoch ein anderer, noch stärker gespaltener Ort als zuvor. Früher schon hatte Fitzgerald festgestellt, daß die Amerikaner seit dem Bürgerkrieg »die Tragödie durch das Melodrama und die Würde unter dem Leiden durch die Gewalt ersetzt« hatten: dies sollte sich als eine Prophezeiung für die letzten Jahrzehnte des Kalten Krieges und dessen Nachwirkungen erweisen.

Die Grundfragen blieben offen. Es gibt einen amerikanischen Nationalismus, der sich zu großem Altruismus als ebenso fähig erwies wie zu einer rachsüchtigen Gewalt gegen hilflose Feinde. Die Form, die er in Zukunft annehmen wird, hängt von der inneren Lösung ab: ob die Wiederbelebung der Nationalidee und damit des Selbstvertrauens der Nation Erfolg haben oder scheitern wird. Sonst verführt die unbestrittene Stärke des Landes vielleicht dazu, diese Vergewisserungen, die es im Inneren nicht zu finden vermag, außerhalb seiner zu suchen.

8 Liberaler Internationalismus

Ich benutze das Wort *Nationalismus* im vorliegenden Buch im weitesten Sinne und in mehreren Bedeutungen: Nationalismus ist ein Ausdruck für die ursprünglichsten Bindungen eines Individuums an eine Gruppe, die sowohl positive als auch destruktive Kräfte umfassen. Das Phänomen gab es schon lange bevor die Gruppe, mit der eine so leidenschaftliche Loyalität verbunden wurde, zum modernen Nationalstaat geworden war. Die Bindung kommt in Vereinigungen vor, die nichts mit dem Nationalstaat zu tun haben (zunächst einmal ist es offensichtlich die Bindung an die Religionsgemeinschaft; dann aber auch an den Fußballverein, was zwar trivial, aber bezeichnend ist, und außerdem kann die Bindung eine rationale Grundlage haben oder auch nicht). Sie läßt sich als eine Form der Eigenliebe verstehen. Außerdem ist sie ein Ausdruck der Hoffnung und eine Form von utopischer Erwartung. Sie wird sicherlich auch die Ersetzung des Nationalstaates durch irgendeine andere Form der politischen Vereinigung überleben – sofern ein solcher Wechsel eintreten sollte.

Ethnische und kommunale Konflikte, sowie rassische, religiöse und sprachliche Rivalitäten und Kämpfe, wie sie in Indien, in Sri Lanka, im südlichen Afrika, in Nordirland oder in Kanada stattfinden, oder wie sie heute zwischen Schwarzen und Weißen in den Vereinigten Staaten vor sich gehen, bestehen alle aus Gründen, die ursprünglich nichts mit den Nationalstaaten zu tun hatten. Die Leiden der Stammes- und Religionskonflikte in Afrika oder der Konflikt zwischen Hindus und Muslimen in Indien sind keine Streitpunkte des Nationalismus, auch wenn diese Leidenschaften mit denen des Nationalismus identisch sein mögen. Dasselbe gilt für den islamischen Fundamentalismus. Letzterer ist in der Lage, in der muslimischen Welt nationale Regierungen zu übernehmen und Formen der Politik hervorzurufen, die für die Westmächte äußerst unangenehm sind, wie es beispielsweise im Iran geschah, doch bleibt er ein Abwehr- und Reaktionsphänomen, das in einer Zivilisation und nur nebenbei in einem Nationalstaat auftritt. Dieser Fundamentalismus ist der Ausdruck des Scheiterns einer solchen Zivilisation, mit dem modernen, säkularisierten Westen unter gleichen Rahmenbedingungen zu konkurrieren. Er strebt die Macht über die islamischen Staaten an, weil der Staat das Vermittlungsinstrument für wirtschaftliche, technologische und militärische Stärke ist, mit dem der islamische Kämpfer sich sowohl gegen den verweltlichenden als auch den geopolitischen Einfluß der Industriegesellschaft wehren kann. Außerdem ist er eine Bewegung, die sich am Ende selber erschöpfen wird, da ihm die intellektuellen Mittel fehlen, um den islamischen Völkern das zu geben, was sie wollen. Andererseits ist der Nationalismus keineswegs etwas, das sich selbst erschöpfen wird – jedenfalls nicht zu unseren Lebzeiten.

Nationalismus ist der politische (und militärische) Ausdruck einer Form der Gruppenidentität in Verbindung mit einem bestehenden Staat oder mit einer Gemeinschaft, die zwar noch kein anerkannter Nationalstaat ist, aber glaubt, einer werden zu müssen.[1] Er kann auch eine Form des Utopismus sein. Der Krieg, der 1991 im früheren Jugoslawien begann, war keine unausweichliche kulturelle Explosion aus einer dunklen oder unverständlichen Vergangenheit heraus oder ein Vulkanausbruch, den niemand hätte verhindern können.[2] Zum Teil war er motiviert durch einen serbischen Utopismus, zu dem auch ein idealisiertes Bild der Vergangenheit gehört. Dennoch ist der Konflikt zwischen Serben und Kroaten im Grunde eine moderne Angelegenheit, die auf den Anfang unseres Jahrhunderts zurückgeht und mit dem allgemeinen Aufstieg der europäischen Nationalismen zusammenhängt. Dem Historiker Paul Garde zufolge, geht

> »die erste echte Feindschaftsbekundung auf 1902 zurück, als die Serben, voller Stolz auf die Wiedergeburt ihres Volkes, die getrennte Existenz einer eigenen kroatischen Nation anzufechten begannen und als der serbische Journalist Nikola Stojanovic in Zagreb einen Artikel mit dem provozierenden Titel 'Entweder eure Zerstörung oder unsere' veröffentlichte, der antiserbische Aufstände auslöste. Trotzdem hielt bis zum Ersten Weltkrieg eine serbisch-kroatische Koalition die Mehrheit der Sitze im kroatischen Parlament. Die Kluft tat sich erst 1918 wirklich auf, als die beiden Völker, zu ihrem wechselseitigen Unbehagen, in einem einzigen Staat vereinigt wurden – der jugoslawischen Monarchie –, in der die eine Seite, nämlich die Serben, die absolute Dominanz innehatten, und die andere als eine Nebensächlichkeit behandelt wurde. Alles übrige ist daraus hervorgegangen. Die Feindschaft zwischen beiden ist somit jüngeren Datums und bietet sich für jede Deutung an.«

Ein Programm zur Schaffung eines Großserbien auf Kosten der Kroaten und Bosnier wurde von Intellektuellen vorgeschlagen, die dem royalistischen Guerillaführer während des Krieges, Dragoljub Mihajovic, nahestanden, den die Alliierten während des Zweiten Weltkriegs zugunsten von Tito im Stich ließen und den Tito 1946 hinrichten ließ. (Als er 1946 in Belgrad verurteilt wurde, sagte er: »Ich habe viel gewollt. Ich habe vieles angefangen. Aber der Wind, der die Erde erzittern ließ, trug mich und mein Werk hinweg.«) Ein ähnliches Programm wurde von den Wissenschaftlern der serbischen Akademie der Wissenschaften nach dem Tod von Tito in den achtziger Jahren vorgeschlagen: Es diente als Rechtfertigung für den nationalen Expansionskrieg, den die serbische Regierung von Slobodan Milosevic 1991 gegen Slowenien, Kroatien und Bosnien-Herzegowina unternahm, als diese trotz ihrer Minderheitenbevölkerung von Serben ihre nationale Unabhängigkeit erklärten.

Ausgelöst wurde der Krieg durch die Entschlossenheit der Slowenen, Kroaten und der dominierenden Gemeinden in Bosnien-Herzegowina, die eigene Nation zum Souverän zu machen, und durch die ebenso große Entschlossenheit der Serben, daß sie dies nicht unter Bedingungen tun sollten, die jeweils auch die serbische Minderheitenbevölkerung einschlossen. Die Führungsschichten Serbiens, Kroatiens und Sloweniens als ethnische Nationen veranlaßten die Zerstörung jener Gemeinde, die gar keine sein wollte, nämlich diejenige, welche sich selbst als *bosnisch* kennzeichnete – was eine geographische Kennzeichnung und keine ethnische ist. Nach der Invasion in Bosnien-Herzegowina wurde »bosnisch« auch eine politische Kennzeichnung: die eines Engagements für eine weltliche und nicht-ethnische Politik im einstigen Jugoslawien – mithin eines Engagements für eine liberale Zukunft.

Der Nationalismus gebärdet sich dann am wildesten, wenn er enttäuscht wird, wie dies in der alten jugoslawischen Föderation geschehen war. Die auf dem gesamten Balkan und in Südosteuropa zu Beginn der neunziger Jahre verursachten Störungen, etwa in den aus der Sowjetunion hervorgegangenen Staaten, gehen nicht auf Bedrohungen von außen zurück, sondern auf Ängste aufgrund der Existenz nationaler oder ethnischer Minderheiten in Ländern, in denen andere Gemeinschaften dominieren. In allen diesen Ländern gilt die Minderheit jeweils als Bedrohung für die Integrität des Gastlandes, was zu einer Feindschaft führt, die die Unsicherheit der Minderheit noch vergrößert. Gerade weil die Minderheit da ist, wo sie ist, veranlaßt sie die Regierung, unter der ihre Angehörigen (ebenso wie die Bevölkerungsmehrheit) leben, zu dem Glauben, sie sei der Mehrheitsordnung gegenüber naturgemäß subversiv und verkörpere einen realen oder potentiellen Irredentismus im Namen jenes Landes, in dem ihre Nationalität die Mehrheit bildet. Das Interesse der Regierung und der Öffentlichkeit jenes Landes für die Minderheiten außerhalb seiner Grenzen wird als Beweis dafür angesehen. Der ungarische Premierminister Joszef Antall erklärte 1992, er sei Premierminister von 15 Millionen Ungarn. Da es in Ungarn selbst aber nur 10,4 Millionen Ungarn gibt, stärkte seine Behauptung natürlich den Verdacht, daß die Ungarn, die Bürger anderer Länder sind, künftige Subversive oder potentielle Agenten der nationalen Expansion Ungarns sein werden – oder es gar schon sind.

In Mitteleuropa und auf dem europäischen Balkan sind alle Parteien Opfer jener geschichtlichen Vermengung von Nationalitäten in den früheren osmanischen und habsburgischen Regionen, die durch das Muster der aufeinanderfolgenden Migrationsbewegungen verursacht wurde. (Auch die Lage in der früheren UdSSR geht darauf zurück, sowie auf eine zynische Politik Stalins, Nationalitäten umzusiedeln, um Nationalitätskonflikte dort zu erzeugen, wo es vorher keine gab, und um sich die Opposition gefügig zu machen.) Zu Zeiten des habsburgischen und osmanischen Systems gingen die Behörden mit ihren Untergebenen gemäß der jeweiligen religiösen oder gesellschaftlichen Identitäten um, die sich gleichsam übereinander gelagert hatten, wobei sie gewöhnlich keine vertikale Trennung zwischen ihnen zugrundelegten. Als dieser Komplexität ein modernes Staatsgefüge übergestülpt wurde, kam als Ergebnis das heraus, was in den Kapiteln 4 und 5 beschrieben wird. Der Staat fiel niemals ganz mit der nationalen Gruppe zusammen, und manche Gruppen – Juden, Zigeuner, die verschiedenen christlichen Gruppen für sich genommen – hatten überhaupt keinen Staat. Das Resultat verschlechterte gewöhnlich die Beziehungen zwischen diesen Gruppen, sobald sie Nationen oder nationale Minderheiten in anderen Nationen wurden; es verstärkte den Druck auf neue Grenzen, die keine »natürlichen« Grundlagen hatten, sondern das Ergebnis früherer dynastischer Teilungen oder Kriege beziehungsweise das gutgemeinte Werk der Beamten am Quai d'Orsay oder im Foreign Office waren, oder dasjenige Walter Lippmanns und seiner Kollegen in Washington in den Jahren 1917-1918. Die Ungarn in Siebenbürgen waren im Mittelalter eine Macht für sich, im 17. Jahrhundert waren sie autonom, im 18. Jahrhundert gehörten sie zu Österreich, nach 1848 zu Ungarn, nach 1918 zu Rumänien, 1940 erneut zu Ungarn und seit dem Ende des Zweiten Weltkriegs bis heute wiederum zu Rumänien. (Die Revolution von 1989, die den Sturz der Ceausescus herbeiführte, begann in Siebenbürgen.) Dabei ist Siebenbürgen noch ein einfacher Fall.

Die akutesten zeitgenössischen Probleme des Nationalismus treten in diesen Regionen auf, weil die dortigen Staaten ziemlich gut bewaffnet sind (in der ehemaligen Sowjetunion besitzen einige nach wie vor Atomwaffen) und zur aggressiven Bestätigung dessen entschlossen sind, was im Grunde ungesicherte nationale Identitäten sind. Demonstriert haben sie dies schon vor 1918, dann wieder im Vorfeld des Zweiten Weltkriegs, und nun betreiben sie es wieder seit 1989. Der Balkankrieg ist in der zeitgenössischen Geschichte ein Prozeß und nicht bloß eine Reihe von Ereignissen.

Der Rivale des Nationalismus, der Internationalismus, zeigte drei bedeutende moderne, säkulare Manifestationen. Die erste war der Marxismus, der in den drei Sozialistischen Internationalen und in dem nach 1945 eingerichteten kommunistischen System seine politische Existenz fand. Die zweite war der nationalsozialistische Rassismus, der angeblich minderen Völkern, Rassen und ihren Nationen die Herrschaft der nordischen Völker aufzuerlegen versuchte. Die dritte ist der liberale Internationalismus.

Man muß zugeben, daß der Rassismus auch ohne die Nazis eine zwar internationale, aber keine internationalistische Erscheinung ist. Wenn er eine politische Form annimmt, gleicht er dem Nationalismus. Der Antisemitismus ist ein besonders verbreitetes internationales Phänomen, nicht nur wegen des doktrinären christlichen Anspruchs, das Judentum überwunden zu haben, samt der damit einhergehenden traditionellen Feindschaft gegenüber den Juden und dem Judentum in den christlichen Ländern, sondern auch deshalb, weil der Antisemitismus häufig mit Klassenfeindschaften verbunden ist und weil er ein bequemes Ausdrucksmittel für die populäre Neigung ist, politische Ereignisse durch Verschwörungstheorien zu erklären. (Daher auch die bereits erwähnte merkwürdige Sache mit dem japanischen Antisemitismus.) Der politische Ausdruck des Antisemitismus nimmt ebenso wie der des Rassismus gewöhnlich eine nationalistische Form an, auch wenn fast überall in der islamischen Welt ein aus praktischen Gründen vom Antisemitismus nicht zu unterscheidender Antizionismus ein politisches Motiv darstellt.

Ebenso wie der Nationalismus ist auch der liberale Internationalismus eine Erscheinung des 19. und 20. Jahrhunderts. Er bietet einen modernen politischen Ersatz für den kulturellen Internationalismus an, der mit dem Aufstieg des Nationalismus verloren ging.[3] Das nach den napoleonischen Kriegen durch den Wiener

Kongreß wiederhergestellte internationale dynastische System begann mit den Revolutionen von 1848 und dem wachsenden Einfluß republikanischer und nationalistischer Empfindungen erneut zu zerfallen. Unter diesen Umständen erschien eine Reform der internationalen Beziehungen aufgrund eines erweiterten internationalen Rechtssystems als ein natürlicher Fortschritt. Innerhalb der modernen Staaten, wo die Justiz entpersonalisiert und die Ansprüche von Blut und Rang durch die auf Gleichheit und Staatsbürgerschaft gegründeten gesetzlichen Rechte ersetzt worden waren, hatte dies bereits stattgefunden. Auch der Handel war zu der unpersönlichen Vertragsbeziehung, zum anonymen Käufer und Verkäufer übergegangen.

Eine Theorie des internationalen Rechts oder des Völkerrechts gab es seit dem 17. Jahrhundert in den Schriften von Hugo Grotius, auch wenn Hobbes und andere in der Folge die Möglichkeit eines echten Völkerrechts bestritten, weil es keine internationale Instanz gab, um es durchzusetzen. Trotzdem wurden die zwischen den Staaten geschlossenen Verträge und eine wachsende Zahl von internationalen Vereinbarungen zwischen den größeren Mächten über Probleme des Handels, der Seefahrt, Piraterie, Neutralität, Blockade usw. im allgemeinen so eingehalten, als ob es sich dabei um Gesetze gehandelt hätte. Diese Vereinbarungen bildeten dann den Kernbestand einer internationalen Legalität, die gegen Ende des 19. Jahrhunderts rasch erweitert wurde. Die Genfer Konvention von 1864 befaßte sich mit der Behandlung von Verwundeten im Krieg. Es gab Konventionen über den Status von Kriegsgefangenen, über internationale Nachrichtenverbindungen, über Seerettungsdienste, über die Unterdrückung des internationalen Handels mit der Prostitution, über die Regelung des Gütertransports und des Postverkehrs und andere Dinge.

Bei den Haager Friedenskonferenzen von 1899 und 1907 wurde eine Reduktion des nationalen Rüstungsstandes versucht, und es wurden mehrere Vereinbarungen zur Kriegsführung [Haager Landkriegsordnung] getroffen. Der Haager Gerichtshof wurde 1899 als Ständiger Internationaler Schiedshof zur Schlichtung von Streitfällen zwischen Nationen eingerichtet. 1910 gründete der Stahlmagnat Andrew Carnegie – ein schottischer Optimist – seine Stiftung für den Internationalen Frieden und gab die Anweisung: »(...) wenn der Krieg als Schande für den zivilisierten Menschen abgeschafft sein wird, soll das Kuratorium sich überlegen, welches die nächste große Schändlichkeit ist, deren Verbannung (...) den Fortschritt, die Verbesserung und das Glück des Menschen am meisten fördern würde (...).«

Vor diesem Hintergrund erfolgten im 20. Jahrhundert drei große Versuche zu einer Reform in den internationalen Beziehungen; zwei davon waren universal, einer regional. Es handelt sich um den Völkerbund, die Vereinten Nationen und die Europäische Gemeinschaft. Ungeachtet seiner Verdienste wurde der Völkerbund durch den Aufstieg der faschistischen Diktaturen und Aggressionen ausgehöhlt und brach mit dem Beginn des Zweiten Weltkriegs zusammen.

Die UNO – United Nations Organization – wurde von den siegreichen alliierten Mächten nach dem Zweiten Weltkrieg gegründet und leistet seither sehr viel nützliche Arbeit in technischen und humanitären Dingen. Sie war aber bis in die späten achtziger Jahre hinein durch langwierige politische Auseinandersetzungen aufgrund des Kalten Krieges und des Vetorechts der Großmächte paralysiert. Inzwischen hat sie neue Kraft gewonnen als Instanz einer internationalen Verständigung zur Beilegung von Konflikten, zur Wahrung des Friedens und (im Falle Kuweits) zur Beseitigung von kriegerischer Aggression. Allerdings hat sie kaum eine Ähnlichkeit mit jenem »Parlament der Menschheit, einer weltumspannenden Föderation«, wie ihre Gründer, zum Beispiel Tennyson, sie anstrebten: als »die Kriegstrommel nicht mehr schlug, die Fahnen des Krieges eingerollt«. Sie funktioniert nur, wenn die im Sicherheitsrat vertretenen großen Mächte es wollen. Keine von ihnen hat irgendwelche Souveränität an sie abgetreten, und keine hat zur Zeit vor, dies zu tun.

Das von der amerikanischen Regierung zur Zeit des Golfkriegs verkündete Ziel einer »neuen Weltordnung«, die vermutlich auch eine neue Autorität für die UNO enthalten sollte, war nur eine flüchtige Konzeption und allem Anschein nach auch nicht ernst gemeint. Der Vorschlag von Präsident Bush lag in der Richtung eines amerikanischen Internationalismus des 20. Jahrhunderts, der zugrundelegt, daß eine Versammlung von Regierungen zumindest der Möglichkeit nach eine Form der Weltdemokratie bereitstellt. Die große Mehrheit der UNO-Mitglieder bilden heute nichtrepräsentative Regierungen, klassen- oder interessengebundene Oligarchien, Diktaturen oder gar reine Despotien. Eines der fünf ständigen Mitglieder des Sicherheitsrates ist eine Einparteiendiktatur mit einer abscheulichen Liste von Menschenrechtsverletzungen; für ein weiteres Mitglied galt dies noch bis vor kurzem. Der Sicherheitsrat erweckt nicht den Eindruck, die Instanz zur Einrichtung einer Weltdemokratie und zur internationalen Beachtung der Menschenrechte zu sein. Deshalb ist es zweifelhaft, ob eine Weltdemokratie oder die internationale Beachtung der Menschenrechte festgelegt werden wird.

Die europäische Gemeinschaft ist die komplexeste, interessanteste, realistischste und erfolgreichste moderne Bemühung, ein internationales System einzurichten, in dem Souveränität [ein Teil der staatlichen Hoheitsrechte] an eine übernationale Autorität abgetreten wird. Die Gemeinschaft begann mit Jean Monnets Vorschlag von 1949 an die französische Regierung, Frankreichs Kohle- und Stahlindustrie, die damals die für die Kriegsindustrie entscheidenden Einrichtungen waren, zusammen mit Deutschland einer gemeinsamen Behörde zu unterstellen. Das Angebot wurde am 9. Mai 1950 Deutschland formell unterbreitet. Die Benelux-Länder und Italien schlossen sich an, und das Unternehmen führte zu dem Pariser Vertrag von 1951, dem Dokument, aus dem die Europäische Gemeinschaft entstanden ist [Montanunion; Europäische Gemeinschaft für Kohle und Stahl]. Es war eine praxisbezogene wirtschaftliche und technische Übereinkunft mit einem hohen politischen Ziel: die Verflechtung der europäischen Kriegskapazitäten, um die Möglichkeit eines weiteren Krieges zwischen den westeuropäischen Mächten auszuschließen.

Die Gemeinschaft besteht aufgrund der beiden europäischen Bürgerkriege. Deren Ergebnis war die Brechung der europäischen Macht, wobei die Sowjetunion und die USA jeweils eine der beiden Hälften dominierte. Es bedeutete eine grundlegende Veränderung in der Verteilung und in den Dimensionen der globalen Macht und führte zu einem umfassenden Wandel in der Wahrnehmung der Europäer. Zuvor war Europa selbst Schauplatz des determinierenden internationalen Handelns und der nationalen Rivalitäten gewesen. Es hatte nicht nur die europäische Bühne beherrscht, sondern auch die gesamte Weltpolitik. Als die Katastrophe 1945 endlich vorbei war, waren die Europäer gezwungen, ihren gegenwärtigen Zustand und ihre mögliche Zukunft einer Prüfung zu unterziehen. Die Schaffung Europas erfolgte aufgrund ihrer Erkenntnis, daß ohne eine Versöhnung ihr moralisches Überleben in Frage gestellt war. So antwortete der erste westdeutsche Kanzler der Nachkriegszeit, Konrad Adenauer, nachdem

Jean Monnet ihm den Vorschlag der französischen Regierung für die Montanunion unterbreitet hatte: Dieses Projekt ist für mich wie für Sie von größter Wichtigkeit: Es ist eine Frage der Moral. Wir haben unserem Volk gegenüber nicht nur eine technische, sondern auch eine moralische Verantwortung, und deshalb ist es unsere Pflicht, diese große Hoffnung zu erfüllen (...). Ich habe fünfundzwanzig Jahre auf einen solchen Schritt gewartet. (...) Deutschland weiß, daß sein Schicksal mit demjenigen Westeuropas als Ganzes verbunden ist.

Monnets Größe lag darin, daß er politische Ziele durch praktische Schritte in der wirtschaftlichen und industriellen Zusammenarbeit verfolgte, deren Nutzen offenkundig war. »Europa« sollte nicht nach einem vorgefaßten Gesamtplan geschaffen werden, sondern durch schrittweisen Aufbau: durch die Zusammenarbeit bei konkreten und ertragreichen Projekten von allgemeinem Nutzen. Dieser Weg wurde auch in den Römer Verträgen von 1957 eingeschlagen, mit denen die Europäische Wirtschaftsgemeinschaft geschaffen wurde, und in dem Weißbuch von 1985, das sich die Schaffung eines gemeinsamen europäischen Marktes im Jahr 1993 [Europäischer Wirtschaftsraum, EWR] zum Ziel setzte. Dieser Plan wurde zu einem Zeitpunkt vorgeschlagen, als sowohl die wirtschaftliche als auch die politische Integration der Gemeinschaft ihre Schwungkraft verloren hatte. Durch die Festlegung eines Zeitplans für das Erreichen der neuen Ziele und die vorgesehene Überprüfung der erzielten Fortschritte nach der jeweils sechsmonatigen Präsidentschaft spornten die Urheber des Plans nicht nur Regierungen und Politiker an, sondern auch die Wirtschafts- und Industriegemeinschaften, deren Wohlergehen durch den Erfolg eines wirklich paneuropäischen Marktes gefördert werden sollte.

Selbstverständlich sollte dieses ehrgeizige Programm

auch politische Konsequenzen haben, um alle Schranken des Handels und des Verkehrs zwischen den zwölf Mitgliedern der Gemeinschaft zu beseitigen sowie ihre Steuersysteme und den Bankverkehr aufeinander abzustimmen. Der Präsident der europäischen Kommission, Jacques Delors, sagte anschließend, die politische Union sei »das oberste Ziel des Beschlusses über das geeinte Europa«. Der Versuch, von einer integrierten Wirtschaftsunion zu einer politischen Union überzugehen, die über föderative Kräfte verfügt, einschließlich der Macht, eine gemeinsame Außen- und Sicherheitspolitik für Europa zu treiben, wurde erst im Vertragsentwurf von Maastricht unternommen, der Ende 1991 den europäischen Regierungen vorgelegt wurde. Die Regierungen stimmten diesem ehrgeizigen politischen Programm zwar zu, mußten dann aber zu seiner Ratifizierung Parlamente und Bevölkerung konsultieren, wobei sie auf Schwierigkeiten stießen, die im Grunde genau die Schwierigkeiten sind, die der Nationalismus den europäischen Völkern bereitet – ihr Widerstreben, nationale politische Hoheitsrechte abzutreten.

Selbst die Anerkennung eines gemeinsamen europäischen Interesses und eines gemeinsamen moralischen Ziels hatte die voneinander abweichenden und zuweilen auch widerstreitenden praktischen Interessen und Wahrnehmungen der europäischen Staaten nicht getilgt. Diese aufeinander abzustimmen war zwischen 1951 und 1993 zwar möglich, aber schwierig, eben weil Europa von der politischen Integration noch weit entfernt war. Frankreich und Deutschland untereinander sowie die beiden zusammen mit Italien und den drei Benelux-Ländern – die sechs Gründerstaaten – fanden eine weitgehende Übereinstimmung, weil sie wechselseitig voneinander abhängig sind und kulturell einander nahestehen. Als die Gemeinschaft begann, wurden die drei wichtigsten Länder von Christdemokraten regiert, oder von Koalitionen, in denen die Christdemokraten dominierten. Die sozialdemokratischen Bewegungen, die danach an die Macht kamen (in Frankreich die Sozialisten, die jedoch rasch zu Sozialdemokraten wurden), fanden ebenfalls eine weitgehende Übereinstimmung darüber, was Westeuropa werden könnte und sollte, oder sie stellten diese Übereinkunft rasch her.

Deutschland mußte nach dem Krieg wieder der Zugang zu der Gesellschaft der europäischen Demokratien und zu den Ressourcen und Märkten seiner Nachbarn gewährt werden. Italien befand sich in einer ziemlich ähnlichen Situation. Frankreich, im Krieg gedemütigt, obwohl nominell einer der Sieger, brauchte ein Bündnis der Europäer, in der es die Hauptrolle spielt, um wieder eine europäische Großmachtrolle zu übernehmen. Diese braucht Frankreich nicht nur um seiner selbst, sondern auch um Europa willen; eines Europa, das sonst auf verhängnisvolle Weise einer dauerhaften Beherrschung durch die USA oder die UdSSR ausgesetzt schien – oder sogar durch beide zusammen, in einer uneingestandenen oder nicht einmal erkannten, aber wechselseitig sich verstärkenden Zusammenarbeit. Das Europa der Sechs war ein Klub von Kriegsverlierern – von besetzten und besiegten Ländern auf beiden Seiten. Aus eben diesem Grunde hatte es die Freiheit, »Europa« aufzubauen. Es gab wenig zu verlieren und viel zu gewinnen, und schließlich wurde die ganze Sache ein großer Erfolg.

Großbritannien wurde durch seine geschichtlichen Erfahrungen mit dem europäischen Festland, insbesondere mit seinem alten Rivalen Frankreich und mit Deutschland als seinem Feind des 20. Jahrhunderts, zunächst dazu veranlaßt, eine europäische Integration, in der diese Länder ihm gleichgestellt sein sollten, abzulehnen. General de Gaulles Veto von 1963 zum britischen Beitrittsgesuch zur Europäischen Wirtschaftsgemeinschaft ratifizierte lediglich die Entscheidung, die England 1945 – nach Ansicht des Generals richtigerweise – getroffen hatte. Als es schließlich – durch die trüben Aussichten der Alternative gezwungen –, zusammen mit zwei anderen randständigen Atlantikstaaten (Dänemark und Irland) 1973 doch beitrat, reduzierte sich der Bereich der politischen Gemeinsamkeit genau so, wie 1981, als Griechenland zum Beitritt aufgefordert wurde, da die westeuropäischen Länder daran interessiert waren, daß dort nach dem Zwischenspiel der Generalsdiktatur die Demokratie verstärkt wurde. Nach der Befreiung von den Diktaturen Francisco Francos und Antonio de Oliveira Salazars wurden 1986 Spanien und Portugal ebenfalls Mitglieder der Gemeinschaft.

Die Befreiung Ost- und Mitteleuropas im Jahre 1989 erschwerte den Versuch einer Neudefinition der politischen Identität des neuen Europas noch zusätzlich. Die heutige Tschechische Republik, Polen und Ungarn sind Staaten, die für die historische Identität Europas wesentlich sind. Sie sind jedoch keine westeuropäischen Staaten, während die Gemeinschaft westeuropäisch ist. Sie sind mitteleuropäische Staaten, und 1989 wurde Deutschland ebenfalls – wieder – ein mitteleuropäischer Staat. Seine Hauptstadt wurde erneut Berlin; eine Stadt, die weiter im Osten liegt als Pilsen in der Tschechischen Republik. Das Deutschland Konrad Adenauers, eines Begründers der Europäischen Gemeinschaft, war das katholische und westlich anmutende Deutschland des Rheinlandes. Adenauer hegte gegenüber dem mitteleuropäischen Deutschland, mit wechselnden Ostgrenzen und dem Gefühl einer Mission gegenüber dem rückständigen und heidnischen Osten, ein tiefes Mißtrauen.

Bulgarien, Rumänien und Serbien – sowie Griechenland – liegen auf der anderen Seite des großen Schismas, das im Frühmittelalter das Christentum spaltete, und während langer Zeiträume befanden sie sich zudem unter muslimischer Herrschaft. Außerdem gibt es das muslimische Europa: das frühere Bosnien-Herzegowina, das zu Beginn des dortigen Krieges zu beinahe vierzig Prozent muslimisch war; Kossovo und Sanjak in der neuen serbisch-mazedonischen Konföderation, die ethnisch gesehen albanisch ist, sowie Albanien selbst: sie alle sind zum größten Teil muslimisch; außerdem die Türkei, die zwar zum Teil in Europa und zum Teil in Asien liegt, und dennoch ein Kandidat für die Mitgliedschaft in der Europäischen Gemeinschaft ist.

Zwei fundamentale und miteinander zusammenhängende Spaltungen in der öffentlichen Meinung und im Hinblick auf politische Entscheidungen traten in der Gemeinschaft aufgrund der Ereignisse der späten achtziger Jahre auf. Die erste Entscheidung betrifft die Zulassung der ost- und mitteleuropäischen Staaten. Sie wird gewöhnlich beschrieben als die zwischen einem »erweiterten« Europa, das sich rasch nach Osten ausdehnt, und einem aufgrund der engeren politischen und wirtschaftlichen Integration der jetzigen Mitglieder der Gemeinschaft (zusammen mit den westeuropäischen und skandinavischen Bewerbern für die unmittelbar bevorstehende Mitgliedschaft) »vertieften« Europa. Beides wird im Prinzip zwar für möglich gehalten, aber in der Praxis neigt man dazu, jeweils eine Möglichkeit auszuschließen. Zu den angebotenen Formeln für den Ausgleich der Unterschiede gehört der Vorschlag, die Gemeinschaft mit einer »variablen Geometrie« oder mehreren Arten der Mitgliedschaft auszustatten, oder parallel zur Gemeinschaft einen europäischen »Raum« oder ein Commonwealth, eine Interessengemeinschaft, zu schaffen. Die zukünftige politische Form Europas wurde unterschiedlich beschrieben: als ein Baum mit Ästen, die aus einem kräftigen Stamm herauswachsen, oder als griechischer Tempel, dessen Giebel von den einzelnen Säulen der politisch einheitlichen Außen- und Verteidigungspolitik, der wirtschaftlichen Integration und der Zusammenarbeit hinsichtlich der inneren Sicherheit getragen wird. Die Säulen verkörpern jeweils eine separate und unterschiedliche Überlassung nationaler Hoheitsrechte von seiten der Mitgliedstaaten. Allerdings ist schwer zu sehen, wie sich eine dieser Visionen mit dem vollständig integrierten und politisch geeinten Europa, wie es im Maastrichter Vertrag konzipiert wurde, in Einklang bringen läßt.

So gab es zu Beginn der neunziger Jahre Unstimmigkeiten zwischen den Mitgliedern der bestehenden Gemeinschaft, die man als Föderalisten bezeichnen könnte und die von Anfang an die Möglichkeit glaubten, Europa unter einer einzigen politischen Hoheit, ähnlich der Union der Vereinigten Staaten im 18. Jahrhundert, zu vereinen, und anderen Mitgliedern wie den Engländern und Dänen, die lieber eine lockere politische Verbindung hätten. Zusammen mit den Niederlanden, Irland und Portugal wünschten sie sich auch eine Gemeinschaft, die, als Gegengewicht zu den großen europäischen Staaten, enger mit den Vereinigten Staaten verknüpft ist. Die Identität und die Autonomie der kleinen Nationen und zuweilen sogar ihre nationale Existenz selbst müssen stets gegen sich selbst vergrößernde Nachbarn verteidigt werden. Innerhalb der Gemeinschaft besteht dieses Problem immer noch, wenn auch in undramatischer Form. Es ist das Grundproblem kleiner Staaten, die an große grenzen. In der Geschichte haben die kleinen Staaten stets nach äußerer Unterstützung für ihre politische Unabhängigkeit und ihre kulturelle Autonomie gesucht: Irland von Frankreich, Belgier und Portugiesen von England, die Dänen durch Solidarität mit den anderen Skandinaviern, insbesondere durch die skandinavische Neutralität, die Hitler mit der Invasion von Dänemark und Norwegen

1940 durchbrach. Ein offenes und einschließendes Europa mit so vielen Mitgliedern wie möglich, mit engen Verbindungen zu den USA und mit einem eingeschränkten Einfluß von seiten Deutschlands und Frankreichs, wäre beinahe automatisch ein konföderatives Europa und nicht jene politische Union, die die Zwölf als Ziel angaben, als sie den Vertrag von Maastricht aushandelten.

Ein konföderatives Europa würde trotz der guten Absichten der Maastricht-Unterzeichner keine gemeinsame Außenpolitik haben oder höchstens eine sehr eingeschränkte. Es ist zweifellos unmöglich, eine gemeinsame schlüssige Außenpolitik für ein Europa zu finden, das Deutschland, Frankreich, Großbritannien, Dänemark, Griechenland, die Niederlande, Spanien, Portugal und Italien, dazu die neutralen Länder Irland und Schweden sowie Österreich, vielleicht noch die Tschechische Republik und die Slowakei, Polen, Ungarn, Rumänien, Bulgarien, die baltischen Staaten und möglicherweise auch Malta und Zypern umfaßt. Großbritannien, Frankreich, die Niederlande, Portugal, Spanien und auch Dänemark sind alle frühere Kolonialmächte mit ihrer eigenen Geschichte der Forschungsreisen und Eroberungen, der Beherrschung der Länder Amerikas, Indiens und Afrikas, und der Ansiedlung von Teilen ihrer Bevölkerung in den neuen Nationen Nord-, Mittel- und Südamerikas sowie Ozeaniens. Sie besitzen nicht die für Mitglieder einer Föderation angemessenen politischen Gewohnheiten und Reaktionsweisen. Sie erwarten, daß sie in den internationalen Angelegenheiten ihr eigenes Wort zu sagen haben. Großbritannien kann zwar in Übereinstimmung mit den USA handeln, aber als Mrs Thatcher Premierministerin war, hatte sie zweifellos die Vorstellung, mit – und zuweilen auch mittels – Präsident Reagan und Präsident Bush zusammenzuarbeiten. Sie war nicht deren Stellvertreter, sondern deren Verbündete. Frankreich erwartet bekanntlich, in weltpolitischen Angelegenheiten angehört zu werden und auf Weltprobleme unabhängig reagieren zu können. Dies gilt in zunehmendem Maße auch für Spanien, das im 17. Jahrhundert die größte europäische Macht war.

In Europa gibt es noch weitere bedeutsame Teilungen. Großbritannien hat noch immer Commonwealth-Verbindungen mit Indien, der Karibik, Afrika, Kanada, Australien und Neuseeland. Spanien hat seiner Auffassung nach eine besondere Beziehung zur islamischen Welt, von der sie einst ein Teil war, ebenso wie zu Lateinamerika. Frankreich und Italien, einstige Kolonialmächte in Afrika, beanspruchen ebenfalls ihre eigenen Rollen und Verantwortlichkeiten in der Region, sowie ihre besondere Empfindlichkeit, da sie neben Spanien und Portugal die Hauptziele der afrikanischen und nordafrikanischen Emigration sind, der legalen und der klandestinen. Geschichtlich war Frankreich Beschützer der Christen im Libanon. Deutschland war viele Jahre lang ein Verbündeter der Türkei.

Diese Beziehungen können einerseits für Europa zwar von Vorteil sein, sind aber andererseits auch Hindernisse für die Entwicklung einer gemeinsamen Politik, selbst im Hinblick auf die relativ klaren Probleme des Mittleren Ostens und des Persischen Golfs. Sie waren verantwortlich für das katastrophale Versagen der Gemeinschaft, seit 1991 eine einheitliche und gewichtige Reaktion auf die Aggression, den Krieg und die »ethnischen Säuberungen« in Jugoslawien zu finden – eine Herausforderung an die grundlegenden Ziele und Leistungen der Westeuropäer, nämlich die Befriedung Westeuropas; eine Leistung, die scheinbar bewiesen hatte, daß der liberale Internationalismus am Ende doch eine gültige Antwort auf das historische Problem der nationalen Vergrößerung und der internationalen Gewalt geben konnte. Das Versagen bei der jugoslawischen Herausforderung war ein Ereignis von größter Wichtigkeit, auf das ich noch zurückkommen werde.

Es gibt heute noch ein weiteres erfolgreiches Beispiel des internationalen Liberalismus, dessen Existenz gerne übersehen wird, nämlich das immense, komplexe und dennoch informelle Geflecht aus praktischen Verbindungen, das sich zwischen den zeitgenössischen Demokratien gebildet hat. Hauptsächlich nach dem Zweiten Weltkrieg haben die westlichen Demokratien ein ausgedehntes Netz kooperativer Institutionen und Vereinigungen geschaffen, angefangen bei der UNO und ihren spezialisierten Einrichtungen, zu denen die Weltbank, der internationale Währungsfond und das Gatt-Abkommen gehören. Sie alle sind das Ergebnis von Entscheidungen, die Franklin Roosevelt und Winston Churchill bei der Atlantikonferenz im Jahre 1941 getroffen haben.

Es gibt den Europarat, die Organisation für Wirtschaftliche Zusammenarbeit und Entwicklung (die ihren Ursprung in der Organisation zur Durchführung des Marshall-Plans hatte), die Europäische Gemeinschaft selbst, die Europäische Freihandelsassoziation, die Europäische Investitionsbank, die G 7, die Konferenz der sieben Finanzminister und die jährlichen »Wirtschaftsgipfel«, die NATO, den Nordatlantikrat, die Westeuropäische Union, die Konferenz für Sicherheit und Zusammenarbeit in Europa, usw. Außerdem gibt es Tausende, möglicherweise sogar Hunderttausende von halböffentlichen oder privaten Einrichtungen zur Zusammenarbeit, die über die Grenzen der Demokratien hinweg und über sie hinaus wirken: von multinationalen Gesellschaften bis zu akademischen Seminaren und Zeitschriften, von denen einige aus Eigeninteresse arbeiten, andere zum öffentlichen Nutzen, die jedoch allesamt die Möglichkeit eines Gesprächs von noch nie dagewesener Intensität, Komplexität und Breite bieten.

Dies alles ergibt einen uneingestandenen Verbund der demokratischen Staaten und stellt die zweite entscheidende Leistung der Nachkriegsjahre dar. Von denen, die nach spektakuläreren Formen der institutionalisierten Ordnung Ausschau halten, wird das häufig für selbstverständlich gehalten oder gar nicht zur Kenntnis genommen. Vernachlässigt wird es freilich auf unser eigenes Risiko, denn diese intensive und dennoch völlig realistische Form der internationalen Zusammenarbeit, die auf gemeinsamen Werten beruht, kann durchaus ins Wanken geraten – wie sich anfangs der neunziger Jahre im Hinblick auf die internationalen Wirtschafts- und Handelsbeziehungen zeigte.

In den Jahren, die zu den Ereignissen von 1989 hinführten, war es die magnetische Anziehungskraft der gemeinsam erarbeiteten Erfolge der Demokratien, die Osteuropa und die Sowjetunion unwiderstehlich zu den politischen Werten des Westens hinzogen. Anschließend erwartete man einen noch höheren Grad der wirksamen internationalen, vielleicht sogar von der UNO institutionalisierten Zusammenarbeit. Die erfolgreiche Mobilisierung einer UNO-Koalition während des Golfkrieges von 1991 steigerte diese Erwartung noch. Dann folgte 1992, das Jahr einer europäischen Zerrüttung und des neuen und verheerenden europäischen Krieges auf dem Balkan. Aus der Kontroverse über die weitere politische Einigung Europas entstand eine politische Krise, genährt von einer allgemeinen Opposition gegen die im Maastrichter Vertrag enthaltenen Abtretungen von nationalen Hoheitsrechten. Der Krieg im früheren Jugoslawien und das Scheitern der liberalen Demokratien, ihm ernsthaft Einhalt zu gebieten, versetzte der Idee, daß die Demokratien die Fähigkeit oder den Willen besitzen, die innerhalb der westlichen politischen Gemeinschaft geschaffene Zone der Befriedung und der Zusammenarbeit zu erweitern, einen schweren Schlag. Es kam sogar die Frage auf, ob denn diese Leistung überhaupt von Dauer sei. War Westeuropa dauerhaft vereint? War die atlantische Zusammenarbeit auf Dauer festgelegt? Zum ersten Mal seit dem Zweiten Weltkrieg war es möglich geworden, an den Antworten auf diese Fragen zu zweifeln. Es war möglich geworden, die Jahre 1992-1993 als Beendigung der Nachkriegswelt zu betrachten. Es war möglich geworden, den jugoslawischen Krieg als einen Schlag gegen den liberalen Internationalismus zu deuten, der dem Versagen des Völkerbundes in den dreißiger Jahren gleichkam, mit der faschistischen und der nationalsozialistischen Aggression fertigzuwerden.

Die eigene Entwicklung der Europäischen Gemeinschaft war mit dem Ehrgeiz, eine »Union« von »souveränen« Staaten zu schaffen, in einen Widerspruch geraten. In Wirklichkeit mußte Europa entweder das eine oder das andere sein. Obwohl die Öffentlichkeit in den Mitgliedsstaaten »Europa« weitgehend zustimmte, zeigte sie sich widerwillig, den übernationalen Institutionen der Europäischen Gemeinschaft mehr als ein Minimum an politischen und sicherheitsbezogenen Hoheitsrechten zuzugestehen. Die europäischen Regierungen fanden selbst bei dem so dringlichen Problem des Krieges in Jugoslawien keine gemeinsame Politik, und dies lag nicht nur an der mediokren politischen Führung Europas (und der Vereinigten Staaten) in den Jahren 1991-1992, sondern auch an den voneinander abweichenden Einstellungen der jeweiligen Bevölkerung zu den nationalen Interessen und an dem Einfluß ihrer jeweiligen nationalen geschichtlichen Erfahrungen und Bedingungen – die individuellen Erfahrungen dieser einzelnen Völker, was den Krieg und die ausländische Intervention betrifft –, so daß sie schließlich alle ihre eigene Richtung einschlugen.

Schon vor der Jugoslawienkrise hatten sich die Westeuropäer nicht auf eine gemeinsame aktive Politik gegenüber Palästina und Israel einigen können. Uneinig waren sie auch über die Suez-Intervention, den Vietnamkrieg und die Rückeroberung der Falklandinseln. Und einigen konnten sie sich auch nicht über die Flotteninterventionim Persischen Golf während des iranisch-irakischen Krieges: einige nahmen teil, andere nicht. Der UNO-Koalition, die 1991 den Krieg gegen Irak führte, schlossen sich einige an, andere mißbilligten sie.

Seit Jahren kann die Gemeinschaft sich nicht darüber einigen, was im Hinblick auf die Mitgliedschaft der früheren kommunistischen Staaten zu tun sei. Sie brachte nur kurzfristige politische und wirtschaftliche Maßnahmen hervor, während die westeuropäischen Lobbies die Öffnung der europäischen Märkte für landwirtschaftliche Güter und Niedrigtechnologieprodukte, bei denen die osteuropäischen Produzenten vergleichsweise im Vorteil sind, blockierte. Die Westeuropäer brachten trotz nachdrücklicher Bitten und neuer Ängste im Anschluß an die sterilen Gewißheiten des Kalten Krieges kaum etwas Ernsthaftes zustande, um die Sicherheit der östlichen Länder zu erhöhen. Dies wäre mit Hilfe der NATO möglich gewesen, oder mittels der Westeuropäischen Union, Europas eigener Sicherheitsorganisation, die noch älter ist als die NATO, oder auch durch neue politisch-militärische Maßnahmen. Es wurden keine ernsthaften Schritte unternommen, um im ehemals kommunistischen Europa die Konsequenzen der widersprüchlichen ethnischen Ansprüche aufeinander abzustimmen, zu mäßigen oder abzuwenden, obwohl der Westen selbst ein elementares Interesse an einer transeuropäischen Stabilität und Ordnung hat.

Das Scheitern der Gemeinschaft im Hinblick auf das ehemalige Jugoslawien ist nicht dem Mangel an Abstimmungsmechanismen der Politik zuzuschreiben, wie einige behaupten, da die Nachrichtenverbindungen zwischen den europäischen Außenministerien und den Botschaften völlig intakt blieben. Die Maastrichter Vorschläge zur Festlegung einer gemeinsamen europäischen Außen- und Sicherheitspolitik hätten die Situation nur noch verschlimmert, weil sie auf dem Prinzip der Einstimmigkeit bei wichtigen Entscheidungen beharren und dadurch eine Pattsituation festschreiben. Im Verlauf der Jugoslawienkrise gab es für Paris – oder London oder auch den Haag – überhaupt kein formales Hindernis, die Dinge selbst in die nationale Hand zu nehmen und eine Koalition einzuberufen, die sich auf eine bestimmte Politik einigt, wie es die USA ein Jahr zuvor im Hinblick auf Kuweit und Irak getan hatten. Die Herausforderung bestand nicht darin, eine riesige Armee loszuschicken, um Jugoslawien zu befrieden und einer aufständischen Bevölkerung eine extern festgelegte politische Ordnung aufzuerlegen, wie einige Leute in westlichen Regierungen und in der Presse vorgaben. Es ging in erster Linie darum, politisch zu intervenieren, um strikte und international überwachte Garantien für Minderheitenrechte in den neuen Staaten, denen die Anerkennung gewährt wurde, zu fordern. Zweitens ging es darum, Aggressionshandlungen ebenso unverzüglich zu bestrafen wie offene oder verdeckte Invasionen über anerkannte Grenzen hinweg. Drittens ging es darum, unverzüglich Verbrechen gegen das Völkerrecht und die Menschheit zu bestrafen, wie sie in Europa seit 1945 nicht mehr begangen worden waren: systematische Angriffe gegen die Zivilbevölkerung; Terrorisierung von Zivilisten zum Zwecke der »ethnischen Säuberung«; Vergewaltigungen als Mittel des Terrors und der »ethnischen Säuberung«; die Ausradierung von Ortschaften; die Zerstörung von Kirchen, Moscheen, Bibliotheken und historischen Denkmälern – Orte der Kultur und der kollektiven Erinnerung der Menschen; Ansätze der Vernichtung in Internierungslagern – alles bezeugt in den Berichten über die Menschenrechtsverletzungen, die der frühere polnische Ministerpräsident Tadeusz Mazowiecki auf internationale Anfrage hin zusammengestellt hatte, die jedoch ohne praktische Folgen blieben. Keine der europäischen Regierungen war beherzt genug, Aktionen gegen eines dieser Verbrechen zu unternehmen, auch die Amerikaner nicht.

Die Regierungen in den zwölf Mitgliedsländern der Gemeinschaft interpretieren den Jugoslawienkonflikt unterschiedlich; deshalb waren sie unfähig, kollektiv zu handeln, und sie lehnten es ab, individuell zu agieren. Keine von ihnen zog in Erwägung, eine individuelle nationale Führung zu übernehmen. In dieser Hinsicht trifft Frankreich die größte Schuld, da es die große europäische Macht war, die sich in der Position befand, in Jugoslawien zu handeln (Deutschland war aufgrund seiner historischen Kriegsverwicklungen auf dem Balkan ausgeschlossen, und die britische Regierung war wegen des Präzedenzfalls Ulster befangen). Frankreich ist auch das Land, das in der Vergangenheit immer schon gefordert hatte, daß Europa die Verantwortung für seine unabhängigen Interessen zu übernehmen habe, wenn diese bedroht würden. In diesem Falle lieferten Frankreich und die übrigen westeuropäische Mächte den Beweis, daß sie die in Westeuropa nach dem Zweiten Weltkrieg festgelegten neuen Maßstäbe des zwischenstaatlichen Verhaltens, der Legalität und der politischen Moral nicht verteidigen konnten oder wollten. Dasselbe gilt zwar auch für die Vereinigten Staaten, doch hier handelte es sich in erster Linie ja um ein europäisches Problem.

Der Jugoslawienkrieg war ein entscheidender Schlag gegen die Ideale und die früheren Errungenschaften des liberalen Internationalismus, denn die Aggressionen und die »ethnische Säuberung« im früheren Jugoslawien erwiesen sich als eine erfolgreiche Herausforderung der vermeintlichen neuen europäischen und internationalen Ordnung. Die Europäische Gemeinschaft, die in der UNO organisierte internationale Gemeinschaft und die westlichen Mächte als einzelne versagten allesamt, den Krieg und die mit ihm verbundenen Verbrechen vorauszuahnen, zu verhindern, ihm Einhalt zu gebieten oder wirksame Sanktionen dagegen durchzusetzen.

Die Existenz der Europäischen Gemeinschaft und der Vereinten Nationen erwies sich im Grunde als ein Handlungshindernis, da sie individuelles nationales Handeln ausschloß und die Weigerung, national zu handeln, rationalisierte. Die EG und die UNO erwiesen sich zur selben Zeit als unfähig, sich auf irgendwelche gemeinsamen Maßnahmen zu einigen, die über eine humanitäre Hilfe und über wirkungslose Verhandlungen hinausreichten und deren (ungewollter) Ausgang es war, die Aggressionen und die ethnische Säuberung schließlich noch zu ratifizieren.

Haßerfüllte ethnische Diskriminierung, gefolgt von einem aggressiven und expansiven Krieg; ethnisch begründete Säuberungen und Verschiebungen, die zu Hunderttausenden von Flüchtlingen führten, und der Einsatz von Terror und Vergewaltigung als Mittel der nationalen Expansion fanden den Weg zurück nach Europa. Das Versagen der europäischen Mächte, der Vereinigten Staaten und der UNO beim Umgang mit dieser Krise lieferte einen verheerenden Beweis für die Schranken des heutigen liberalen Internationalismus. Es deckte die Unfähigkeit von Gruppen oder Komitees demokratischer Regierungen auf, Gewalt anzuwenden und Risiken oder, im Falle von Wirtschafssanktionen, auch nur Unannehmlichkeiten für die eine oder andere Gruppe auf sich zu nehmen, wenn keine von ihnen durch das Nichthandeln unmittelbar bedroht wird.

Im Golfkrieg war eine von den Vereinigten Staaten

angeführte Koalition in den Krieg gezogen und hatte anschließend versucht, dem Irak die Massenvernichtungsmittel wegzunehmen und die kurdischen und schiitischen Minderheiten im Lande zu beschützen. Dies geschah lediglich deshalb, weil die USA sowohl das Problem als auch eine vermeintliche Lösung definierten, die Koalition organisierten und sie dann zum Handeln anwiesen. In der Bosnienkrise handelten die Vereinigten Staaten nicht, und deshalb unterließen es auch alle anderen zu handeln, oder sie handelten erst, nachdem so viele Schwellen von Gesetzesverstößen und moralischen Abscheulichkeiten überschritten worden waren, daß es für das Überleben des Grundsatzes der kollektiven Bewahrung (oder Wiederherstellung) des Friedens als überzeugende Garantie für die zukünftige Sicherheit der internationalen Gesellschaft zu spät war. Die Aggression war erfolgreich. Die »ethnische Säuberung« hatte sich als ein wirksames Mittel zur nationalen Expansion erwiesen. Der liberale Internationalismus hatte eine Niederlage erlitten. Die Lektion blieb auch anderen nicht erspart.

Das Scheitern war zudem keineswegs etwas Einmaliges. Die Operationen der Vereinten Nationen in Somalia, im Libanon, in Israel und in Zypern waren schon seit geraumer Zeit eine enttäuschende Angelegenheit. Selbst das Ergebnis des Golfkriegs erwies sich als unbefriedigend: Saddam Hussein ging mit ungebrochener Macht daraus hervor, sein Verhalten und seine brutalen Herrschaftsmethoden wurden von der Intervention der UNO-Koalition nicht angetastet, und die kurdischen und schiitischen Minderheiten im Irak werden nach wie vor verfolgt.

Die Wirksamkeit von UNO-Operationen hing stets von der Annahme (oder dem Mythos) ab, daß ein begrenzter Aufmarsch von UNO-Soldaten den Willen einer überwältigenden Mehrheit der internationalen Gemeinschaft repräsentiere, allein schon deshalb waren die UNO-Kräfte zu respektieren, denn andernfalls würde eine massive Verstärkung oder Vergeltung erfolgen. 1992 wurde der Bann dieser Annahme gebrochen: durch die Aktionen der serbischen, kroatischen und muslimischen Milizen im früheren Jugoslawien, durch Saddam Husseins keineswegs erfolglosen Widerstand gegen UNO-Resolutionen und Rüstungsbeobachter und durch das Scheitern der UNO-Intervention, auch nur mit den verstreuten anarchischen Kräften in einigen afrikanischen Ländern fertigzuwerden – dem einzigen Ort, wo die UNO tatsächlich militärisch vorging. Die Engagements der UNO waren unglaubwürdig, weil sie nicht durch das nationale Engagement jener Nationen gestützt wurden, welche die Kräfte ausrüsteten. Der australische Verteidigungsminister sagte im April 1992 beim Abflug seiner Truppen nach Kambodscha, wenn auch nur ein einziger Soldat von den Roten Khmers getötet werde, dann würden alle Australier zurückgezogen. Dasselbe oder weitgehend dasselbe galt für die meisten Länder, die für die Ausrüstung der UNO-Truppen zuständig waren. Eine Hauptursache für das Ausbleiben einer wirksamen Intervention im ehemaligen Jugoslawien war der Widerwillen der westlichen Länder, ihre Soldaten im Namen der abstrakten Interessen der liberalen internationalistischen Ordnung einer Gefahr auszusetzen. (Beispielhaft war in dieser Hinsicht Frankreich: es hatte das größte Kontingent von UN-Truppen in Jugoslawien und nahm dort die bei weitem größte Zahl von Gefallenen auf sich.)

Der Fortschritt, den der liberale Internationalismus in dem halben Jahrhundert der Nachkriegszeit erzielte, war das Ergebnis von Kräften, die nunmehr nachlassen, und von Bedingungen, die nicht länger bestehen. In Europa beruhte dieser Fortschritt auf dem Bestreben der Westeuropäer, untereinander eine neue Beziehung herzustellen, was ihnen in wichtigen Punkten auch gelungen ist. Sie haben das geschaffen, was Charles de Gaulle ein *Europe des patries*, nannte; ein Ausdruck, der viel mehr bedeutet als nur ein »Europa der Nationen«. Es bedeutet ein Europa aus Heimatländern – aus Vaterländern. Eine radikale Konzeption, die nicht die geringste Ähnlichkeit mit der amerikanischen föderativen Union hat, in der einzelne koloniale Siedlungen miteinander verbunden wurden, die eine gemeinsame Sprache, Geschichte, Literatur und politische Kultur besaßen. Die europäische Union sollte der Triumph einer gemeinsamen Zivilisation über die partikularen Geschichtsabläufe sein.

Diese europäische Leistung wurde 1992-1993 durch den Versuch ausgehöhlt, darüber noch hinauszugehen. Dies geschah, weil die Kraft des Nationalismus nicht respektiert wurde: die Kraft der Bindung jedes Individuums an sein *Vaterland*. Die Westeuropäer gründeten ihre Gemeinschaft deswegen, weil die Weltkriege für sie verheerend gewesen waren und weil der Kalte Krieg nicht nur eine militärische und politische, sondern auch eine moralische Bedrohung für die europäische Zivilisation bedeutete. Außerdem profitierten sie von der Präsenz einer wohlmeinenden und im Grunde interesselosen amerikanischen Schutzmacht. Offensichtlich diente die Sicherheit Europas den strategischen Interessen der Vereinigten Staaten, und die Amerikaner sahen die Einigung Europas deshalb als zweckmäßig an. Die Amerikaner wollten aber auch, daß die Einigung Europas eine Stütze für die Werte und die gemeinsamen politischen Maßstäbe auf beiden Seiten des Atlantiks bedeutete.

Als die Krise 1992 Europa erreichte, war es für die Vereinigten Staaten nicht länger möglich, die Rolle des Beschützers zu spielen. Washington war nicht mehr bereit, die Kosten der Führung zu bezahlen. Es verfügte nicht mehr über dieselben finanziellen Mittel wie früher: es war inzwischen schwer verschuldet und von seinen Gläubigern abhängig geworden. Der historische Isolationismus der amerikanischen Volksstimmung war zurückgekehrt, verstärkt durch das Gefühl, in Zeiten allgemeiner wirtschaftlicher Schwierigkeiten zu einem Opfer der Handelsbeziehungen gemacht worden zu sein. Die allgemeine Aufmerksamkeit und die Energien wurden aus gutem Grund auf die einheimische Wirtschaft und auf die eigenen gesellschaftlichen Probleme umgelenkt.

Die Kapazität des Landes für eine globale militärische Intervention blieb nach wie vor sehr groß, und nach dem Zusammenbruch der Sowjetunion hatten die Vereinigten Staaten in dieser Hinsicht keinen Rivalen mehr. Da jedoch der Wille, globale Interventionen selbständig zu finanzieren, unter den Regierungen von Reagan und Bush verlorengegangen war, stellten die USA die Forderung auf, daß das Aufgebot amerikanischer Truppen im Ausland und selbst die eigenen Interventionen in Mittelamerika von anderen Regierungen finanziert werden sollten. Dies bedeutete automatisch die Einbuße der Führungsrolle. Das amerikanische Militär hatte sich außerdem die Doktrin zu eigen gemacht, nur unter den Bedingungen einer überwältigenden Überlegenheit oder einer praktischen Unverwundbarkeit zu handeln, und diese Doktrin wurde als Einwand gegen neue Interventionen im Ausland vorgetragen. Nicht nur hatte Vietnam in der amerikanischen Bevölkerung die Abneigung hervorgerufen, im Dienst eines abstrakten Programms der internationalen Ordnung (um die es für die USA nach ihrer Auffassung in Vietnam ging) Gefallene zu riskieren, sondern die amerikanischen Generäle waren auch zu der Überzeugung gelangt, nie mehr eine Aktion einleiten zu dürfen, bei der sie scheitern könnten.

Die Absicht der Westeuropäer beim Aufbau der Europäischen Gemeinschaft war die, den für Europa seit Karl dem Großen bis zum 18. Jahrhundert kennzeichnenden Internationalismus und das paneuropäische Bewußtsein unter den Bedingungen der Moderne wiederherzustellen.[4] Der Geist der Gemeinschaft sollte der Geist einer bereitwilligen Unterordnung der Nation unter die Zivilisation sein, und zwar in einem System, in dem jede nationale Persönlichkeit und die besonderen Interessen jeder historischen Nation in einer neuen Weise einander angepaßt werden konnten, die über die Nationen hinausging. Es sollte funktionale Ebenen geben, auf denen die Oberhoheit jeweils nach der Größenordnung der Probleme und der angemessenen Reaktion vergeben werden sollte. Das Unternehmen war ebenso praxisbezogen wie visionär.

Seine Rückschläge in den Jahren 1992 und 1993 waren zwar nicht tödlich, aber sie machten deutlich, daß die Europäer zu den Quellen ihres »Europa« zurückzugehen hatten: auf den visionären Pragmatismus Monnets und seiner Kollegen und auf de Gaulles Anerkennung der vorrangigen Bedeutung der Nation gegenüber jedem europäischen Internationalismus – jenes »Ensembles unzerstörbarer Nationen, die im Feuer der Geschichte geschmiedet wurden, und die alle ihr eigenes Gesicht, ihren Charakter und ihre Überlieferungen haben, die einander häufig in schrecklichem Leiden und in Jahrhunderten des Krieges gegenüberstanden, und die sich wieder vereinen können und müssen (...)«.

Amerikaner und Europäer wollten den Ausbruch der Gewalt auf dem Balkan 1992-1993 nicht als Widerspruch zum Fortschritt Europas und zur neuen Ordnung ansehen, sondern als die letzten Zuckungen eines alten und primitiven Europa. Im Grunde wurde damit jedoch gezeigt, daß die europäische Nachkriegsentwicklung zerbrechlich war und daß der liberale Internationalismus bei der Konfrontation mit der nationalistischen Gewalt und Leidenschaft nachgeben sollte.

Der Zusammenbruch des Kommunismus, der seit 1945 im allgemeinen bestehende Frieden und der sehr hohe materielle Lebensstandard, den die liberalen Demokratien mit all ihren so komplexen und schöpferischen Formen der Zusammenarbeit und des wechselseitigen Verstehens erreicht hatten, führten in den letzten Jahren insgesamt zu dem Glauben, daß die Schrecken – mithin die »Geschichte« – nunmehr hinter uns liegen. Der jugoslawische Krieg hat gezeigt, daß dies nicht stimmt.

Außerdem gab es einen fundamentalen Wandel in der geopolitischen Situation Europas. Die beiden Mächte, die seit 1918 die Ereignisse in Mittel- und Osteuropa bestimmten, sind inzwischen destabilisiert; insbesondere Rußland ist durch seinen wirtschaftlichen Zusammenbruch und die politische Revolution nachhaltig geschwächt. Es ist nach wie vor ein Land mit unermeßlichen Ressourcen und mit einem tiefreichenden Nationalbewußtsein, das mit seinem historischen Gefühl als »drittes Rom« zusammenhängt, und von seinem Schicksal nimmt man an, daß es die Menschheit von der Bestimmung und der Tragödie der Geschichte erretten soll. Sowohl das bolschewistische Imperium (und dessen Mission) als auch das Zarenreich sind nunmehr untergegangen. Das russische Volk ist gedemütigt. Es ist nun von Gesellschaften umgeben, die sogar noch schwächer sind und die eine Gewalt erleben, die mit ihren eigenen unverwirklichten Nationalismen und einem ethnischen Haß zusammenhängt. Deutschland, das vierundvierzig Jahre lang in der durch die Niederlage auferlegten Teilung stabil geblieben war, ist nun innerhalb von Grenzen wiederhergestellt worden, die einige immer noch anfechten. Es hat den sozialen Konsens verloren, der in Westdeutschland während jener vier Jahrzehnte vorherrschte, und die gesellschaftliche Disziplin, die der Kommunismus im Osten durchgesetzt hatte. Seine Verankerung in der Europäischen Gemeinschaft ist durch deren eigene institutionelle Krise sowie durch die Abdrift der Vereinigten Staaten von den europäischen Engagements gelockert worden.

Mittel- und Osteuropa sowie die Balkanländer waren in der Vergangenheit sowohl Abhängige als auch Opfer von Rußland und Deutschland gewesen. Nunmehr gilt es zu klären, was in oder mit der Unabhängigkeit künftig geschehen wird, die zuvor nie beständig gewesen war und die nunmehr die Mythen eines uralten Nationenstatus, getilgte Hoheitsrechte, das Vermächtnis der Verbrechen und Ruhmestaten der Vergangenheit heraufbeschwört, und zwar zu einem Zeitpunkt, da die politischen und wirtschaftlichen Realitäten diesen Staaten große Entbehrungen auferlegen. Ihre Unabhängigkeit ist kümmerlich und kurzlebig; sie ist eine späte Wendung in einer von Herrschaft, Unterordnung und großem Leid gekennzeichneten Geschichte. Ihre Situation ist ebenso explosiv wie sie es in den ersten beiden Jahrzehnten dieses Jahrhunderts gewesen war. Die Regelungen von 1918 erbrachten keine Lösung, sondern nur Komplikationen. Seit 1991 ist furchtbar wenig getan worden, um den neuen Regierungen und Ökonomien der Region zu einer Verankerung in paneuropäischen und größeren internationalen Strukturen zu verhelfen oder um ihre Sicherheit innerhalb der gegenwärtigen Grenzen gegenüber den wechselseitigen latenten Bedrohungen, die aufgrund ihrer eigenen nationalen und ethnischen Ansprüche und Teilungen bestehen, zu gewährleisten.[5] Von seiten der Demokratien wurde kein ernsthafter Versuch unternommen, Minderheitenkonflikte und Grenzprobleme zwischen diesen unruhigen Staaten auszuhandeln und beizulegen.

Der Ernst der Lage, die daraus entstanden ist, wird kaum richtig eingeschätzt. Erneut zeigt Europa seine Verletzbarkeit, wenn es mit den alten Furien der ideologischen Ausschweifung und der nihilistischen Gewalt konfrontiert wird, die es zuvor beinahe selber zerstört hatten. Erneut beschwor der Jugoslawienkrieg die Fähigkeit zur politischen Kriminalität herauf, die in der europäischen Zivilisation nach dem Zweiten Weltkrieg nur vorläufig beschwichtigt worden war – die Fähigkeit zum Verbrechen, oder zu dem, was Margaret Thatcher anläßlich des Massenmordes an muslimischen Flüchtlingen in der Stadt Serebrenica im April 1993 mit typischer Grobheit als *das Böse* kennzeichnete. Dieses Wort kommt im Vokabular, das zur Erörterung weltpolitischer Angelegenheiten benutzt wird, gewöhnlich nicht vor.

In Jugoslawien hat man etwas gesehen, das man als totalitären Nationalismus bezeichnen könnte, als ein modernes Amalgam aus nationalistischer Gemütsbewegung und apokalyptischer Erwartung, das fortschrittliche Kommunikations- und Propagandainstrumente benutzt. Anzeichen für eine ähnliche Entwicklung lassen sich auch anderswo erkennen, sowohl bei den erschütterten und fragmentierten Gesellschaften der ehemaligen Sowjetwelt als auch an einigen Orten in der nichtwestlichen Welt. Die zunächst rücksichtslose Durchsetzung und dann das Scheitern des marxistischen Systems in der einen Region und die Auswirkungen des Kolonialismus und einer primitiven Verwestlichung in der anderen haben gleichsam eine ethische Leere zurückgelassen. Der heutige Westen hat kaum Gegenmittel anzubieten, da er sich selber in einer moralischen Verwirrung befindet. Außerhalb Europas kann die Anarchie der neunziger Jahre in Somalia und Liberia sich möglicherweise als Grundmuster für viele andere Gesellschaften herausstellen, die ebenfalls einen zerstörerischen Angriff auf ihre Wertsysteme und ihre Grundannahmen über den Lebenssinn zu erleiden hatten.

Zwar fand der Widerstand gegen den Kommunismus

in den Jahren des Kalten Krieges im größten Teil Osteuropas politische Ausdrucksformen von beachtlicher ethischer Reinheit, aber aus verständlichen und wohl auch unvermeidlichen Gründen hat es sich als schwierig erwiesen, sie unter den unruhigen Bedingungen nach dem Zusammenbruch des Kommunismus weiterzuführen. Die liberalen und demokratischen politischen Kräfte, die sich dort herausgebildet haben, sind zwar nach wie vor äußerst wichtig, aber die vom Kommunismus verursachte wirtschaftliche Zerstörung und die mit der Einführung der Marktwirtschaft – häufig unter dem ungeschickten und schlechten Einfluß durch ideologisch verpflichtete, westliche Berater – verbundenen enormen Schwierigkeiten, die Armut und die gesellschaftlichen Umschichtungen, haben zu einer buchstäblichen Demoralisierung beigetragen, die eine absolutistische Antwort geradezu herausfordert. Der polnische Schriftsteller und Dissident Adam Michnik schrieb: »Die höchste Stufe des Kommunismus ist der Nationalismus«, wobei der Nationalismus zwar den Marxismus verwerfe, aber dessen gesellschaftlichen Kontrollapparat beibehalte. Dies trifft zweifellos auf Serbien zu. Es wurde eine neue Synthese von Nationalismus und staatlichem Totalitarismus vollzogen, die sich als höchst folgenreich erweisen könnte. Sie stellt eine neue Kraft der gesellschaftlichen Massenmobilisierung dar.

Was die Zukunftssausicht der liberalen Demokratie betrifft, so hat sich eine weitgehende Selbstgefälligkeit breit gemacht, insbesondere in den Vereinigten Staaten, wo es niemals eine echte Versuchung zum Nihilismus gegeben hat (auch wenn der Nihilismus inzwischen zur praktischen Denkweise des urbanen Gettos geworden ist). Es hat niemals eine kollektive Verzweiflung gegeben, mochte das individuelle amerikanische Leben noch so isoliert und verzweifelt sein. In Europa sind die moralischen Möglichkeiten komplexer. Transzendenz und Nihilismus stehen potentiell andauernd auf dem Programm. Es gibt dort die Fähigkeit, einer schlechten Idee bis zu ihrem Ende anzuhängen; eine Fähigkeit, die den Anglo-Amerikanern kraft der pragmatischen Tradition – und des Anti-Intellektualismus – erspart geblieben ist. Es gibt keine politische Sentimentalität. Die Europäer haben den Amerikanern ständig politische Sentimentalität vorgeworfen. Den Europäern fehlte in ihrer politischen Geschichte der Raum für das Sentiment. Andere haben Grund, die Europäer wegen dieses Mangels an Sentiment zu fürchten.

Allerdings lassen sich die Vorwürfe nicht auf Europa beschränken. Ereignisse der jüngsten Zeit haben erneut die Unfähigkeit von Regierungen bewiesen, in einer gegenüber der öffentlichen Meinung verantwortlichen Weise mit Problemen umzugehen, deren Folgen in der Zukunft liegen. In den westlichen Ländern bestand im großen und ganzen kaum die Bereitschaft, ein höheres Niveau des internationalen Verhaltens durchzusetzen, wenn die Wahrnehmung der unmittelbaren politischen Kosten oder Risiken den wahrgenommenen langfristigen Gewinn überwog. Darin liegt nichts Neues. In der Vergangenheit hat sich wiederholt gezeigt, daß Regierungen, die passiv von der öffentlichen Meinung abhängig sind, wie es demokratische Regierungen in aller Regel sind (und zwar zu Recht), gewöhnlich unfähig sind, mit langfristigen Bedrohungen umzugehen, die das ernsthafte Risiko von Toten und von materiellen Kosten einschließen. Das ist selbst dann der Fall, wenn sich gute Gründe anführen lassen, daß durch kurzfristiges Handeln Interessen und Werte verteidigt werden könnten, die für die Zukunft von größter Wichtigkeit sind. In den dreißiger Jahren gab es in Großbritannien und in Frankreich – und zweifellos auch in den Vereinigten Staaten – im Volk keine lautstarken Forderungen nach einer militärischen Aktion, um Hitlers Remilitarisierung des Rheinlands, die Annexion Österreichs oder die Teilung der Tschechoslowakei zu verhindern. Chamberlain und Daladier waren populäre Politiker; die demokratische Öffentlichkeit hielt sie für ruhige und vernünftige Männer, die es mit Recht ablehnten, Risiken einzugehen, um auf rein hypothetische Gefahren zu reagieren. Die Öffentlichkeit wandte sich den zwar prophetischen, aber »verantwortungslosen« Politikern Churchill und de Gaulle erst dann zu, als sämtliche Winkelzüge der Beschwichtigung (und der Kollaboration) ausprobiert worden und gescheitert waren. Regierungen, die ihre Völker für entschiedene Opfer im Namen fernliegender, zukünftiger Dinge mobilisieren können, sind solche, die von den Hitlers, Milosevics und Saddam Husseins angeführt werden. Sie beuten das reale Leiden ihrer Völker aus und beschwören die großen Mythen des nationalen Schicksals und der nationalen Verfolgung herauf, um für eine angeblich ruhmreiche Zukunft große Opfer zu gewinnen. Nie sind sie stärker als dann, wenn sie die internationale Gemeinschaft herausfordern und damit Erfolg haben.

Es gibt gewisse Selbstgefälligkeiten, mit denen die Demokratien ihre Abneigung rechtfertigen, Opfern zu erbringen. Sie besagen, die Demokratie sei trotz all ihrer Inkompetenzen immer noch das bessere System als alle übrigen, und daß die Demokratien, eben weil sie tugendhaft sind, am Ende immer siegreich sein werden. Von Demokratien heißt es, sie sollten niemals Krieg gegeneinander führen, dann werde die Welt immer demokratischer werden. Das Volk wisse es immer am besten, heißt es. Die Tatsache, daß Demokratien keine Opfer bringen mögen, daß sie schlechte Nachrichten nicht anhören und auch nicht über schlechte Zukunftsaussichten nachdenken mögen und daß sie in ihrer Behaglichkeit und in ihrem Gewinnstreben nicht gestört werden möchten, sollte allerdings mit Verständnis und nicht mit Selbstgefälligkeit akzeptiert werden. Warum ist es selbstverständlich, daß die Demokratie und die liberalen Werte siegreich sein werden? Die Belege dafür sind äußerst beschränkt, und die historische Erfahrung mit der modernen Demokratie ist von kurzer Dauer – kaum mehr als zwei Jahrhunderte. Die Zukunft der Demokratie kennen wir nicht.

Wer 1992 und 1993 durch die Kriegszonen in Jugoslawien reiste, konnte die Fraktion, die die jeweilige Zone beherrschende Fraktion daran erkennen, ob die Moschee, die katholische Kirche oder die orthodoxe Kirche zerstört worden war – manchmal an Orten, die sonst keine Zerstörung erlebt hatten. Zum Krieg in Jugoslawien gehört der Versuch, Werte entweder zu schänden oder auszurotten. Dies war das Motiv für die systematische Vergewaltigung muslimischer Frauen: dadurch wurden sie geschändet und »ruiniert«. Der moralische Preis, den der Vergewaltiger oder Mörder bezahlt, wird zwar erkannt, aber akzeptiert. Hamlets Wunsch war es, seinen Stiefvater beim Ehebruch zu ermorden, um sicherzustellen, daß er in die Hölle fahren werde, auch wenn dies zur unausweichlichen Folge hatte, daß auch Hamlet in der Hölle enden würde. Der Alkoholrausch der jugoslawischen Milizen ist eines der Resultate ihrer mit Angst verknüpften Verpflichtung auf einen ähnlichen Vorsatz sowie ihrer Leugnung dessen, was sie früher einmal gewesen waren, bevor sie ihre Nachbarn ermordet und vergewaltigt hatten und andere Menschen geworden waren. Es stand auf ihren Gesichtern. Es steckte in den Notlügen, die den Außenstehenden von jenen Hochschullehrern, Ärzten und anderen Freiberuflern aufgenötigt wurden, welche die kriegführenden Parteien anführten. Sie hatten ihre Labormäntel, ihre Aktenmappen und ihr berufliches Gewissen beiseite gelegt, um in ein anderes moralisches Universum mit einer anderen Wahrheit und mit titanischen Möglichkeiten einzutreten – aus dem man nicht zurückkehrt.

Der italienische Schriftsteller Curzio Malaparte schrieb in seinem halluzinatorischen Reisebericht aus dem Krieg, *Kaputt* (1944), über ein Diplomatenessen in Helsinki 1943, bei dem ein Gast von einem russischen Kriegsgefangenen berichtete, einem gläubigen Leninisten, der den lutheranischen Gefängnispfarrer ermordet hatte, weil dieser seinen Glauben an den Atheismus erschüttert hatte: »Er hatte versucht, Gott im Pfarrer zu töten.« Ein anderer Gast, der türkische Botschafter, bemerkte dazu: »Die Ermordung Gottes liegt in der Luft; sie ist ein Bestandteil der modernen Zivilisation.«

Ein englischer Geistlicher und Historiker des 19. Jahrhunderts, Bischof William Stubbs aus Oxford, schrieb einmal über das Studium der Geschichte, man werde dadurch »vielleicht klüger, (...) aber es wird einen unweigerlich traurig stimmen«. Die politischen Niederlagen, die der liberale Internationalismus 1992 und 1993 erlitt, haben eine Bedeutung, die über diese Jahre hinausgeht. Der Aufbau »Europas« durch Monnet, Schumann, De Gasperi, Adenauer, Spaak, de Gaulle und andere – nicht zu vergessen die Vereinigten Staaten – war die großartigste Leistung der liberalen internationalistischen Bewegung in den letzten hundert Jahren; eine sowohl symbolische als auch praktische Zurückweisung des europäischen Bürgerkriegs. Er war eine moralische Leistung, wie Adenauer zu Monnet sagte. Sein Versagen seit dem Beginn der neunziger Jahre ist ein moralisches Debakel. Weil moralische Leistungen in der Geschichte sehr selten und daher kostbar sind, ist ein solches Versagen langfristig bedeutsamer als jede strategische oder politische Niederlage.

9 Fortschritt

Im Ersten Weltkrieg begann ein selbstgefälliges Europa – das zu viel besaß, zu reich war, zu viel dachte, zu viel erfunden hatte, und nachdem es die moderne Zivilisation geschaffen hatte, über die es sich nun zu langweilen begann –, in geistiger Unzufriedenheit und mit Faustischem Ehrgeiz damit, sich selber neu zu erschaffen, diesmal durch Zerstörung. Das Unternehmen wurde 1914 eingeleitet, gipfelte im Nationalsozialismus der vierziger Jahre und im Stalinismus zwischen den dreißiger und fünfziger Jahren und fand sein vorläufiges Ende 1989.

Die Zerstörung setzte mit einem Akt des serbischen Nationalismus ein. Sie endete für ganz Europa in Ruinen. Deutschland wurde durch seinen Glauben, ihm fehlten Imperium, Lebensraum, Achtung und nationale Erfüllung, 1918 in eine nationale Katastrophe geführt. England hatte seinen nationalen Vorrang auf See verteidigt und sein Ziel, das kontinentale Europa geteilt zu halten, zwar erreicht, aber die Zerstörung seiner Weltvorherrschaft und seines Imperiums hatte begonnen. Frankreich wollte und bekam das Elsaß, Lothringen und seine Vergeltung, war aber daraufhin in einen Zustand der physischen und moralischen Erschöpfung geraten. Das kaiserliche Rußland griff in den Krieg ein, um das orthodoxe Serbien zu verteidigen und endete in einer atheistischen Revolution. Der Große Krieg war das wichtigste Ereignis des Zwanzigsten Jahrhunderts.

Es war ein entscheidendes historisches Ereignis, ein Merkzeichen. Doch der Zweite Weltkrieg war als Indikator für das, was in der Zukunft kommen könnte, noch bedrohlicher. Er war ein Krieg der Ideen – der Ideen über die Zukunft. Seit der Aufklärung betrachtet der Westen die Politik als eine Sache des Denkens; sowohl der Nationalsozialismus als auch der Stalinismus waren ideengeleitete Bewegungen. Sie waren millenarische Geschichtsvisionen, die Abermillionen von Toten forderten und eine Fülle von Leid, grausamen Verfolgungen, Vertreibungen, Arbeitslagern, Gefängnissen, Todeslagern und die Korrumpierung des Denkens und der Sprache einer ganzen Generation verursachten.

Nichtideologische Politik und Krieg erscheinen uns heute als rückschrittlich. Wir haben uns an Ideologie gewöhnt, und unsere eigenen Angelegenheiten waren bis vor kurzem noch vom ideologischen Kalten Krieg und den damit verwandten Ereignissen in Asien, in ganz Amerika und im Mittleren Osten beherrscht. Wir haben mit einer Sache wie dem Jugoslawienkrieg deshalb große Schwierigkeiten, weil so etwas eigentlich vom Fortschritt hätte beseitigt werden müssen. Wir sehen es als einen Einbruch aus der Vergangenheit an, als etwas, das sich widersinnig der Gegenwart aufdrängt.

Die Politik der Ideen erzeugt den kalten, mörderischen Charakter des nachdenkenden Menschen, der darauf vertraut, daß der von ihm zugefügte Schaden der Eintrittspreis für die gerettete Zukunft ist. Der Nationalismus riecht nach dem Schweiß der Leidenschaft und des Hasses, hervorgetrieben von seinem Glauben an die strahlende und wieder einholbare Vergangenheit, und er bringt die persönliche Bereitschaft hervor, Nachbarn und Freunde zu töten. Der Leninist tötete aufgrund von Prinzipien; die zu bedauernde Tat wurde nach den Befehlen des Denkers von pflichtbewußten oder sadistischen, mithin verantwortungslosen Henkern vollzogen. Der Nationalist legt sein Herz in sein Werk. Er ist ein konkretistischer Denker. Außerdem ist er ein beschränkter Denker, aber er handelt aus den Wurzeln des Seins, der menschlichen Gesellschaft heraus, von einem bestimmten Boden und einem Stamm aus – aufgrund von ursprünglichen Bindungen. Deshalb bereitet er dem Mann der Ideen eine so große Verwirrung.

Ideologische Bewegungen sind gefährlicher als nationalistische, weil sie abstrakte Lösungen von universaler Anwendbarkeit präsentieren, und weil sie an das menschliche Verhalten dauerhafte Elemente der Irrationalität heften: die Empfänglichkeit für apokalyptische Erwartungen; das Streben nach einer zeitlichen Erlösung; die Bereitschaft, die Geschichte für eine Sache verborgener und mächtiger Verschwörungen zu halten; die Neigung zu einer manichäischen Auffassung der Geschichte als Kampf zwischen den wirksamen Grundsätzen des undifferenzierten Bösen und Guten.

Das fortschrittliche politische Denken beruht im 19. wie im 20. Jahrhundert auf der Annahme, der Mensch erlebe eine natürliche Entwicklung zu immer höheren und somit tugendhafteren Formen der politischen und gesellschaftlichen Organisation und des Verhaltens. Die unruhige Vergangenheit wird als Ergebnis der Unwissenheit, des unwissenschaftlichen Denken oder des Aberglaubens gedeutet; und die Manifestationen der willkürlichen Grausamkeit, der Gier und der Rache werden für das Resultat der Rückständigkeit gehalten.

Man könnte Figuren wie Adolf Hitler und Josef Stalin als Hindernisse für die fortschrittliche Interpretation der Geschichte betrachten. Das fortschrittliche Denken befaßt sich mit ihnen gewöhnlich so, daß es sie aus dem Hauptstrom der Geschichte ausschließt. Man hält sie für geschichtliche Außenseiter, und ihre Niederlage versetzt die fortschrittliche Geschichte wieder in die Lage, weiterzugehen und festzustellen: sie gehören nicht dazu.

Die These, daß solche Leute die Insider der gegenwärtigen Geschichte sind und nicht deren Außenseiter – daß sie keineswegs nichtrepräsentative Figuren der Zeitgeschichte sind, keine isolierten und vernachlässigbaren Ausnahmen –, wird weithin abgelehnt. Wir sehen dies in dem häufigen Beharren darauf, die dämonische Figur Stalins von der vermeintlich fortschrittlichen Figur Lenins abzugrenzen, wenn es um die Geschichte der Sowjetunion geht, wie auch in der Behauptung, Hitlers völkermörderischer Angriff gegen die Juden sei ein »einmaliges« Ereignis, etwas einmalig Böses gewesen, das sich von den anderen rassischen und gesellschaftlichen Verfolgungen und Morden des Nazi-Regimes oder des Stalin-Regimes in der UdSSR unterscheide. Dazu ist anzumerken: Wenn die Shoah tatsächlich einmalig war, gibt es nichts daraus zu lernen, weil sie definitionsgemäß unwiederholbar ist. Ich denke nicht, daß es so ist.

Es gibt noch eine andere Auffassung von der Geschichte, eine Ansicht mit einem gewissen Pessimismus – einem tragischen Pessimismus, wenn man so will. Die offenkundige Entwicklung menschlicher Institutionen zu immer komplexeren und feineren Formen leugnet sie nicht und könnte sie auch nicht leugnen: die Ersetzung von Bluts- und Verwandtschaftsbindungen durch Verträge, den Fortschritt der Gerechtigkeit und des Schutzes der Menschenrechte, die Erweiterung demokratischer politischer Institutionen. Aus dieser Sicht würde zweifellos auch anerkannt, daß die politischen und materiellen Lebensbedingungen sich für diejenigen verbessert haben, die in der glücklichen Lage sind, in Nordamerika, in West-und Mitteleuropa und in einem bestimmten Teil Asiens zu leben. Diese Auffassung würde jedoch auch darauf aufmerksam machen, daß diese Bedingungen in einem Großteil Afrikas, in einem anderen Teil Asiens, in bestimmten Teilen Südamerikas und für bestimmte Gruppen sogar in den fortgeschrittenen Staaten sich deutlich verschlechtert haben. Sie stellt fest, daß Gesellschaften zwar voranschreiten, daß es mit ihnen aber auch abwärts geht: daß das heutige Europa nicht das ist, was es im Mittelalter war, und daß dies auch für China oder die islamische Welt gilt, für die unser Mittelalter eine Zeit des Wohlstands, des geistigen und wissenschaftlichen Fortschritts und einer stabilen Regierung war – was ihnen heute alles fehlt.

Diese Geschichtsauffassung stellt gewöhnlich fest, daß die Geschichte kein großer Strom ist, sondern sich in einer Vielzahl von Kanälen mit unterschiedlichem Tempo und zuweilen in verschiedenen Richtungen bewegt. Sicherlich bedeutet der Besuch Sienas oder der Schlösser an der Loire, sich unter Denkmalen einer höheren und keineswegs rückständigeren Zivilisation zu fühlen. Die Erkenntnis eines Zerfalls ist entscheidend wichtig, um die Eigentümlichkeit des Fortschritts zu erfassen. Zwar gibt es einen Fortschritt, aber die Künste und die Architektur der Hochrenaissance sind bei diesen Beispielen dem überlegen, was das späte 20. Jahrhundert zu bieten hat. Außerdem waren sehr viele Aspekte des öffentlichen Lebens, der öffentlichen Einrichtungen und der gesellschaftlichen Organisation im Italien der Renaissance ebenfalls »fortschrittlicher«, als es die des heutigen Florenz oder Siena (oder in New York und London) sind. Etwas Ähnliches ließe sich über Griechenland oder das republikanische Rom – von der Frage der Sklaverei einmal abgesehen –, oder im Hinblick auf das China der Han- oder Tang-Zeit sagen.

Diese Sicht der Geschichte spricht aus, was einsichtig sein sollte: daß einige Dinge besser werden und andere schlechter, daß es zwar sowohl einen moralischen als auch einen institutionellen Fortschritt gibt, aber auch einen institutionellen und moralischen Rückschritt; daß somit die Bilanz des Guten und des Bösen in der Welt – des Hochgesinnten und des Niedriggesinnten – heute ziemlich genau derjenigen im Neolithikum entspricht. Der Ethnologe und Forscher Michel Peissel hat eine Gemeinschaft von Jägern und einfachen Bauern beschrieben, auf die er in einem isolierten Tal des Himalaja gestoßen ist und deren Bräuche und Glaubensformen denen gleichen, die wir für das steinzeitliche Europa annehmen – Formen, die uns so erscheinen, als ob sie seit der Zeit des Neolithikums von der Außenwelt praktisch unberührt geblieben wären. Diese Menschen verfertigen überdies Felszeichnungen mit rituellen Bedeutungen, die denen gleichen, die man in den Höhlen Südwestfrankreichs gefunden hat. Diese Menschen aus dem Himalaja sind im Kern ihres Verhaltens und ihrer Auffassungen vom »modernen« Menschen ununterscheidbar. Ich halte diese moralische Beständigkeit und Kontinuität des Menschen durch die Jahrtausende hindurch für überaus tröstlich.

Daß ich dem Künstler der Madeleine-Höhle oder der Torhallen in Persepolis, ganz zu schweigen vom Tragödienautor des klassischen Athen, moralisch überlegen sein soll, oder daß ich intelligenter und gewitzter sein soll als sie, erscheint mir als eine überhebliche und ungehörige Vorstellung. Daß meine Gesellschaft komplexer und in wichtigen institutionellen sowie materiellen Zusammenhängen diesen früheren Gesellschaften überlegen sei, ist eine akzeptable Behauptung, die es jedoch zu präzisieren gilt. Der liberale Westen versucht eine unabhängige Justiz zu praktizieren und den Bedürfnissen und Interessen seiner Menschen sowie ihrer Freiheit unparteiisch gerecht zu werden; soviel ist wahr. Derselbe Westen trägt jedoch auch die Verantwortung für die ideologischen Totalitarismen, die auf erschreckende Tugendauffassungen und auf intolerante universalistische Visionen fixiert sind. Zudem hegten die totalitären Ideologen den Glauben, daß die Fortschrittsgeschichte einen Sinn und einen Zweck habe.

Die gewöhnlichste Form des Glaubens an den geschichtlichen Fortschritt besteht einfach darin, daß alles, was sich in der Vergangenheit ereignete, deswegen geschehen sei, um zu uns hinzuführen, damit wir weiter fortgeschritten, wenn nicht gar besser sind als alles, was vorher war. Der Sinn der Geschichte war, uns selbst und unsere Gesellschaft hervorzubringen – und außerdem unsere Zukunft.[1] Der Glaube, daß die Geschichte einen Sinn und ein Ziel habe, ist nichts Neues; dies war schon immer der Glaube der Juden und Christen gewesen. Ihre Überzeugung bezieht sich freilich nicht auf den menschlichen Fortschritt. Für sie ist die Geschichte die zeitliche Ausführung eines göttlichen Plans, der von Männern und Frauen nur unzulänglich verstanden wird. Die Verantwortung der Menschen liege darin, sich zu rechtfertigen. Die Erfüllung der Geschichte oder ihre Erlösung geschehe nach dem Willen Gottes und durch diesen und nicht nach dem Willen des Menschen.

Der Fall, den wir hier behandelt haben, ist der des Nationalismus im Verhältnis zum Internationalismus. Tief im menschlichen Bedürfnis nach Identität und Zusammenhang verwurzelte nationalistische Gefühle haben in unserer Zeit ebenso erhabene wie kraß kriminelle politische Folgen gezeitigt. Die Reichweite des Verbrecherischen am Nationalismus wurde gewöhnlich durch die Eigenart des Nationalismus selbst begrenzt, die darin besteht, daß er sein eigener Wirklichkeitsbezug und Maßstab ist. Die Selbstbehauptung der Nation ist insoweit eine internationale Störung, als eine Nation sich selbst für ermächtigt hält, sich Geltung zu verschaffen, indem sie eine andere Gesellschaft zum Opfer macht. Die geographische Reichweite dieses Vorgangs ist in der Regel allerdings begrenzt. Serbien wollte sich die anliegenden Länder einverleiben, die von anderen Serben besetzt waren. Der Irak will Kuweit, weil er der Auffassung ist, das Territorium Kuweits habe unter den Osmanen dem Irak gehört und sei dann geraubt worden. Die Palästinenser wollen das, was sie als das ihnen geraubte Land betrachten. Die Israelis wollen ein Land, um darin zu überleben. Die Vietnamesen wollten ihre eigene Nation haben.

Wer an den Fortschritt glaubt, kann das Böse in der Geschichte des 20. Jahrhunderts (den Drang, Gott zu töten, wie Malaparte sagte) nicht betrachten, ohne einen Teil dessen zu leugnen, was vor seinen Augen liegt, oder zu überprüfen, was er unter Fortschritt versteht. Wir bewegen uns vorwärts anhand bestimmter institutioneller Einrichtungen, die die Art und Weise verbessern, wie Gemeinschaften miteinander umgehen. Wir finden Wege, um die Grenzen unserer ursprünglichen Loyalitäten zu überwinden oder sie der Durchsetzung eines umfassenderen Interesses unterzuordnen: dem Wiederaufbau einer politischen Zivilisation, wie es die Europäer auf eine besondere Weise versucht haben und wie alle Demokratien dies in jüngster Zeit getan haben, nämlich in dem, was ich als ihr unbeabsichtigtes Commonwealth, ihre Nationen- oder Interessengemeinschaft bezeichnet habe.

Es ist freilich ein großer Fehler, den Unterschied zwischen diesem Fortschritt, dem Fortschritt der Zivilisation, und dem Fortschritt des Menschen zu verkennen. Das Unvermögen, diese Unterscheidung zu treffen, verschaffte der Welt den Marxismus-Leninismus und den Nationalsozialismus, und es ist durchaus fähig, uns in der Zukunft erneut etwas ganz Ähnliches zu bescheren. Die entscheidende Wahrheit ist die, daß der Mensch als solcher nicht besser wird. Er ist frei. Er bleibt der Tier-Engel, wie Pascal[2] ihn nannte; ein Chaos, ein Widerspruch, ein Wunder. Er schreitet nur voran, indem er seine Natur erkennt, sein Elend samt seiner erhabenen Möglichkeit. Politik hat darauf zu bauen.

Bibliographie

Die folgende Liste umfaßt Autoren, Werke und andere Quellen, die im Text zitiert oder erwähnt werden. Da das vorliegende Buch zu jener Kategorie von Büchern gehört, die Trotzki als »Mutmaßungen von Dilettanten« kennzeichnete, erschien ein systematischer Anmerkungsapparat unangemessen. Die im Text vorkommenden Zitate illustrieren meine Argumente zwar, aber sie beweisen sie nicht. Ich stelle Behauptungen über die Sache auf; beweisen kann ich sie ebensowenig wie jemand anderer.

Die Verszeilen, die die Widmung begleiten, sind aus T. S. Eliot, »East Coker«, in: *Four Quartets* [englisch und deutsch in: T. S. Eliot, *Gesammelte Gedichte 1909–1962*. Frankfurt a. M.: Suhrkamp (suhrkamp taschenbuch 1567), 1988, S. 302–303].

Acton, John Emerich Edward Dalberg, Baron, *Essays in the Liberal Interpretation of History*. Chicago: Chicago University Press, 1967.

--, *Essays on Freedom and Power*. New York: Meridian, 1955.

Adams, Henry, *History of the United States of America During the Administration of James Madison*. New York: The Library of America, 1986.

--, *History of the United States of America During the Administration of Thomas Jefferson*. New York: The Library of America, 1986.

Allen, Frederick Lewis, *Only Yesterday*. New York: Bantam, 1959.

Ames, Fisher, zitiert in: Adams, *History of the United States of America During the Administration of Thomas Jefferson*, a.a.O.

Anderson, Benedict, *Imagined Communities: Reflections on the Origins and Spread of Nationalism* (revidierte Ausgabe). London: Verso, 1991.

Angleton, James Jesus, zitiert in: Mangold, *Cold Warrior*, a.a.O.

Antall, Jozsef, in: *The International Herald Tribune*, Paris, 16. Januar 1993.

Arendt, Hannah, *The Origins of Totalitarianism*. New York: Harcourt, Brace, 1951 (deutsch: *Elemente und Ursprünge totalitärer Herrschaft*. Frankfurt a. M.: Europäische Verlagsanstalt, 1955).

Aron, Raymond, *The Opium of the Intellectuals*. New York: Norton, 1962 (französisches Original: *L'opium des intellectuels*. Paris: Calmann-Levy, 1957; deutsch: *Opium für Intellektuelle oder Die Suche nach Weltanschauung*. Übersetzt von Klaus Peter Schulz. Köln/Berlin: Kiepenheuer & Witsch, 1957).

Ascherson, Neal, in: *The Independent*. London, 31. Januar 1993.

Ash, Timothy Garton, »Eastern Europe: Après le Déluge, Nous«, in: *The New York Review of Books*, 16. August 1990.

Bailey, George, *Germans: Biography of an Obsession*. New York: World, 1972

Barker, Ernest, Art. »Empire«, in: *The Encyclopedia Britannica* (11. Auflage). New York: Encyclopedia Britannica, 1911.

Béhar, Pierre, *L'Autriche-Hongrie, idée d'avenir: Permanences géopolitiques de l'Europe centrale et balcanique*. Paris: Desjonquères, 1991.

Bell, Daniel, »Ethnicity and Social Change«, in: Nathan Glazer und Daniel P. Moynihan, Hrsg., *Ethnicity: Theory and Experience*. Cambridge, Mass.: Harvard University Press, 1975.

Bell, Millicent, *Meaning in Henry James*. Cambridge, Mass.: Harvard University Press, 1991.

Berlin, Isaiah, *The Crooked Timber of Humanity: Chapters in the History of Ideas*. New York: Knopf, 1991 (deutsch: *Das krumme Holz der Humanität. Kapitel aus der Ideengeschichte*. Hrsg. Henry Hardy. Übersetzt von R. Kaiser. Frankfurt a. M.: S. Fischer, 1992).

--, zit. in: Gardels, »Two Concepts of Nationalism«, a.a.O.

--, zit. in: O'Brien, »Paradise Lost«, a.a.O.

Bonanno, Joe, zit. in: Miller, »Agros's Aggro«, a.a.O.

Borsody, Stephen, Hrsg., *The Hungarians: A Divided Nation*. New Haven: Yale Center for International and Area Studies, 1988.

Butterfield, Herbert, *The Whig Interpretation of History*. London: Bell, 1931.

Cabot, George, zit. in: Adams, *History of the United States of America During the Administration of Thomas Jefferson*, a.a.O.

Carew-Hunt, R. W., *The Theory and Practice of Communism*. Baltimore: Pelican, 1963.

Carnegie, Andrew, zit. in: Thompson, *Political Realism and the Crisis of World Politics*, a.a.O.

Coetzee, J. M., *The New York Review of Books*, 14. Januar 1993.

Confino, Michael, »Solzhenitsyn, the West and the New Russian Nationalism«, in: *The Journal of Contemporary History*. London, Vol. 26/3-4, September 1991.

Craig, Gordon A., *The Germans*. New York: Meridian, 1982.

Davidson, Basil, *The Black Man's Burden: Africa and the Curse of the Nation-State*. New York: Times Books, 1992.

Davis, Jefferson, zit. in: Foote, *The Civil War*, Vol. I, a.a.O.

Delors, Jacques, in: 1991 Alastair Buchan Memorial Lecture, International Institute for Strategic Studies, London.

Delperrié de Bayac, J., *Histoire de la Milice*. Paris. Fayard, 1969

Eksteins, Modris, *Rites of Spring: The Great War and the Birth of the Modern Age*. London: Bantam, 1989.

Fitzgerald, F. Scott, *The Crack-up* (Hrsg. Edmund Wilson). New York: New Directions, 1945.

FitzGerald, Frances, »The American Millenium«, in: Sanford J. Ungar, Hrsg., *Estrangement: America and the World*. New York: Oxford, 1985.

Foote, Shelby, *The Civil War: A Narrative* (3 Bde.). New York: Random House, 1958, 1963, 1974.

Freud, Sigmund, zit. in: Daniel Bell, »Ethnicity and Social Change«, a.a.O. [= *Das Unbehagen in der Kultur* (1930), in: Freud, S., *Studienausgabe*, Bd. IX, S. 243.]

Fromkin, David A., *A Peace to End all Peace: The Fall of the Ottoman Empire and the Creation of Modern Middle east*. New York: Holt, 1989.

Garde, Paul, »Trois remarques sur la position française«, in: *Le Monde* (Paris), 18. August, 1992.

--, *Vie et mort de la Yougoslavie*. Paris: Fayard, 1992.

Gardels, Nathan, »Two Concepts of Nationalism: An Interview with Isaiah Berlin«, in: *The New York Review of Books*, 21. November 1991.

de Gaulle, Charles, *Doctrine politique: Recueil de déclarations et textes authentiques* (Hrsg. André Astoux und Guy Sabatier). Paris: Rocher, 1992.

Gellner, Ernest, *Nations and Nationalism*. Oxford: Basil Blackwell, 1983 (deutsch: *Nationalismus und Moderne*. Berlin: Rotbuch, 1991).

Gibbon, Edward, *The Decline and Fall of the Roman Empire*. London: Penguin Classics, 1985 (deutsch: *Verfall und Untergang des römischen Reiches*. Frankfurt a. M.: Eichborn, 1987).

Goldman, Eric F., *Rendez-vous with Destiny: A History of Modern American Reform*. New York: Vintage, 1956.

Green, Julien, »Autobiographie«, in: ders., *Oeuvres complètes*. Paris: Gallimard (Bibliothèque de la Pléiade), Band V, 1977.

Greenfeld, Liah, *Nationalism: Five Roads to Modernity*. Cambridge, Mass.: Harvard University Press, 1992.

Grundy, Congressman Felix, zit. in. Adams, *History of the United States of America during the Administration of James Madison*, a.a.O.

Hardwick, Elizabeth, »Mary McCarthy in New York«, in: *The New York Review of Books*, 26. März 1992.

Hayes, Carlton J. H.; *Nationalism: A Religion*. New York: Macmillan, 1960 (vgl. John Rossi, »Christianity's Great Rival«, in: *The New Oxford Review*, Berkeley, November 1990).

Hertzberg, Arthur, »Waiting for the Messiah«, in: Commonweal, New York, 8. Mai 1992.

Hildebrand, Klaus, *The Third Reich*. London: Allen & Unwin, 1984 (Originalausgabe: *Das Dritte Reich*. München: Oldenburg, 1979; 3. überarbeitete Ausgabe 1987).

Himmelfarb, Gertrude, *Lord Acton: A Study in Conscience and Politics*. Chicago: University of Chicago Press, 1952.

Hobsbawm, E. J., *Nations and Nationalism Since 1780*. New York: Cambridge University Press, 1990.

Hodgson, Godfrey, *The Colonel: The Life and Wars of Henry Stimson, 1867–1950*. New York: Knopf, 1950.

Hoffman, Stanley, »Nations are Nuisances«, in: *The New York Times Book Review*, 7. Oktober 1990.

Hofstadter, Richard, *The American Political Tradition and the Men who made it*. New York: Knopf, 1948 (second edition with a forword by Christopher Lasch 1977).

Hook, Sidney, *Marx and the Marxists: The Ambigous Legacy*. New York: Van Nostrand, 1955.

Hourani, Albert, *A History of the Arab Peoples*. London: Faber, 1991 (deutsch: *Die Geschichte der arabischen Völker*. Übersetzt von Manfred Ohl und Hans Sartorius. Frankfurt a. M.: S. Fischer, 1992).

Hudson, G. F., *Europe and China: A Survey of their Relations from the Earliest Times to 1800*. London: Edward Arnold, 1931; Boston: Beacon, 1961.

James, Henry, in einem Brief an Charles Eliot Norton, zit. in: Millicent Bell, *Meaning in Henry James*, a.a.O.

Jefferson, Thomas, *Public and Private Papers*. New York: Vintage/The Library of America, 1990.

Karaulac, Miroslav, in: *Libération* (Paris), 18. März 1993.

Kennan, George F., *American Diplomacy 1900–1950*. Chicago: University of Chicago Press, 1951 (deutsch: *Amerikanische Außenpolitik 1900 bis 1950 und ihre Stellung zur Sowjet-Macht*. Übersetzt von E. Doblhofer. Zürich/Stuttgart/Wien: Europa Verlag, 1952).

--, *Around the Cragged Hill: A Personal and Political Philosophy.* New York: Norton, 1993.

Koestler, Arthur, *Arrival and Departure.* New York: Macmillan 1943 (deutsch: *Ein Mann springt in die Tiefe.* Übersetzt von Katie George. Zürich: Artemis, 1945; Frankfurt a.M.: Fischer Taschenbuch Verlag, 1983).

Lanternari, Vittorio, *The Religion of the Oppressed: A Study of Modern Messianic Cults.* New York: Knopf, 1963 (Originalausgabe: *Movimenti religiosi di libertà e di salvezza dei popoli oppressi.* Milano: Feltrinelli, deutsch: *Religiöse Freiheits- und Heilsbewegungen unterdrückter Völker.* Übersetzt von Friedrich Kollmann. Darmstadt-Berlin: Luchterhand, 1966).

Lendvai, Paul, *Anti-Semitism in Eastern Europe.* London: Macdonald, 1972.

--, *Eagles in Cobwebs: Nationalism and Communism in the Balkans.* New York: Doubleday, 1969.

Lewis, Bernard, »In Search of Islam's Past«, in: *The New York Review of Books*, 5. Dezember 1991.

--, »Muslims, Christians, and Jews: The Dream of Coexistence«, in: *The New York Review of Books*, 26. März 1992.

--, *The Political Language of Islam.* Chicago: University of Chicago Press, 1988.

Lichtheim, George, *Imperialism.* New York: Praeger, 1971.

Lincoln, Abraham, zit. in: Foote, *The Civil War*, a.a.O.

Lukacs, John, *Budapest 1900: A Historical Portrait of a City and its Culture.* New York: Weidenfeld & Nicholson, 1988.

--, *The End of the Twentieth Century and the End of Modern Age.* New York: Ticknor & Fields, 1993 (deutsch: *Die Geschichte geht weiter. Das Ende des 20. Jahrhunderts und die Wiederkehr des Nationalismus.* Übersetzt vom F. Griese. München: List, 1994).

--, *Outgrowing Democracy: A History of the United States in the Twentieth Century.* New York: Doubleday, 1984.

Mahan, Captain Alfred Thayer, *The Influence of Sea Power Upon History 1600–1783.* New York: Sagamore Press, 1957 (Erstveröffentlichung 1890).

Mangold, Tom, *Cold Warrior: James Jesus Angleton: The CIA's Master Spy Hunter.* New York: Simon & Schuster, 1991.

Marx, Karl, *Kritik der politischen Ökonomie* ([Das Kapital, Band 1, 1867] *Critique of Political Economy*, zit. in: Hook,Marx and the Marxists).

Mastny, Vojtech und Jan Zielonka, Hrsg., *Human Rights and Security: Europe on the Eve of a New Era*. Boulder, Colorado: Westview, 1991.

McCarthy, Mary, zit. in: Hardwick, »Mary McCarthy in New York«, a.a.O.

McKinley, William, zit. in: Morgenthau, *American Foreign Policy*, a.a.O.

McPherson, James M., zit. in: Lukacs, *The End of the Twentieth Century and the End of Modern Age*, a.a.O.

Meinecke, Friedrich, zit. in: Eksteins, *Rites of Spring*, a.a.O.

Melman, Billie, »Claiming the Nation's Past: The Invention of an Anglo-Saxon Tradition«, in: *Journal of Contemporary History*, London, Vol. 26/3-4, September 1991.

Mendoza, Juan Gonzalez de, zit. in: Hudson, *Europe and China*, a.a.O.

Michnik, Adam, in: *Le Monde* (Paris), 11. März 1993.

Military Balance 1992-1993, The. London: International Institute for Strategic Studies, 1992.

Miller, Karl, »Agro's Aggro«, in: *London Review of Books*, 10. Oktober 1991.

Milosz, Czeslaw, zit. in: Ash, »Eastern Europe«, a.a.O.

Mirsky, Jonathan, »Squaring the Chinese Circle«, in: *The New York Review of Books*, 5. November 1992.

Mitford, Nancy, »The English Aristocracy«, in: *The Encounter*, London, September 1955.

Morin, Edgar, »Le surgissement du total-nationalisme«, in: *Le Monde* (Paris), 11. März 1993.

Monnet, Jean, *Memoirs*. New York: Doubleday, 1978.

Morgan, David, *The Mongols*. Oxford: Basil Blackwell, 1986.

Morgenthau, Hans J., *American Foreign Policy: A Critical Examination*. London: Methuen, 1952.

Morris, Richard B. und Henry Steele Commager, Hrsg., *Encyclopedia of American History*. New York: Harper & Row, 1953.

Mosley, Sir Oswald, *My Life*. New Rochelle, N. Y.: Arlington House, 1972.

Moynihan, Daniel Patrick, *Pandaemonium: Ethnicity in International Politics*. New York: Oxford University Press, 1993.

Murray, Oswyn, »The Supremacy of Scepticism« (Rezension von Anthony Grafton, *Defenders of the Text*), *The Times Literary Supplement* (London), 16. August 1991.

Nairn, Tom, *The Break-up of Britain*. London: New Left Books, 1977.

O'Brien, Conor Cruise, »Nationalists and Democrats«, in: *The New York Review of Books*, 25. April 1991.

Okey, Robin, *Eastern Europe 1740–1985* (Second Edition). London: Harper Collins, 1986.

Osgood, Herbert Levi, Art. »United States«, in: *The Encyclopedia Britannica* (11. Auflage). New York: Encyclopedia Britannica, 1911.

Panikkar, K. M., *Asia and Western Dominance: A Survey of the Vasco da Gama Epoch of Asian History, 1498–1945* (New Edition). London: George Allen & Unwin, 1961.

Paxton, Robert O., *Vichy France: Old Guard and New Order 1940–1944*. New York: Columbia University Press.

Pfaff, William, *Barbarian Sentiments: How the American Century Ends*. New York: Hill & Wang, 1989 (deutsch: *Die Gefühle der Barbaren. Über das Ende des amerikanischen Jahrhunderts*. Übersetzt von Max Looser. Frankfurt a. M.: Eichborn, 1989).

--, »Getting Ahead of the Curve«, in: *The New Yorker*, 22. Dezember 1980.

--, »Invitation to War«, in: *Foreign Affairs*, Sommer 1993.

--, »Where the War Comes From«, in: *The New Yorker*, 26. Dezember 1988.

Peissel, Michel, *The Ants' Gold*. London: Collins Harvill, 1986.

Plesu, Andrej, Interview in: *Libération* (Paris), 16. März 1992.

Pomian, Krysztof, »Une vieille fracture menace le continent«, in: *Libération* (Paris), 16. März, 1992.

Pye, Lucien, in: Jonathan Mirsky, »Squaring the Chinese Circle«, a.a.O.

Renan, Ernest, *Qu'est-ce qu'une nation? et autres essais politiques* (Joel Roman, éd.). Paris: Presses Pocket, 1992.

Ricci, Matteo, zit. in: Hudson, *Europe and China*, a.a.O.

Rieff, Davis, »Seeing, Not Seeing«, in: *Salmagundi*, Saratoga Springs, New York, N°. 96, Herbst 1992.

Roosevelt, Theodore, zit. in: Hofstadter, *The American Political Tradition*, a.a.O.

Root, Elihu, zit. in: Hodgson, *The Colonel*, a.a.O.

Roth, Joseph, *Hotel Savoy* (1929), Köln: Kiepenheuer & Witsch, 1989.

Sauzay, Brigitte, *Le vertige allemand*. Paris: Orban, 1985.

Schumpeter, Joseph, *Imperialism*. New York: Meridian, 1955.

Semprun, Jorge, in: *Les nouveaux cahiers*. Paris, N° 107, Winter 1991-1992.

Seton-Watson, Hugh, *Nations and States: An Inquiry into the Origins of Nations and the Politics of Nationalism*. London: Methuen, 1977.

--, »Unsatisfied Nationalisms«, in: *The Journal of Contemporary History*. London, Vol. 6/1, Januar 1971.

The Statesman's Year-Book, Hrsg. John Paxton. London: Macmillan (jährlich).

Steel, Ronald, *Walter Lippmann and the American Century*. Boston: Little, Brown, 1980.

Stillman, Edmund und William Pfaff, *The Politics of Hysteria: The Sources of Twentieth Century Conflict*. New York: Harper & Row, 1964; London: Gollancz, 1964.

Stone, Norman, *Hitler*. London: Hodder & Stoughton, 1980.

Stürmer, Michael, »L'Allemagne, une question de définition«, in: *Le Monde* (Paris), 15.-16. November 1992.

Szporluk, Roman, *Communism and Nationalism: Karl Marx versus Friedrich List*. New York: Oxford Unversity Press, 1988.

Talmon, J. L., *Romanticism and Revolt: Europe 1815–1848*. London: Thames and Hudson, 1967.

Tawney, R. H., *Religion and the Rise of Capitalism*. London, 1926 (deutsch: *Religion und Frühkapitalismus. Eine historische Studie*. Übersetzt von M. Moser. Bern, 1946).

Taylor, A. J. P., *Europe: Grandeur and Decline*. London: Hamish Hamilton, 1950.

--, *The Hapsburg Monarchy 1809–1918*. London: Hamish Hamilton, 1948.

Thompson, Kenneth W., *Political Realism and the Crisis of World Politics: An American Approach to Foreign Policy*. Princeton: Princeton University Press, 1960.

Tocqueville, Alexis de, *Democracy in America* (the Henry Reeve text as revised, 2 vols.; Phillips Bradley, ed.). New York: Vintage 1954 (*De la démocratie en Amérique* [1835-1840]; deutsch: *Über die Demokratie in Amerika*. Übersetzt von Hans Zbinden. Stuttgart, 1959-1962; Taschenbuchausgabe in einem Band: München: dtv, 1976).

--, *The European Revolution and Correspondence with Gobineau* (edited and translated by John Lukacs). New York: Anchor, 1959.

Toynbee, Arnold, *A Study of History* (abridgment of vols. I-VI by D. C. Somervell). New York: Oxford University Press, 1946 (Originalausgabe 1934-1961 in 12 Bänden; deutsch [Zusammenfassung]: *Der Gang der Weltgeschichte. Aufstieg und Verfall der Kulturen*. Übersetzt von Jürgen von Kempski. Stuttgart, Zürich, Wien, 1952).

Trotzki, Leo, *La révolution étranglée* (Kritik von André Malraux, *Les Conquérants* (1928) [deutsch: *Die Eroberer. Rote und Gelbe im Kampf um Kanton*. Übersetzt von M. Clauss. Berlin, 1929], Erstdruck in: *Nouvelle Revue Française*, April 1931, S. 488-500), wieder abgedruckt in: André Malraux, *Oeuvres complètes*. Paris: Gallimard (Bibliothèque de la Pléiade), 1989, Band I [gekürzt in: *André Malraux*. Cahier de l'Herne, 1982, S. 38-44].

Turner, Frederick Jackson, Art. »United States«, in: *The Encyclopedia Britannica* (11. Auflage). New York: Encyclopedia Britannica, 1911.

Turner, Henry A., »It's Time to scrap the Myth of the German 'Volk'«, in: *The International Herald Tribune* (Paris), 12. Dezember 1992.

Vidal, Gore, »Lincoln Up Close«, in: *The New York Review of Books*, 15. August 1991.

Volkan, Vamik D. und Norman Itzkowitz, *The Immortal Atatürk: A Psychobiography.* Chicago: University of Chicago Press, 1984.

Wittfogel, Karl A., *Oriental Despotism: A Comparative Study of Total Power.* New Haven: Yale University Press, 1957 (deutsch: *Die orientalische Despotie. Eine vergleichende Untersuchung totaler Macht* (1961). Übersetzt von Frits Kool. Taschenbuchausgabe Frankfurt/M. – Berlin – Wien: Ullstein, 1977).

Wolff, Leon, *Little Brown Brother.* New York: Longmans, 1960.

Wood, Gordon S., »Americans and Revolutionaries«, in: *The New York Review of Books*, 27. September 1990.

Woodruff, Philipp, *The Guardians.* New York: St. Martin's, 1954.

Woolf, S. J., Hrsg., *European Fascism.* New York: Vintage, 1969.

Zamoyski, Adam, *The Polish Way: A Thousand Year History of the Poles and Their Culture.* London: John Murray, 1987.

Anmerkungen

Nationalismus

1 Der Tennisstar Yannick Noah ist Halb-Kameruner, die Filmschauspielerin Isabelle Adjani Halb-Algerierin, der verstorbene Sänger und Schauspieler Yves Montand war Italiener. Albert Camus war ein halb-spanischer pied-noir-Algerier. Der bedeutende zeitgenössische Romancier Julien Green, Mitglied der Académie Française, ist sogar Amerikaner und stammt aus einer unbußfertigen ausgebürgerten Konföderiertenfamilie aus Savannah. Edouard Balladur, 1993 zum französischen Premierminister ernannt, wurde in Izmir [Smyrna] als Sohn einer levantinischen christlichen Familie französischer Nationalität geboren, die zwei Jahrhunderte zuvor aus dem heutigen Aserbeidschan in die Türkei gekommen war und sich erst 1935 in Frankreich niederließ.

2 Ich weiß, daß die Kennzeichnung des Nazismus als internationalistische und nicht als nationalistische Bewegung der üblichen Meinung zuwiderläuft. Ich werde meine Begründung im 3. Kapitel vorbringen.

3 Der englische Autor Neal Ascherson schreibt: »Die Behauptung, das moderne Griechenland sei eine Wiederauferstehung jenes Griechenland – oder vielmehr Athen –, wo die Demokratie begann, ist eine reine Erfindung. Sie wurde von Patrioten erträumt, die in Bukarest oder Paris lebten, und leidenschaftlich gefördert durch englische Romantiker, die in ihre eigene Vorstellung von griechischer Reinheit und Freiheit verliebt waren. Sie gehört zu jenen Bravourstücken des »Schmiedens einer Nation«, die die Intellektuellen des 19. Jahrhunderts so glanzvoll bewerkstelligten.«

Nationen und Nationalismus

1 Nicht nur in den Balkanländern: der romantische Highland Scot, der Hochlandschotte, ist bekanntlich die Erfindung des im Lowland, im Tiefland geborenen Romanciers Sir Walter Scott und seiner englischen Bewunderer, die, nachdem sie das blutige Culloden* vergessen hatten, bereit waren, sich als exotischen Zusatz zur Identität des imperialen England die schottische Identität zuzulegen. Der »traditionelle« Kilt, der Schottenrock und andere schottische Insignien, die heute noch auf Tanzveranstaltungen, Festen und Hochzeiten in England beliebt sind – wie auch in der Whisky-Werbung der englischen Industriekonglomerate und in der Reklame für ihre Exportbemühungen –, wurden zum größten Teil in der Zeit der Königin Viktoria erfunden. Billie Melman von der Universität Tel Aviv berichtet außerdem von der im 19. Jahrhundert parallel dazu verlaufenden Konstruktion einer »integrative English identity«, einer »gesamtheitlichen englischen Identität«. Sie diente der Wiedererfindung eines angelsächsischen Erbes, um das aktuelle kosmopolitische, lateinisch-normannische Erbe Englands abzusetzen, das damals mit der Bedrohung durch das revolutionäre und napoleonische Frankreich in Verbindung gebracht wurde.

2 Stationery für das writing paper der upper-class [Schreib- oder Briefpapier], chimney für fireplace oder mantelpiece [Cheminée, offener Kamin], mirror für looking glass [Spiegel], perfume für scent [Parfüm, Duftwasser], serviette für dinner napkin [Serviette, Mundtuch], toilet für das, was die Vornehmen the loo** nennen (und von dem einige allerdings sagen, es stamme vom französischen lieu [Ort, Örtchen] ab – leider, was die Schlüssigkeit der Behauptung betrifft).

3 »Was ist eine Nation?«

---

* Culloden: Dorf in der schottischen Grafschaft Nairn, bei Inverness, berühmt geworden durch den auf dem nahen Cullodenmoor am 27. 4. 1746 errungenen Sieg des Herzogs von Cumberland über den Prinzen Karl Eduard Stuart, den Enkel des vertriebenen Königs Jakob II. A.d.Ü.

** Nach einer anderen Etymologie stammt es von franz. l'eau, das Wasser ab, bzw. von gardy-loo, franz. gardez-l'eau; Vorsicht vor dem Schmutzwasser (auf der Straße) und wird seit dem 19. Jh. für Wasserklosett benutzt. A.d.Ü.

Internationalismus

1 Die Figur Morstins stammt nicht, wie Pfaff in der amerikanischen Ausgabe seines Buches angibt, aus dem Roman *Hotel Savoy* (1929), sondern aus der Novelle »Die Büste des Kaisers« (1935): »Józef Wittlin hatte Roth in Krakau mit Ludwik Hieronymus Morstin bekanntgemacht [Roth beschrieb ihn in seinen „Polnischen Briefen" von 1928; vgl. Roth, *Werke,* Bd. 3. S. 1080 f.]. In seiner im Exil entstandenen Novelle »Die Büste des Kaisers« läßt Roth einen Grafen Franz Xaver Morstin auftreten, dessen Gestalt vom Porträt eines Vorfahren des Grafen Ludwik Hieronymus Morstin angeregt worden war.« Ausstellungskatalog *Joseph Roth 1894–1939.* Frankfurt a. M.: Deutsche Bibliothek, 1979, S. 334. A. d. Ü.

2 Andererseits beschreibt der sizilianisch-amerikanische Mafia-Führer Joe Bonanno in seinen 1983 veröffentlichten Erinnerungen die Mafia der dreißiger Jahre als eine Lebensform, »die der Entstehung der Stadtstaaten und später der Nationen vorhergeht«.

3 Marx/Engels, *Manifest der kommunistischen Partei* (1848), MEW 4, S. 482. A. d. Ü.

4 Karl Marx, *Zur Kritik der politischen Ökonomie. Vorwort* (1859), *MEW* 13, S. 9. A. d. Ü.

5 Edmund Stillman und William Pfaff, *The Politics of Hysteria* (1964).

6 Vgl. dazu jetzt Mechthild Rössler und Sabine Schleiermacher, Hrsg., *Der »Generalplan Ost«. Hauptlinien der nationalsozialistischen Planungs- und Vernichtungspolitik.* Berlin: Akademie Verlag, 1993. A. d. Ü.

7 [Hildebrand, *Das Dritte Reich* (1979), S. 80-81. A. d. Ü.] Schwarze und braune Rassen kamen in Hitlers Plänen, die sich auf Europa konzentrierten, kaum vor, doch wären die Afrikaner sicherlich versklavt worden oder man hätte sie auszulöschen versucht, wenn sie unter Hitlers Herrschaft geraten wären. Ein Grund, weshalb Hitler vor 1943-1944 die USA als Kriegsfaktor weitgehend außer acht ließ, lag darin, daß er selbst ein rassisch getrenntes Land wie Amerika – und das war es damals – als eine »Mischlings«-Nation betrachtete, deren militärisches Potential deshalb nichts ins Gewicht fiel.

8 Hildebrand, *Das Dritte Reich* (1979), S. 86. A. d. Ü.

9 Fritz Fischer, in: Hildebrand, Das Dritte Reich (1979), S. 190-191: »Das 'letzte' Ziel Hitlers in seinem 'Programm' war ohne Zweifel 'revolutionär', die rassisch begründete Weltherrschaft ebenso wie der Entwurf eines neuen 'Herrenmenschen' als Glied einer biologisch gezüchteten Elite (. . .).« A. d. Ü.

10 Diese Feststellung ist von offenkundiger Bedeutung im Hinblick auf die Spannung, die heute in vielen europäischen Ländern aufgrund der Einwanderung aus ihren früheren Kolonien herrscht. Zudem weist sie auf den umfassenden Erfolg der USA hin, eine Art internationales inklusives »Imperium« geschaffen zu haben, in das fast alle Einwanderer bis vor kurzem erfolgreich integriert wurden. Ob dies auch künftig der Fall sein wird, ist eine für die USA überaus wichtige Frage. Es gibt entmutigende Belege dafür, daß dies möglicherweise nicht der Fall sein wird, und natürlich gibt es in den USA heutzutage viele, die behaupten, es sollte auch gar nicht so sein, und die kulturelle Assimilation von Einwanderern sei eine Form von kultureller Aggression. Das ist meines Erachtens eine sentimentale und unhistorische Ansicht und zudem eine Bedrohung für die Zukunft des Landes.

11 Deutsch: *Ein Mann springt in die Tiefe,* 1945.

12 In Umberto Ecos Roman *Das Foucaultsche Pendel* beschreibt eine Figur den Marxismus als einen »apokalyptischen Kult, der aus der Trierer Gegend kam. Habe ich Recht?«

Habsburgischer und osmanischer Nationalismus

1 Einer ihrer größten Verluste war die Ermordung oder Vertreibung der meisten Juden. Jorge Semprun schrieb (in der jüdischen französischen Zeitschrift *Les nouveaux cahiers*), das »Fehlen der jüdischen Kultur im Zentrum Europas ist eines der beunruhigendsten und negativsten Elemente unserer Epoche. Es gibt heute in Mitteleuropa nichts, was jene Möglichkeit des Universalismus, jenes fortwährende Transzendieren der lokalen Verwurzelung ersetzt.«

2 John Buchan (1875-1940), Politiker und Romancier, von 1935-1940 Generalgouverneur in Kanada. Der Roman *Greenmantle* (1916), der zweite von fünf Romanen mit dem Helden Richard Hannay, gilt als sein bester (der erste, *The Thirty-Nine Steps* [1915] wurde von Hitchcock verfilmt). John Buchan, *The Complete Richard Hannay. (The Thirty-Nine Steps / Greenmantle / Mr Standfast / The Three Hostages / The Island of Sheep.* Harmondsworth: Penguin, 1992; vgl. Julian Symons, *Bloody Murder. From the Detective Story to the Crime Novel.* A History. London: Faber & Faber, 1972, S. 227. A. d. Ü.

Nachwirkungen der Osmanen

1 Die zentralasiatischen Gesellschaften, von denen diese Wanderungen herkamen und die von den russischen Zaren und später von den Bolschewisten kolonisiert wurden, sind nun wieder frei. Ihre relative Schwäche und die geographische Entfernung bedeuten, daß sie geopolitisch weiterhin nur eine geringe Bedeutung haben. Ihre Rückkehr zur Autonomie verdient allerdings Aufmerksamkeit. Die Türkei hat jedenfalls davon Notiz genommen und betreibt in der Region eine Politik der aktiven Kulturbeziehungen und der Unterstützung. Missionare der islamischen Fundamentalisten sind ebenfalls anwesend, auch wenn ihre Erfolgsaussichten nach achtzig Jahren aggressiver bolschewistischer Säkularisierung und atheistischer Erziehung fragwürdig bleiben.

2 *Rubaijat,* iranisch-neupersische Vierzeiler, von Omar Chajjam (geboren zwischen 1025-1050, gestorben zwischen 1115-1132). Toynbee zitiert die Übersetzung von Fitzgerald: *Rubaijat.* Rendered into English Verse by E. Fitzgerald. London, 1859; englisch-deutsche Ausgabe: *Rubaijat von Omar Chajjam.* Rendered into English Verse by Edward FitzGerald. Versübertragung mit

Einführung von Henry W. Nordmeyer. Nachwort von Heinrich Meyer. Zweite, verbesserte Auflage. Bern: Herbert Lang, 1969, S. 58-61 (Vierzeiler LXVIII und LXIX):

»We are no other than a moving row
Of Magic Shadow-shapes that come and go
    Round with the sun-illuminated Lantern held
In Midnight by the Master of the Show;

But helpless Pieces of the Game He plays
Upon this Chequer-board of Nights and Days;
    Hither and thither moves, and checks, and slays,
And one by one back in the closet lays.«

(»Was anders sind wir als ein flüchtger Tanz
magischer Schattenbilder um den Glanz
    der Sonnenleuchte, die der Meister hält
in Mitternacht zu Scherz und Mummenschanz?

Ein Schachspiel, das den hohen Herrn vergnügt
auf diesem Brett aus Nacht und Licht gefügt;
    darauf er uns bewegt, bedroht und schlägt –
bis alles wieder stumm im Kasten liegt.«)

A. d. Ü.

3 Solche Befürchtungen gab es selbst im biedermeierlichen Deutschland; vgl. Ernst Elias Niebergall, *Datterich* (1841): Der Zeitungsleser Dummbach sagt mit Blick auf die Wirren in Europa (Teilung Polens) zum Datterich: »Während dem Des vorgeht, sitzt der Suldan in seim Diwan und lacht ins Feistche. Der baßt blos druf, bis sich ganz Eiroba an de Kepp hot: dann kimmt *er*. Mir erläwe's net, awwer sie wern sähe, daß ich recht hob: in fufzig Johr sinn mer all Derke!« A. d. Ü.

4 Anspielung auf Matthäus 22, 21: »So gebet dem Kaiser, was des Kaisers ist, und Gott, was Gottes ist«. A. d. Ü.

5 Die Fähigkeit der politischen Klasse Amerikas, ganz zu schweigen von der amerikanischen Öffentlichkeit, historische Bezüge herzustellen, droht sich rasch zu erschöpfen, sobald München, Hitler, der Holocaust, die kubanische Raketenkrise und Vietnam angeführt werden. Czeszlaw Miloszs Bemerkungen in seiner Nobelpreisrede von 1980 verdienen in diesem Zusammenhang Beachtung: »Unser Planet, der mit seiner phantastischen Vermehrung der Massenmedien jedes Jahr kleiner wird, ist Zeuge eines Prozesses, der sich der Definition entzieht und der gekennzeichnet ist durch die Weigerung, sich zu erinnern. (...)

Im Geiste moderner Analphabeten (...), die lesen und schreiben und sogar an Schulen und Universitäten unterrichten können, ist die Geschichte nur verschwommen präsent, in einem Zustand seltsamer Verwirrung (...). Ereignisse der letzten Jahrzehnte, von so grundlegender Bedeutung, daß ihre Kenntnis oder Unkenntnis für die Zukunft der Menschheit entscheidend sein wird, entschwinden in der Ferne, verblassen und verlieren jede Folgerichtigkeit, als ob Nietzsches Vorhersage des europäischen Nihilismus ihre buchstäbliche Erfüllung gefunden hätte...«

Asiatischer und afrikanischer Nationalismus

1 Mit der Schließung der umstrittenen US-Militärbasen auf den Philippinen, einer früheren Pazifikkolonie der USA, und dem für 1997 geplanten Rückzug Großbritanniens aus Hongkong erreichen die pazifischen Imperien des Westens ihr Ende. Amerikanische Kräfte bleiben zwar noch in Südkorea und in Japan, aber die Meinungen in Asien haben sich geändert, und die in der Region verbleibende militärische Präsenz der USA wird heute eher als ein wünschenswerter Stabilisierungsfaktor in den nicht völlig vorhersehbaren Beziehungen zwischen China, Japan, Rußland und ihren Nachbarstaaten angesehen.

2 Vgl. Elias Canetti, *Masse und Macht*. Hamburg: Claassen, 1960, S. 219-227: »Die Selbstzerstörung der Xosas«. A. d. Ü.

3 Indien ist heute zwar nach wie vor eine zerbrechliche Demokratie, die aufgrund der kommunalen Spannungen innerhalb der indischen Gesellschaft unter starkem Druck steht, aber es ist bisher das einzige Beispiel einer kolonisierten asiatischen Zivilisation, die eine Demokratie wurde und bleibt. Das Beispiel ist insofern paradox, als Jawaharlal Nehru, der erste Premierminister des unabhängigen Indien, der Vater des weltlichen demokratischen Indien und das Vorbild des säkularisierten und verwestlichten Hindu schlechthin, offensichtlich eine politische Dynastie begründet hat. Dreißig Jahre nach seinem Tod ist die italienische Witwe seines Enkels, Sanjay Gandhi, die mächtigste Einzelperson, die auf die Kongreßpartei ihren Einfluß ausübt, während diese die Machtübergabe an einen weiteren Abkömmling Nehrus erwartet: an seine Urenkelin.

4 Ein zeitgenössisches westliches Gegenstück, wenn auch in einem kleineren Maßstab, ist England, wo das vorherrschende

Gesellschaftsideal nach wie vor aristokratisch und agrikulturell ist, nämlich das des »gentleman landowner«, des landbesitzenden Adligen. Ganze Generationen von Kaufleuten und Unternehmern, die erst in jüngerer Zeit zum Erfolg gelangt waren, sind dankbar gewesen, wenn ihren Söhnen der Zugang zu einer aristokratischen Geisteshaltung erlaubt wurde, die den Handel verachtet. Die großen Kapitalisten und Ingenieure Englands stammen fast alle aus nichtaristokratischen Gesellschaftsgruppen und aus abweichenden Religionsgemeinschaften sowie aus Schottland, Nordirland und den Kolonien. John Major, dessen Vater ein Zirkusartist war, ist die jüngste englische Führungspersönlichkeit mit einem solchen gesellschaftlichen Hintergrund. Er gab zwar das Wahlversprechen ab, eine klassenlose Gesellschaft zu schaffen, aber seine Vorgängerin, die Tochter eines Lebensmittelhändlers, akzeptierte die Erhebung in den Adelsstand, als sie ihr Amt verließ, und sie verschaffte ihrem Sohn, der keinerlei Verdienste in öffentlichen Ämtern erworben hat, einen erblichen Adelstitel. Ihr Vorgänger von der Labour Party, Harold Wilson, ein Hochschullehrer von ebenfalls bescheidener Herkunft, beendete seine Amtszeit in der Downing Street damit, daß er an seine politischen Freunde, an seine Verbündeten und an Parteigönner eine außerordentliche Menge von Ehrentiteln und Adelstiteln verteilte – damals ein erheblicher Skandal.

5 Vgl. Ruth Schneebeli-Graf, *Nutz- und Heilpflanzen Chinas.* Frankfurt a. M.: Umschau, 1992, S. 106-108: das Wort 'rhabarber' ist eine Zusammensetzung aus griech. 'rheum', Wurzel, und 'barbaros', fremdländisch, barbarisch; also: 'Wurzel aus fremden Landen'. Von dem arabischen Reiseschriftsteller Ibn Gubayr stammen die ersten Berichte über das Vorkommen und die Verbreitung der Rhabarber in China; die Feststellungen wurden von Marco Polo bestätigt. Wie wichtig der Rhabarber noch im 19. Jahrhundert war, läßt sich an den Sätzen von Robert Fortune in *A Journey to the Tea Country* (London, 1852) erkennen: »Tatsächlich ist jeder Chinese überzeugt, daß wir als Nation nicht mehr weiterleben könnten, wenn wir die Produkte des 'Himmlischen Reiches' nicht hätten. Es wurde bestätigt, daß selbst 'Seine Himmlische Majestät', der Kaiser von China, während des Krieges seinen Untertanen empfahl, alles in ihren Kräften Stehende zu unternehmen, um zu verhindern, daß die Engländer Tee und *Rhabarber* erhalten.« A. d. Ü.

Amerikanischer Nationalismus

1 George Kennan spricht von »Chauvinismus, geschwätziger Litanei, endlosen Verweisen auf die Größe des Landes, gutgemeinten Beschwörungen des Fahneneides, von der beschwichtigenden, pseudoreligiösen Atmosphäre nationaler Feiern (...), selbstgerechter Intoleranz gegenüber jenen, die es ablehnen, sich an diesen zum Ritual gewordenen Veranstaltungen zu beteiligen«.

2 »The Constitution is a nationalistic document«; »Die Verfassung ist ein nationalistisches Dokument«, schreibt Hugh Brogan in *The Pelican History of the United States of America* (1986), Harmondsworth: Penguin Books, 1986, S. 211. A. d. Ü.

3 Alexis de Tocqueville, *Über die Demokratie in Amerika,* Einleitung zur 12. Auflage (1848), a.a.O., S. 3-4. A. d. Ü.

4 »Carpet-bagger«, politischer Abenteurer: nach dem Bürgerkrieg kamen viele Abenteurer aus dem Norden, um im Süden von den Wirren des Krieges zu profitieren. Sie besaßen meist nichts anderes als das, was sie in ihren schäbigen Reisetaschen – »carpet-bags« – mit sich trugen.
»Scalawag«: Ausdruck für Minderwertiges schlechthin; Kümmerling, Lump, Taugenichts. In der Phase des Wiederaufbaus nach dem Bürgerkrieg (1865-1876) ein spezifischer Ausdruck, den die Gegner der republikanischen Partei auf gebürtige Südstaatler anwandten, die mit dieser Partei zusammenarbeiteten – im Unterschied zu den »carpet-baggers«, den aus dem Norden stammenden Republikanern. A. d. Ü.

5 Vgl. Hugh Brogan, *The Pelican History of the United States,* a.a.O., S. 382: »Jim Crow laws«, Diskriminierung der Schwarzen; Gesetzesbestimmungen, durch die den Schwarzen das Wahlrecht genommen wurde»; »nobody knows exactly why they were so-called«; niemand weiß genau, warum sie so bezeichnet wurden). »Jim Crow« (engl. »Bill Barlow«) ist ein Ausdruck für einen Hanswurst, Spinner, Narr oder generell für einen Armen. A. d. Ü.

6 Jacobus Arminius (1560-1609) von der Universität Leiden stellt der strengen und willkürlichen Prädestinationslehre [Gnadenwahl] Calvins die Doktrin entgegen, daß die menschliche Freiheit mit der göttlichen Souveränität verträglich sei. Diese Doktrin wurde zum Glauben von Charles und John Wesley und damit zum Glauben der amerikanischen Methodisten. Universale

Gnade wurde als verträglich damit angesehen, daß der Mensch sein eigenes Wohl durch Selbstdisziplin, harte Arbeit, Selbstvertrauen und Mäßigkeit erreicht.

7 1991–1992 wurde die amerikanische Politik gegenüber der zerfallenden Sowjetunion und Jugoslawien nachteilig durch die Überzeugung beeinflußt, daß der Zerfall von Ländern in ihre Bestandteile nicht nur falsch, sondern auch zum Scheitern verurteilt sei, da die »natürliche« und fortschrittliche Tendenz politischer Entitäten darin liege, sich zu Föderationen zu verbinden und zu größeren Einheiten weiterzuentwickeln – wie es die USA getan haben.

8 Social Gospel, soziales Evangelium, christliche Soziallehre: eine liberale Bewegung innerhalb des amerikanischen Protestantismus, die versuchte, biblische Lehren auf die Probleme der Industrialisierung anzuwenden. In die Gesetzgebung des »New Deal« nach 1930 wurden einige Ideale des »Social Gospel« aufgenommen: der Fortschrittsglauben; der Glauben, daß der Mensch von Natur aus gut sei. A. d. Ü.

9 Spitzname für eine mit den Republikanern rivalisierende Bewegung, die ihren Ursprung in einer Geheimgesellschaft hatte, deren Mitglieder bei Befragungen stets mit »I Know Nothing«, »ich weiß nichts«, geantwortet haben sollen. Die »Know-Nothings« nutzten den wachsenden Groll der gebürtigen Amerikaner gegen irische und deutsche Einflüsse aus. A. d. Ü.

10 *Poetry:* 1912 von Hariet Monroe gegründete Lyrikzeitschrift, in der Pound, Eliot, D. H. Lawrence, Yeats und viele der neueren amerikanischen Lyriker veröffentlicht wurden, darunter W. C. Williams, Wallace Stevens, Marianne Moore und Carl Sandburg. A. d. Ü.

Liberaler Internationalismus

1 Senator Patrick Moynihan schreibt in seinem Buch *Pandaemonium*, daß es zwischen Ethnizität und Nationalität zwar einen Unterschied gebe; der sei aber nur »graduell. Die Nation ist die 'höchste' Form der ethnischen Gruppe. 'Nation' bezeichnet einen subjektiven Zustand des Geistes im Hinblick auf die Vorfahren, und fast immer auch einen objektiven Anspruch auf Formen der territorialen Autonomie, die von einer regionalen Ansammlung bis zur vollständigen Unabhängigkeit reichen.« Dies erscheint als einigermaßen zutreffend, solange man darunter versteht, daß die ethnische Nation selbst schon die Ausnahme unter den Nationen ist. Für eine ethnische Nation halten sich unter den wichtigen Nationen von heute nur Deutschland (das keine ist) und Japan (das eine ist) – und das gibt Anlaß zum Nachdenken.

2 Zwischen Serben, Kroaten und bosnischen Muslimen gibt es keinen ethnischen Unterschied. Sie gehören alle zum selben Volk und sprechen dieselbe Sprache, aber sie haben alle eine unterschiedliche Geschichte erlebt: die Kroaten als Teil des katholischen Habsburgsystems, die Serben im orthodoxen byzantinischen Imperium und dann unter der osmanischen Muslim-Besatzung, und die dritte Gruppe umfaßt jene, die zum Islam konvertierten und dann meist als Vertreter der Besatzungsmacht zu Wohlstand gelangten. (Von den bosnischen Muslimen heißt es außerdem, daß sie diesen Religionswechsel deshalb akzeptierten, weil ihr eigentlicher Glaube die manichäische oder gnostisch-bogomilische Häresie gewesen sei, die der orthodoxen Kirche überaus feindselig gesonnen war. Deshalb war das Bündnis mit den muslimischen Osmanen, die der Orthodoxie ebenso feindlich gegenüberstehen, ein kluger Schritt.)

3 Die katholische Schule vor dem 2. Vatikanischen Konzil war wohl die letzte populäre Instanz des internationalistischen Bewußtseins im modernen Westen. Sie brachte ihren Schülern bei, daß sie nicht nur Bürger ihres Landes, sondern auch Angehörige einer weltumspannenden, lateinischsprechenden Institution mit verschwisterten Anhängern und dazugehörigen Denkern überall auf der Welt waren. Die Romanautorin und Essayistin Mary McCarthy beschreibt einen ihrer weiteren Vorzüge so: »Sich um die Streitigkeiten der Vergangenheit zu kümmern und sich mit einer Sache zu identifizieren, die, politisch gesprochen, mit der Geburt der modernen Welt zu einer verlorenen Sache geworden ist, heißt eine Art Gegenwehr gegen die Realität zu erleben, eine

rebellische Nichtanpassung, die gerade in Amerika selten ist, wo den Kindern die Vorzüge des Systems, unter dem sie leben, ja so beigebracht werden, als ob die Geschichte in der amerikanischen Staatsbürgerkunde ein glückliches Ende erreicht hätte.«

4 Der britische Rezensent Oswyn Murray schrieb im August 1991 in *The Times Literary Supplement:* »Es gab einmal eine Kultur, die ganz Europa umfaßte, eigentlich die gesamte Zeit der historischen Überlieferung, die außerdem alle dem Menschen bekannten Wissenschaften in ihre Sphäre einschloß. Vom 15. bis zum 18. Jahrhundert konnte der Naturwissenschaftler mit dem Theologen disputieren, der Astronom mit dem Philologen, der Philosoph mit dem Altertumsforscher, und zwar von Prag und Buda bis Leipzig und Leiden, über die Grenzen von Religion und Rasse hinweg, und in einer Sprache, die alle verstehen konnten – Latein, die Universalsprache der Wissenschaft. Damals war es möglich, Spinoza zusammen mit Lukrez zu besprechen, Vida neben Vergil zu stellen, Descartes und Bacon mit Platon und Aristoteles zu vergleichen, und man konnte sehen, wie Kepler eine Pindarische Ode schrieb und Bentley Vorträge über Newton hielt.«

5 Dazu siehe William Pfaff, »Invitation to War«, in: *Foreign Affairs*, New York, Sommer 1993.

Fortschritt

1 Der Historiker Herbert Butterfield aus Cambridge bezeichnete dies zwar als die »Whig-Interpretation der Geschichte« [die Interpretation der alten englischen Parlamentsaristokratie (Walpole, Burke) im 18. Jahrhundert und später die der Liberalen], auch wenn sie in ihrer naturalisierten amerikanischen Form einfach daran zu erkennen ist, daß es in der gesamten Geschichte ausschließlich darum ging, die Vereinigten Staaten und die amerikanische Gesellschaft hervorzubringen.

2 Blaise Pascal, *Pensées,* in: ders., *Oeuvres complètes.* Texte établi et annoté par Jacques Chevalier. Paris: Gallimard (Bibliothèque de la Pléiade 34), 1954, S. 1170, N° 328 und 329; deutsch: *Gedanken.* Nach der endgültigen Ausgabe übertragen von Wolfgang Rüttenauer. Bremen: Dieterich, o. J., S. 91, Nr. 212 und 213:
212: »Es ist gefährlich, den Menschen zu sehr merken zu lassen, wie sehr er den Tieren gleicht, ohne ihm seine Größe zu zeigen. Es ist auch gefährlich, ihn zu sehr seine Größe fühlen zu lassen,

ohne ihm seine Niedrigkeit zu zeigen. Es ist noch gefährlicher, ihn über beides in Unkenntnis zu lassen. Aber es ist sehr vorteilhaft, ihm beides vor Augen zu stellen.

Er soll weder glauben, er sei nur den Tieren oder nur den Engeln ähnlich, noch soll er über beides in Unkenntnis sein, sondern er soll beides wissen.«

213: »Der Mensch ist weder Engel noch Tier, und das Unglück will es, daß wer einen Engel aus ihm machen will, ein Tier aus ihm macht.« A. d. Ü.